古代歷史文化研究輯刊

三二編

王明蓀 主編

第 5 冊

五胡治華史論集（中）

雷家驥 著

國家圖書館出版品預行編目資料

五胡治華史論集（中）／雷家驥 著 -- 初版 -- 新北市：花木
蘭文化事業有限公司，2024〔民 113〕
目 4+248 面；19×26 公分
（古代歷史文化研究輯刊 三二編；第 5 冊）
ISBN 978-626-344-868-1（精裝）
1.CST：五胡十六國 2.CST：中國史
618   113009405

古代歷史文化研究輯刊
三二編　第 五 冊　　　　　　ISBN：978-626-344-868-1

五胡治華史論集（中）

作　　者	雷家驥
主　　編	王明蓀
總 編 輯	杜潔祥
副總編輯	楊嘉樂
編輯主任	許郁翎
編　　輯	潘玟靜、蔡正宣　美術編輯　陳逸婷
出　　版	花木蘭文化事業有限公司
發 行 人	高小娟
聯絡地址	235 新北市中和區中安街七二號十三樓
	電話：02-2923-1455 ／傳真：02-2923-1452
網　　址	http://www.huamulan.tw 信箱 service@huamulans.com
印　　刷	普羅文化出版廣告事業
初　　版	2024 年 9 月
定　　價	三二編 28 冊（精裝）新台幣 84,000 元

五胡治華史論集(中)

雷家驥　著

目

次

漢趙國策及其一國兩制下的單于體制

提　要

　　西元 304 年屠各劉氏起事，最初動機出於反晉之奴役，及至大舉，乃以「興邦復業」作為其指導思想，成為匈奴的復國運動。不過，劉淵漢化甚深，又基於客觀諸形勢，遂將此目標改變成在中國建立政權，其目標有二：低目標是割據一地以分裂中國，高目標是統一中國。為了分別號召胡、晉而組織統治之，於是採用胡、漢分治政策，建立一國兩制：即匈奴單于體制與漢式王朝體制并用，而劉淵以漢王兼為大單于，此即「雙兼君主型一國兩制」。劉聰嗣漢皇帝位後，奠定了單于臺政廳化，分由弟、子擔任漢式體制和胡式體制的最高行政兼軍令長官，自己以皇帝統領此二系統，此即「一君兩制型一國兩制」。由於單于位號下移，故造成了權力重心下移，成為國家安全的結構性危機，也是劉漢政亂祚短之主因。及至劉曜嗣位西遷，離開匈奴活動的核心區，建立單一漢式王朝，後又在關中起用氐羌等族豪分任單于體制諸王長，是以政權基礎更不穩固。在此權力結構下，劉曜改國號為趙，尊奉匈奴冒頓單于，使國家認同與民族認同分開，遂至既無以號召諸胡，也無以號召漢人，其國不旋踵而亡。

一、前　言

　　1990 年，筆者發表過一篇論文，名曰〈從漢匈關係的演變略論劉淵屠各集團復國的問題〉，以論「五胡亂華」時屠各初起的歷史背景和指導思想。該文副題稱為〈兼論其一國兩制的構想〉，蓋已討論到匈奴貴族仇晉奴役之同時，決定起事反晉兼且「興邦復業」。既起之後，即擁劉淵為「大單于」，并釐清其「興邦復業」的目標為：「當興我邦族，復呼韓邪之業」，亦即效法當年呼韓邪單于之恢復匈奴帝國的位地和體制，振興匈奴民族也。以劉宣為首的復興運動匈奴貴族，他們這個理想尋即為劉淵所改變。大單于的想法顯然和貴族們不同，他的目標是作中國帝王，他的建國構想是「上可成漢高之業，下不失為魏武」——即若不能統一中國，也可以割據自立。這就屠各集團尊承漢朝、兼採漢制的原因。〔註1〕

　　政治上的胡、漢兩制拙文稱之為「一兩國制」，日人內田吟風稱之為「胡漢二重體制」。上引拙文已經初步提出，漢趙王朝曾經實行有「雙兼君主型一國兩制」和「一君兩制型一國兩制」兩種情況，只是未作全面深入的討論。對於「胡漢二重體制」，內田及谷川道雄等人雖有論述，而猶有未盡；〔註2〕國人研究匈奴者，或失之忽，或失之略，〔註3〕總難完全令人釋疑。

　　筆者的疑惑有下列幾點：

　　第一，根據上述初步的瞭解，疑惑屠各與匈奴、屠各劉氏與匈奴單于虛連題氏〔註4〕究竟是否真有不同？這問題對劉氏的統治大帝國經驗會否產生影響？劉氏集團既要效法呼韓邪，為何不打回塞外重建遊牧帝國？

〔註1〕此文已收入本書。至於有關「一國兩制」諸名詞，其定義請參本文註51。

〔註2〕內田吟風《匈奴史研究》（日本，東京：創元社，1953 年）及谷川道雄〈南匈奴の國家前後兩趙政權の性格にっって〉〔《名古屋大學文學部研究論集（史學）》，1964 年〕對此皆曾討論，田村實造《中國史上の民族移動期》（東京：創文社，昭和六十年），有五胡專篇，對此則未注意討論。

〔註3〕例如馬長壽《北狄與匈奴》（北京：三聯書店，1962 年）可算是一部匈奴通史，其第四節專論魏晉匈奴，但并未注意及此。林幹《匈奴通史》（人民出版社，1986 年）略述及此，但無深入分析，書末附錄有〈近六十餘年來（1919～1982）國內研究匈奴史的概況〉，可按圖參考。台灣南天書局於 1987 年出版劉學銚的《匈奴史論》，對此亦無論及。唐長孺〈晉代北境各族「變亂」的性質及五胡政權在中國的統治〉（收入其所著《魏晉南北朝史論叢》，翻印本，出版資料不詳。）則頗論之，然甚略。

〔註4〕《史記》、《漢書》作攣鞮氏，《後漢書》作虛連題氏，蓋音轉異譯。因後書時代近「五胡亂華」，從之。

第二，劉氏集團最初欲「恢崇單于」，實行單一的單于體制，其實際如何？實行了多久？為何改變？

第三，不再僅「恢崇單于」後，是否隨著稱「漢王」、「漢皇帝」，就純採漢制，將原有的單于體制廢止了？若否，二制如何并行運作？二制并重抑漢制為主、胡制為從，抑或胡制為主、漢制為從？

第四，一國兩制是否隨著漢趙發展的階段不同而呈不同的類型變化？為何變化及有何實質的變化？

第五，這些可能的類型與變化，對政局有何關係影響？有何歷史價值和意義？

本文所謂漢趙，是指屠各劉氏集團所建的王朝；劉淵於西元 304 年稱「漢」，至 319 年其族子劉曜嗣位，改國號曰「趙」，以至於 329 年為石趙所亡。石勒為羯胡，是劉氏的臣屬，但他後來脫離獨立，建立了（後）趙，其統治體制與漢趙亦有關，然本文并不將之列入漢趙王朝，容以後另撰文討論之。

漢趙國史之初創，史官頗有隱諱虛美之嫌，後來和苞的《漢趙記》和崔鴻《十六國春秋》已佚。《晉書》和《資治通鑑》多據崔鴻書，二者互異或詳略不同之處，則考之於《十六國春秋輯補》；〔註5〕北《魏書》所述雖頗略，亦可與上述三書相參考，庶幾稍有小補。

由於文獻史料缺乏，近代發掘亦未足以論述其體制，故本文能推得其大概，窺悉其架構，則於願已足，至其詳細，或許需待以後更多證據之出現。至於漢趙一國兩制下的中國式王朝體制，非關本文，略而不贅，俟暇當另文論之。

二、主客形勢與屠各劉氏的初期構想

四世紀初，西晉陷於八王之亂，劉淵當時行寧朔將軍‧監五部軍事，〔註6〕隨成都王穎鎮鄴（今河南臨漳縣西四十里）。其從祖故北部都尉‧右賢王劉宣〔註7〕密議起兵「興邦復業」，共推淵為「大單于」。淵雖暫不能還，仍

〔註5〕 請參註 1 拙文。《晉書》（台北：鼎文書局新校本，1983 年。下引正史同此版本。）與《資治通鑑》（台北：宏業書局新校本，1983 年。）多本於《十六國春秋》，輯本史料價值相當，故參用之。

〔註6〕 屠各劉氏領導下的五部匈奴，左部居太原故茲氏縣，右部居祁縣，南部居蒲子縣，北部居新興縣，中部居大陵縣，請參前揭拙文及所附圖四。

〔註7〕 《晉書‧劉元海載記》作左賢王。按宣等密議，稱「左賢王元海」，則宣應為右賢王，故從《十六國春秋輯補》及《資治通鑑》作右王。

密令宣等招集諸胡，預作準備，《十六國春秋輯補·前趙錄一》記其事云：

> 宣等竊議曰：「昔我先人，與漢約為兄弟，憂樂同之。自漢亡以來，魏晉代興，我單于雖有虛號，無復尺寸之業，自諸王侯，降同編戶。今司馬氏骨肉相殘，四海鼎沸，興邦復業，在此時矣。左賢王淵，姿器絕人，幹宇超世，天若不恢崇單于，終不虛生此人也！」於是密共推淵為大單于，乃使其黨呼延攸詣鄴，以謀告之。元海（淵字）請歸會葬，穎弗許，乃令攸先歸，告宣等招集五部，引會宜陽諸胡，聲言應穎，實背之也。〔註8〕

此證劉宣等人最初欲乘亂起事的動機，厥為恢復匈奴貴族固有地位和重建單于（代表匈奴國家）崇高地位，所謂「興邦復業」是也。他們共推劉淵領導起事，而劉淵這時實充份知之，也同意之，背晉如箭在弦之待發而已。

稍後，司馬穎兵敗，以劉淵為冠軍將軍，封盧奴伯。淵說穎，請還說五部「以赴國難」。當時并州刺史司馬騰、幽州刺史王浚兵力約十萬，黨於東海王司馬越而與穎為敵，且有鮮卑、烏丸助戰，穎極感「鮮卑、烏丸勁速如風雲」之不易當，是以劉淵說以「東胡之悍不踰五部，……當為殿下以二部摧東瀛（司馬騰），三部梟王浚」時，即為穎所接受，拜之為「北單于·參丞相（司馬穎）軍事」，令淵回部招兵。〔註9〕

劉淵至左國城（山西離石縣北），劉宣等上「大單于」之號，二旬之間，眾已五萬，都于離石（山西離石縣），時維西元304年八月，〔註10〕而且很快即發展至有眾十餘萬。

值得注意的是劉淵為屠各胡。屠各是匈奴的「雜種」或「別都」，與南匈奴部落十餘萬人，因反對南匈奴第十八任單于羌渠徵兵助漢戰鬥而反叛，於188年聯合攻殺單于，拒絕羌渠之子於扶羅歸國。於扶羅在其國人不接受的情況下，止於平陽郡的平陽縣（山西臨汾縣南），立為十九任單于；而原來單于庭所在地的西河郡離石縣，叛亂集團卻另立須卜骨都侯為單于。須卜氏為常與

〔註8〕 這段密議是本文分析問題關鍵之一，《晉書·劉元海載記》同，但因其避唐諱而一概稱劉淵為元海，又有稱劉宣為左賢王之誤，故引用《十六國春秋輯補》之文。

〔註9〕 當時司馬穎以皇太弟為丞相·都督中外諸軍事，劫迎惠帝在鄴，所謂國難及參丞相軍事指此也。

〔註10〕 即晉惠帝永興元年八月，竊以晉、漢、成等各有年號，比對麻煩，今概以西元紀之，而月份則仍依國曆，以下繫年同此。

單于王室通婚的異姓貴族。異姓被立為單于，取代虛連題氏王室，這是南匈奴史上空前的變局。叛亂集團既能立異姓為單于，也就能立異姓為統治階層的各王長。須卜骨都侯單于於 190 年死，「南庭遂虛其位，以老王行國事」，這是南匈奴分裂為離石和平陽兩政權的變局，也是屠各劉氏興起的背景。〔註 11〕這也是說，此時或以後，南匈奴因分裂的關係，已出現南（平陽政權）、北（離石政權）兩中心：離石的北中心一度是沒有單于治國的，由王長代行統治，而屠各在內部具有一定的力量。

　　曹操分并州（離石）匈奴為五部，「部帥皆以劉氏為之」，「劉氏雖分居五部，然皆居于晉陽汾澗之濱」，〔註 12〕這是三世紀初葉之事。自此以降至四世紀初葉，北狄入居邊塞凡十九種，「屠各最豪貴，故得為單于」。〔註 13〕離石政權一度由王長代治，并無單于，丞相穎拜劉淵為「北單于」，正是令其歸離石以招集五部人眾也。劉淵曾以左賢王先後為離石將兵都尉、五部大都督及監五部軍事，殆即為代行國事的王長，拜其為「北單于」，正所以有別於平陽虛連題氏的正統「南單于」也。平陽屬司州，與并州五部匈奴有別。

　　丞相穎當然不可能知悉劉淵此前已有密謀，故放虎歸山，拜之為北單于。不過，右賢王劉宣等起事的原始動機即為「興邦復業」，欲重新「恢崇單于」，也早已得到劉淵的同意，所以劉宣上大單于之號及劉淵接受之，應是可想而知的事。劉淵欲為全匈奴的「大單于」，領導「興邦復業」之大舉，當然也就超出了丞相穎的意料之外了。劉淵從左國城至都于離石——也就是南匈奴分裂後的北中心、他當年任將兵都尉的大本營所在，在政治上應有一定的意義。

　　188 年「屠各」聯「南匈奴」右部攻殺羌渠單于時，叛亂部眾據《後漢書·南匈奴列傳》所載是十餘萬人，這些人後來被曹操分為五部，至 403 年劉淵起事時，人數不詳。淵初期由五萬人增至十餘萬，決非已完全動員了并州五部之眾，更非動員了入塞各地的匈奴。按離石縣於西晉為西河國所屬四縣之一。西河國在 280 年中國統一時的太康戶數中，所屬四縣共有六千三百戶，〔註 14〕

〔註 11〕 請詳註 1 拙文。

〔註 12〕 《十六國春秋輯補》、《晉書·劉元海載記》、《資治通鑑》所述皆同。至於皆謂劉淵為劉豹之子，而劉豹為於扶羅之子，則此一說未必然，恐有冒認之嫌，註 1 拙文已考論之。

〔註 13〕 參《晉書》卷九七〈北狄·匈奴列傳〉。

〔註 14〕 參《晉書·地理上·并州》，卷十四，頁 429。

平均每縣只有一千五百七十五戶；若平均每戶以五人計，西河國不過僅有三萬餘人，離石縣也不過只有八千人左右而已。是則旬月之間所招集的十餘萬人，其不完全是在籍晉人，而主要是當地和附近的籍外胡眾可知。299 年——劉淵起兵前五年，江統曾作〈徙戎論〉，聲稱「今五部之眾（殆指非在籍晉人之籍外胡眾言），戶至數萬，人口之盛，過於西戎。然其天性驍勇，弓馬便利，倍於氐羌。若有不虞，風塵之慮，則并州之域，可為寒心！」〔註15〕由此可知，江統所擔憂的情況終於發生了。

更早於江統作〈徙戎論〉，西河人侍御史郭欽於劉淵起事前二十四年，就奏上其〈徙戎疏〉，擔心胡騎日後會起自平陽，警告「若百年之後，有風塵之警，胡騎自平陽、上黨，不三日而至孟津，北地、西河、太原、馮翊、安定、上郡盡為狄庭矣」。〔註16〕郭欽的擔心，與劉淵稱帝以前的「興邦復業」構想頗相符，只是首發者為離石胡而非平陽胡而已，誠為當時的遠見。

劉淵於八月初起時，欲仍履行向丞相穎所作的諾言，派遣其左於陸王劉宏帥精騎五千，與穎將王粹會師拒司馬騰，由於粹已為騰所敗，故無及而歸。〔註17〕同月稍後，丞相穎被王浚的鮮卑部隊所攻，自鄴撤退，挾惠帝南奔洛陽，大單于劉淵仍命令其右於陸王劉景、左獨鹿王劉延年等率步、騎二萬，將討鮮卑。匈奴起事未久，其國策是採助晉平亂、繼續稱臣，抑或自此獨立建國？若採獨立建國，則國家目標及戰略如何？屠各統治高層曾於此時為此作過一次辯論，形成了共識和決策，《十六國春秋輯補‧前趙錄二》記此事云：

> 劉宣等固諫曰：「晉為無道，奴隸御我，是以右賢王猛不勝其忿，屬晉綱未弛，大事不遂，右賢王塗地，單于之恥也！今司馬氏父子兄弟自相魚肉，此天厭晉德，授之於我。單于積德在躬，為晉人所服，方當興我邦族，復呼韓邪之業，鮮卑、烏丸，可以為援，奈何距之，而拯仇敵？今日假手於我，不可違也。違天不祥，逆眾不濟；天與不取，反受其咎。願單于勿疑！」淵曰：「善，當為崇岡峻阜，何能為培塿

〔註15〕詳參《晉書》卷五十六本傳，引文見頁 1534。

〔註16〕郭欽為西河人，其瞭解匈奴與國家安全的關係可能與此有關。《資治通鑑》繫上疏時間在太康元年，其疏請參《晉書‧四夷‧北狄‧匈奴列傳》，卷九十七，頁 2549。

〔註17〕此事《晉書‧劉元海載記》、〈新蔡武哀王騰列傳〉及《十六國春秋輯補‧前趙錄》皆無述，今據《資治通鑑》晉惠帝永興元年八月條（卷八十五，頁 2700），蓋在都離石時事也。

乎！夫帝王豈有常哉，大禹出於西戎，文王生於東夷，顧惟德所授
耳！今見眾十數萬，皆一當晉十，鼓行而摧亂晉，猶拉枯耳！上可成
漢高之業，下不失為魏武，何呼韓邪足道哉！雖然，晉人未必同我。
漢有天下世長，恩德結於人心，是以昭烈（劉備）崎嶇於一州之地，
而能抗衡於天下。吾又漢氏之甥，約為兄弟，兄亡弟紹，不亦可乎？
且可稱『漢』，追尊後主，以懷人望。」宣等稱善。〔註18〕

所謂「固諫」，就是堅決反對，引文只記結論大略而已。值得注意的是，劉
宣是劉淵的從祖，為右賢王，原任北部都尉，〔註19〕是元謀起事之人。他與
一群元謀「興我邦族」之人，顯然是依從劉猛反奴役而起事的傳統，追求雪
國恥、興邦族——亦即目標在復國獨立、興族反晉，所謂「復呼韓邪之業」
者。這裡所稱的「呼韓邪之業」，應指呼韓邪二世維持匈奴帝國之事業。〔註
20〕為完成此復國目標，反晉是必然的，因而列晉為第一「仇敵」；至於助晉
的鮮卑和烏丸，也就不必然成為匈奴的假想敵了。劉宣等人的戰略構想，就
是爭取鮮卑和烏丸，以抵抗晉朝。這是他們眾人的意見，并聲稱「違天不祥，
逆眾不濟」，固請助晉的劉淵思考。

以劉宣的身份地位，且他也是和劉淵一樣攻習《毛詩》和《左傳》的屠各
胡，所以彼此應該有所尊重和瞭解。劉淵面臨違天逆眾的批評和考驗，其慎重
應可想知。

劉淵的基本思考，是認為帝王無常、惟德所授，不因身份、民族而有異，
這和當時的一些非漢人的認知大為不同。〔註21〕就是由於有這樣的基本思考，
所以他認為繼續當百蠻君長也就無足道了。作為匈奴人，鄙視其故主為「何

〔註18〕　《晉書·劉元海載記》大抵同，但無「何呼韓邪足道哉」及「宣等稱善」之句。
　　　　《通鑑》惠帝永興元年八月條撮錄大要而已，但有「呼韓邪何效哉」及「宣等
　　　　稽首曰：非所及也」二句。這二句甚重要，故引文從《十六國春秋輯補》。
〔註19〕　劉宣《十六國春秋輯補》及《晉書·劉元海載記》皆有附傳，可詳參之。其官
　　　　職茲從《輯補》作「北部都尉·右賢王」。
〔註20〕　呼韓邪一世還塞重建國家成功，二世則未完全成功，僅在漢朝內保持國家形
　　　　式，淪為保護國，其詳請參註1拙文。
〔註21〕　例如《晉書·石勒載記上》載錄劉琨遺石勒書，稱「自古以來誠無戎人而為帝
　　　　王者，至於名臣建功業者則有之矣」（卷一百四，頁2715）。又如《晉書·慕
　　　　容儁載記》謂群臣勸儁稱帝，儁婉拒，稱「吾本幽漢射獵之鄉，被髮左衽之俗，
　　　　曆數之錄，寧有分邪」（卷一百十，頁2834）？！又如〈符堅載記下〉謂符融
　　　　勸符堅勿圖南征，稱「且國家，戎族也，正朔會不歸人」（《晉書》卷一百十四，
　　　　頁2935）等等。

呼韓邪足道哉」，而逆劉宣等人的眾議，應是令人不可思議的。「五胡亂華」歷史變局的關鍵即在劉淵的基本思考，而劉淵也因此基本思考而力排眾議，揭櫫以「上可成漢高之業，下不失為魏武」，作為其起事目標，這就與劉宣等人的目標大異了。

也就是說，由於劉淵認為帝王無常，惟「德」所授，而蠻夷也可以當帝王，因此決定其目標上則為漢高祖，退而求其次則為魏武帝曹操──即在中國境內統一天下或割據分裂，當中國的帝王，不再回塞外為百蠻君長，復興匈奴帝國了。

建國目標既定，遂總結漢與蜀漢的歷史經驗，借用漢的「恩德」，兼利用其先人冒頓單于與漢的和親關係及匈奴兄終弟及傳統習俗，決定以繼承漢室自居。這是一種史緣戰略的運用，其作用是為了「以懷（晉）人望」，也就是欲透這種政戰以號召中國人也。劉淵策定其國家目標和戰略構想，識見確非劉宣等所能及，因而宣等也就稱善同意之。

劉淵上述堂皇的說話，雖然與其學識有關，但似乎也與一個現實有關──即并州前後主帥司馬騰和劉琨，皆聯盟拓跋鮮卑壓其境，使其不僅不能北返塞外，兼且亦長期有背後之憂，問題的嚴重，較之與王浚的鮮卑段部戰鬥大多了。

八王之亂促使王浚與丞相穎交惡，故命鮮卑務勿塵率胡、晉二萬攻鄴，穎挾惠帝退奔洛陽，而鮮卑大略婦女，為中國蒙受胡禍，「黔庶荼毒，自此始也」。劉淵命將率步、騎二萬討鮮卑，是為了信守對司馬穎的諾言，未必非要與王浚的段氏鮮卑成為死敵不可。王浚遠據幽州，有段氏鮮卑大單于務勿塵和烏丸單于審登各率所部襄助，也決非匈奴大單于之劉淵所能奈何。〔註 22〕匈奴之首敵，厥以并州晉軍和拓跋鮮卑為最，是以劉宣之意見，無異在戰略上是遠交近攻之策，因為并州晉軍與拓跋鮮卑聯盟對付匈奴的形勢，此時已隱然形成了。

約在三世紀末，鮮卑拓跋氏領袖拓跋祿官將其國分為三部，已甚強盛，《魏書・序紀》云：

> 昭皇帝（追諡）諱祿官，……分國為三部：帝自以一部居東，在上谷北，濡源之西，東接宇文部；以……猗㐌統一部，居代郡之參合陂北；以……猗盧統一部，居定襄之盛樂故城。自始祖（拓跋力微，約當三世紀中葉）以來，與晉和好，百姓乂安，財畜富實，控弦騎

〔註22〕王浚刻意結好夷狄以圖自安，甚至以女妻務勿塵，務勿塵將胡晉攻略鄴城諸事，皆請參《晉書》卷三十九〈王沈列傳・子浚附傳〉。

　　士四十餘萬。

光憑此時拓跋氏之財富和武力，已非劉淵等十餘萬眾、人寡財乏所能比，更焉論打回塞外，效法呼韓邪一世復國了。劉淵起事前八年，祿官葬其故領袖沙漠汗夫婦，遠近會葬者二十萬人，而晉持節・寧北將軍・都督并州諸軍事・并州刺史・東嬴公司馬騰即曾派遣幕僚來會，可見雙方私交也甚友好。劉淵決定留在中國作帝王，這個客觀現實恐已考慮和面對，他雖不說，我們也知這是一個對劉淵決策具有決定性影響力的因素。劉宣為劉淵所「特荷尊重，勳戚莫二，軍國內外靡不專之」的人，〔註23〕但在此次國策決定上面，劉淵卻沒有接納其意見，也不讓他專之，而逕行逆眾自尊，其情況可想而知。

　　上述國策和戰略決定之後，劉淵尋於同年十月，將單于庭遷至左國城，而「晉人東附者數萬」云，乃即「漢王」之位，年號元熙，同時下令云：〔註24〕

昔我太祖高皇帝以神武應期，廓開大業。太宗孝文皇帝……升平漢道。世宗孝武皇帝拓土攘夷，……中宗孝宣皇帝……多士盈朝。是我祖宗道邁三王，功高五帝，故卜年倍於夏商，……賊臣王莽，滔天篡逆。我世祖光武皇帝，……恢復鴻基，祀漢配天，……神器幽而復顯。顯宗孝明皇帝、肅宗孝章皇帝累葉重暉，炎光再闡。自和、安已後，皇綱漸頹，……曹操父子，凶逆相尋。故孝愍（獻帝）委棄萬國，昭烈（劉備）播越岷蜀。……何圖天未悔禍，後帝（劉禪）窘辱。自社稷淪喪，宗廟之不血食，四十年於茲矣！今天誘其衷，悔禍皇漢，使司馬氏父子兄弟，迭相殘滅。黎庶塗炭，靡所控告。孤今猥為群公所推，紹修三祖之業。顧茲尪闇，戰惶靡厝！但以大恥未雪，社稷無主，銜膽栖冰，勉從群議。

中國方亂，晉人來附是完全不稀奇的，晉人當時也有投奔其他地區的，如遼東鮮卑慕容廆等，請求保護安置。當然，晉人之來附，也可能和上述國策與戰策的施行有關。要之，觀這篇文告，劉淵可謂充份發揮了史緣戰略，而直以劉漢子孫自居，公然宣佈繼承漢朝政權了。當初劉宣等人志欲「興我邦族，復呼韓

〔註23〕詳同註19宣之兩種附傳，文字所載皆同。
〔註24〕括文及長引文引自《十六國春秋輯補・前趙錄二・劉淵》（卷二，頁7）。按：《晉書・劉元海載記》稱「遠人歸附者數萬」，未知是胡人抑晉人，抑或兼有之。《資治通鑑》繫之於永興元年冬十月，作「胡、晉歸之者愈眾」（卷八十五，頁2702），則是胡、晉兼有之也。無論如何，因有晉人來附，故鼓舞了劉淵即「漢王」位。

邪之業」——復興匈奴國家民族的事業，在短短幾個月之間，因當時的客觀形勢和劉淵的主觀意志，竟變質成為「紹修三祖之業」——以漢室宗裔、漢人身份繼承漢朝政權。

這個國家目標在劉淵時代是堅定而清晰的，不過欲「紹修三祖之業」，似乎以即皇帝位為宜，劉宣等最初似乎確是呈上「皇帝」尊號的，然而未被劉淵所接受。劉淵的解釋和決定是：「今晉氏猶在，四方未定，可仰遵高祖初法，且稱漢王，權停皇帝之號，待宙宇混一，當更議之」。〔註25〕稱皇帝與天下已否統一無必然的關係，上引〈即漢王位令〉所提及三祖五宗中之光武帝和昭烈帝，就是在天下未統一前已即皇帝之位。因此，劉淵借用漢高祖之例應另有作用，即於「晉氏猶在」的現實壓力下，避免因為驟稱皇帝大號，而成為被打擊的第一目標：影響其乘亂擴大地盤，以執行若不能統一、則退而割據的原定國家發展構想。

這時司馬穎已失勢，惠帝落入洛陽守將張方控制中，張方因政爭，正欲劫帝遷都長安，并尋於十一月成功劫帝西遷，此時劉淵的最大威脅當來自并州的司馬騰和拓跋氏聯盟。司馬穎在304年八至十月之間棄鄴奔洛陽，尋落入張方手中，此期間《魏書‧序紀》記云：

> 匈奴別種劉淵反於離石，自號漢王。并州刺史司馬騰來乞師，桓帝（猗㐌）率十餘萬騎，帝（祿官）亦同時大舉以助之，大破淵眾於西河、上黨。會惠帝還洛，騰乃辭師。桓帝與騰盟於汾東而還。〔註26〕

這是并州晉軍主動攻擊劉淵之始，也是拓跋鮮卑以盟軍姿態助晉之始。此次軍事行動并未持久，故劉淵稱漢王稍定後，即遣其建武將軍劉曜攻太原，取上黨郡的泫氏、長子、屯留三縣，和太原郡的中都縣；另遣冠軍將軍喬晞攻西河國，取得介休縣。是則由西河國之離石縣以東，至上黨郡漳水發源地，已在屠各劉氏的控制之下。由此南向發展，漸以平陽郡為中心；向北包括西河國，向南包括河東郡，形成了屠各漢趙王朝的核心區。

基本上，自304年至305年，司馬騰與劉淵之爭，互有主動，也互有勝

〔註25〕 參《十六國春秋輯補‧前趙錄二‧劉淵》（卷二，頁7），《晉書‧劉元海載記》和《資治通鑑》無載。

〔註26〕 漢趙史官似不記述此事，故《十六國春秋輯補》及《晉書‧劉元海載記》無述焉。由於戰鬥、結盟不知發生於何月，故《資治通鑑》概繫之於八月，在冬十月劉淵稱漢王之前。至於〈序紀〉則有年無月，但稱於劉淵自號漢王之後發生，今從之。

敗；但在 305 年六月，劉淵進攻司馬騰，而騰乞師猗㐌，聯兵斬淵將綦毋豚，惠帝詔假猗㐌「大單于」後，〔註27〕并州與拓跋氏的聯盟已甚堅強。劉淵自此不僅北進無望，抑且背憂無窮，其國家戰略已至應該改變的關鍵，請參文末所附〈圖一〉所示形勢。

三、國策改變與漢趙興亡的關係

司馬騰在進戰劉淵大陵之役失敗後，305 年，并州發生飢荒，乃於 306 年率并州二萬餘戶下山東，就穀冀州，號為「乞活」，而所餘之戶不滿二萬，朝廷另命劉琨為并州刺史。〔註28〕并州共轄六個郡國，280 年太康戶數為五萬九千三百，〔註29〕經此二十餘年戰亂，戶口早已死傷流失過半，〔註30〕這時正是劉淵北進發展之時機。不過，劉淵這時也因離石大飢，一度遷于黎亭以就穀。而且，以劉琨的才能，劉淵不能於板橋阻斷他赴任晉陽，而讓他募兵千餘人，轉鬥而前，進入并穩住晉陽情勢，〔註31〕這就成為漢、晉發展的轉捩點。

劉琨發揮其才，繼承與拓跋鮮卑聯盟的關係，途中即上表說明并州毀滅傷亡之嚴重，指出「此州雖云邊朔，實邇皇畿，南通河內，東連司、冀，北捍殊俗，西禦強虜，是勁弓良馬、勇士精銳之所出」的戰略地位和重要性。請求朝廷大力支援物資，以利情勢穩住和開發。於是居官未期，即對劉淵爭取主動，

〔註27〕　事詳《魏書・序紀》昭皇帝十一年條（卷一，頁 6 及 7）。《資治通鑑》注引《考異》，稱此役逼使劉淵南走蒲子，蓋《魏書》夸誕妄言耳（卷八十六永興二年六月條，頁 2708）；《宋書・索虜列傳》則相反的輕描之，甚至對已有控弦騎士四十餘萬的「索頭種」拓跋氏，亦僅淡寫為數萬家而已（卷九十五，頁 2321）。

〔註28〕　《晉書・劉元海載記》和《十六國春秋輯補》均稱司馬騰因戰敗而懼，遂率眾東下，所在為寇云，恐有誇誣之嫌。《晉書・宗室・新蔡武哀王騰列傳》無記此事。據《通鑑・晉惠帝光熙元年》所述，知該年（306 年）十月晉廷以騰鎮鄴，另命劉琨刺并，故司馬騰率將眾東下就穀與此有關。

〔註29〕　戶數見《晉書・地理上・并州》，卷十四，頁 428。

〔註30〕　例如司馬騰所率并州戶口以後多不再回籍，流離山東，成為政府的負擔與危機。根據《晉書・王彌列傳》，「彌復以二千騎寇襄城諸縣，河東、平陽、弘農、上黨諸流人之在潁川、襄城、汝南、南陽、河南者數萬家，為舊居人所不禮，皆焚燒城邑，殺二千石長吏以應彌」（卷一百，頁 2610）。這些并州流民，甚至已背叛晉朝，響應劉淵之大將王彌也。留在并州的戶口死傷破壞，情況淒慘，可詳《晉書・劉琨列傳》。

〔註31〕　劉琨募兵轉鬥而前的情況，可詳同上註本傳。劉淵遣其大將劉景中途擊劉琨於板橋（作版）失敗，使之進據晉陽，事見《晉書・劉元海載記》。

發揮了政戰效果,《晉書‧劉琨列傳》云:

> 劉元海時在離石,相去三百許里。琨密遣離間其部雜虜,降者萬餘
> 落。元海甚懼,遂城蒲子而居之。在官未期,流人稍復,雞犬之音
> 復相接矣,……士人奔迸者多歸於琨。

劉琨不能平定屠各,自有其客觀情勢和性格上的限制,本傳已詳之。但作為主帥,穩住并州中北部的情勢,阻止劉淵佔領全并,進而對其他地區的胡族發揮更大影響力,劉琨應屬成功的。然而,劉淵之徙居蒲子,殆非全因甚懼劉琨,而是因為劉琨之存在,使其無法全據并州,達至「下不失為魏武」的次要國家目標,因而改變戰略,決定先取「上可成漢高之業」的首要目標。《晉書‧劉元海載記》云:

> 琨遂據晉陽。其(漢)侍中劉殷、王育進諫元海曰:「殿下自起兵已
> 來,漸已一周,而顓守偏方,王威未震。誠能命將四出,決機一擲,
> 梟劉琨,定河東,建帝號,鼓行而南,克長安而都之,以關中之眾,
> 席捲洛陽,如指掌耳。此高皇帝之所以創啟鴻基,克殄強楚者也。」
> 元海悅曰:「此孤心也!」遂進據河東,攻寇蒲坂、平陽,皆陷之。
> 元海遂入都蒲子,河東、平陽屬縣壘壁盡降。

劉淵的目標和戰略構想的改變,這才是晉朝的真正不幸。儘管劉淵此戰略構想與實際發展——如實際上是先陷洛陽,再破長安——有所不同,要之他不再全力和并州劉琨周旋,轉而南向二京,遂使兩京蒙塵、懷愍北擄的歷史事件發生。此轉捩皆與劉琨有關,而正為郭欽、江統當年所憂慮者。不過,漢趙無法短期之間「梟劉琨」,也造成其戰略效果不能擴大的原因。

劉淵國家目標和戰略構想的改變,約在 306 至 307 年之間。〔註32〕他一方面執行南下(平陽、河東)的既定構想,另一方面也因 307 年末,山東地區的王彌、石勒等人來附,於是同時也經略山東地區,使原定由離石所在的西河國出發,南進平陽→河東→長安(關中)→洛陽之構想方向,改變為河東、山東同時并舉以包圍洛陽的形勢,優先攻取洛陽。

在此發展期間,306 年(惠帝光熙元年)六月李雄在蜀即皇帝位,國號大成,可能對屠各集團有所啟示。307 年東萊王彌兵敗來附,《晉書‧本傳》云:

〔註32〕按《晉書‧劉元海載記》繫劉殷、王育建議,與元海徙都蒲子於永興二年(305)、《十六國春秋輯補》繫漢元熙三年(306)及四年(307),《晉書‧孝懷帝紀》無書。《資治通鑑》繫劉琨任并州刺史於晉光熙元年(306)十月,繫劉淵都蒲子於晉永嘉二年(308)七月,今從之。

> 彌謂其黨劉靈曰：「晉兵尚強，歸無所厝。劉元海昔為質子，我與之
> 周旋京師，深有分契，今稱漢王，將歸之，可乎？」靈然之，乃渡
> 河歸元海。……及彌見元海，勸稱尊號。元海謂彌曰：「孤本謂將軍
> 如竇周公（融）耳，今真吾孔明、仲華也！烈祖有云：『吾之有將軍，
> 如魚之有水。』」

表示劉淵以「漢」號召晉人，效法漢高祖和烈祖（劉備）故事頗有效，而晉人
亦頗歸之，其中更有知其目標而迎合其意者。王彌是劉淵早年在洛陽就已結識
的晉人，他真正兵敗來見，《通鑑》繫於 308 年（晉永嘉二年，漢元熙五年）
五月。兩個月後，劉淵進攻平陽，徙都平陽郡之蒲子縣（山西隰縣）；五個月
後——同年十月，丞相劉宣等六十四人，以鳳凰來集之符瑞為由上尊號，而劉
淵遂即「漢皇帝」位，改元「永鳳」。一套漢式符瑞、勸進、即尊、大赦、改
元的開國形式，當然依原定計畫也不是匈奴式的。

翌年正月，遷都平陽郡治平陽縣。《晉書・劉元海載記》述云：

> 太史令宣于脩之言於元海曰：「陛下雖龍興鳳翔，奄受大命，然遺晉
> 未殄，皇居仄陋，紫宮之變，猶鍾晉氏，不出三年，必克洛陽。蒲
> 子崎嶇，非可久安。平陽勢有紫氣，兼陶唐舊都，願陛下上迎乾象，
> 下協坤祥。」於是遷都平陽。汾水得玉璽，文曰：「有新保之」，……
> 元海以為己瑞，大赦境內，改年「河瑞」。

觀其遷都理由和行事，確知劉淵深習漢儒經學，漢化已然甚深，其信望氣星
變、天文符瑞，儼然如兩漢天子；其國家目標在殄晉興漢，其開國理論根據
是承天迎氣、遙繼陶唐，顯然是十分清楚的。〔註33〕

效法呼韓邪「興邦復業」是不必在中國實行的，若將此目標改為「下不失
為魏武」，也不必非殄晉不可；茲者既已採定以「上可成漢高之業」為目標，
因而也就不得不需要殄晉，而以遙繼陶唐之說來奉天迎氣了。屠各漢趙這一連
串的變化和發展，應可完全體會，這也是他於此一年內一再集結部隊進攻洛陽
的原因。

直至 310 年七月十八日劉淵死，其取洛殄晉的目標仍未完成。攻洛主
帥、劉淵的第四子、當時擔任大司馬・大單于・楚王的劉聰，尋即發動兵變，

〔註33〕 天文符瑞之說，讀漢史者多已知之。至於漢室自稱劉氏始於唐堯，屬於火德，
用以解釋其天命與所自，筆者所撰《中古史學觀念史》（台北：台灣學生書局，
1990 年）頗有詳論，其中論漢統部份在該書第五章，於此不贅。

嗣漢皇帝位後，仍一再會師合攻洛陽，終至 311 年六月，洛陽為劉曜、呼延晏、王彌、石勒聯軍所破。聯軍大事焚掠，將懷帝及六璽送至平陽，劉聰為之改元「嘉平」。

晉京攻破、皇帝被俘、六璽在手，表面上殄晉之事應已完成，但事實卻不然，《晉書・王彌列傳》云：

> 彌謂曜曰：「洛陽，天下之中，山河四險之固，城池宮室無暇營造，可徙平陽都之。」曜不從，焚燒而去。彌怒曰：「屠各子，豈有帝王之意乎！汝奈天下何！」遂引眾東屯項關。

劉曜是劉淵的從子，淵死時官拜征討大都督・領單于左輔・始安王。〔註34〕當時大單于是劉聰，可見劉曜地位之重要。上述證據可證劉曜決無遷都之意，劉聰也未見有史料證明欲遷都洛陽，顯然二人對平陽現狀已習慣；自魏晉以來，劉氏世居汾澗，平陽在汾水流域，故恐怕已安土重遷了。洛陽居天下之中，為漢朝舊都，屠各既以繼漢自居，宣佈天下，卻無意遷還舊京，這是很令人奇怪的；兼且洛陽又是四戰之地，不遷都則如何控制山東兩河？這就難怪後來石勒、曹嶷之尾大不掉，而東晉岌立不亡了。王彌是第一個勸劉淵稱尊號的人，目睹淵諸子輩短視如此，也就難怪有此怒罵，失望而行了。興漢殄晉的口號其實究竟如何，晉人由此漸得清楚，漢趙的國策發展已至極限，由此亦可推知。

懷帝被俘第二年之夏季，中軍大將軍王彰切諫劉聰營作與游獵無度，《晉書・劉聰載記》云：

> 左都水使者・襄陵王摅坐魚蟹不供，將作大匠・望都公靳陵坐溫明、徽光二殿不成，皆斬于東市。聰游獵無度，常晨出暮歸，觀漁於汾水，以燭繼晝，中軍王彰諫曰：「今大難未夷，餘晉假息，陛下不懼白龍魚服之禍，而昏夜忘歸。陛下當思先帝創業之艱難，……何可墜之於垂成，隳之於將就！比觀陛下所為，臣實痛心疾首有日矣！且愚人係漢之心未專，而思晉之懷猶盛，劉琨去此咫尺之間，狂狷刺客息頃而至，帝王輕出，一夫敵耳。願陛下改往修來，則億兆幸甚！」聰大怒，命斬之。上夫人王氏（按：王彰之女）叩頭乞哀，……聰母以聰刑怒過差，三日不食，弟乂、子粲并輿櫬切諫，……

〔註34〕《晉書・劉曜載記》及《十六國春秋輯補》無載，今從《資治通鑑》晉懷帝永嘉四年七月辛未所載（卷八十七，頁 2749）。

> 其太宰劉延年及諸公卿列侯百有餘人，皆免冠涕泣固諫，……聰乃
> 赦彰。〔註35〕

劉聰耽於享受，安於平陽汾澗之農牧咸宜生活，由此可見。此屠各子之無大
志，也就不言而喻。他與其父似乎在構想和目標上皆有不同而有所改變，似
無「上可成漢高之業」的帝王之意，因而不遷都洛陽，當然也就奈天下何了。
反之，天下「愚人係漢之心未專，而思晉之懷猶盛」，也就可以想知。

屠各之漢，在此情形下很難號召民心歸向，而且也很難說服其臣僚部屬，
說其欲「成漢高之業」，以鼓舞士氣、鞭策效勞。遂使曹嶷有潛據青州獨立之
意，而終成石勒分裂之禍。故其後——319 年六月，新的漢皇帝劉曜下詔謙論
立國根據和國號時，漢趙的國策已不得不丕變，《十六國春秋輯補·前趙錄六》
云：

> 令曰：「蓋王者之興，必禘始祖。我皇帝之先，出自夏后，居于北
> 夷，世跨燕朔。光文（劉淵）以漢有天下歲久，恩德結于民庶，故
> 立漢祖宗之廟，以懷民望。昭武（劉聰諡號）因循，遂未悛革。今
> 欲除宗廟，改國號，復以大單于為太祖。其議以聞。」于是，太保
> 呼延晏等曰：「今宜承晉，母子傳號，以光文本封盧奴，中山之屬
> 城；陛下勳功懋于平洛，終於中山（曜即位前為中山王），中山分
> 野大梁，趙也。宜革稱『大趙』，遵以水行承晉金德，國號曰『趙』。」
> 曜從之。于是牲牡尚黑，旗幟尚玄，以冒頓配天，淵配上帝。

劉曜在石勒壓力之下遷都長安，他這時已深知劉淵利用「漢」的名號關係作
政治號召，已至因循無效的地步。鑑於「愚人係漢之心未專，而思晉之懷猶
切」，則最佳的手段，無如在破兩京、俘二帝後，引用中國政權交替理論正式
宣佈晉朝的滅亡。呼延晏等引用五行說，聲稱屠各劉氏的起源分野在趙，故
應改國號為「趙」，而賦予水承金德的五行架構，在理論上宣佈晉朝已死亡，
從而否定了剛成立的東晉。由祧漢變成繼晉，這是國家政策的重大改變，政
治上即表示劉曜要將政權變成依據五德終始理論而建立的單一模式新王朝。

不過，中華正朔能否由胡人承當，當時恐不易說服天下人。〔註36〕劉曜國
家政策的改變，實際冒了政治上的極大的風險，尤其在民族複雜、國力日削、
石勒虎視的情況下。但是，劉曜改變的危機不僅如此而已，他直認族源出於匈

〔註35〕《資治通鑑》繫作溫明二殿於懷帝永嘉六年四月。
〔註36〕請略參同註21。

奴，決定郊天不再以漢帝配，而逕以冒頓和劉淵配，無異是將民族認同與國家認同分開，自我定性為匈奴族的漢式政權。匈奴這時族群勢力已弱，劉曜偏居關中，依靠的民族主要為氐羌和漢族，故他這樣的宣佈，關中內外的漢人恐怕不會支持，至於氐羌也不見得支持。劉曜父子統治關中十年，氐羌一再反叛，且最後由漢人招石勒入關而亡之，或許與此有關。事實上，劉曜政權真正可以控制的，大約僅為東漢三輔之地。他揉合胡、漢的理念，改變了劉淵的國家政策，既無以號召晉人，也難以說服氐羌，加上直轄的匈奴部眾一再因征戰兵變，死傷慘重，則其政權的基礎一定是薄弱不穩的，漢趙的滅亡胥與此有關。

四、屠各、劉淵與單于體制的變革

屠各領袖之姓劉氏，自謂系出冒頓單于與漢公主之後，學界大抵對此質疑而不信。〔註37〕即使劉氏確出於冒頓與漢公主所生，但仍不屬於單于王族的純種子弟，因為根據《史記》、《漢書》、《後漢書》匈奴傳記的敘述，單于姓虛連題氏（即孿鞮氏），世與呼衍氏（即呼延氏）、須卜氏、丘林氏、蘭氏等四名族通婚，父死妻其後母，兄弟死皆妻其妻妾，所謂「惡種姓之失」也。〔註38〕這就是匈奴領導階層，透過長期而封閉的內婚婚姻圈，所形成的複合家庭組織和純粹種姓。〔註39〕除此之外，匈奴單于之繼立，與其母閼氏是否地位最貴有關，頗接近中國的立嫡觀念。近例如劉聰兵變後，欲立劉淵皇后單氏之子劉乂為漢皇帝，後雖因乂年幼而被群臣擁立，猶稱效法春秋時代魯隱公故事，立乂為皇太弟，將來要「復子明辟」云云。後來因權力使人腐敗，劉聰對劉乂產生

〔註37〕 認為由於劉淵用此以號召漢人，故冒姓劉氏，基本上是國內學界一般的看法，但註1所引拙文，頗亦指出恐與其史官公師或有關（頁50）。至於周偉洲《漢趙國史》（太原：山西人民出版社，1986年）專節（第一章第三節）討論劉淵的族姓，支持日人內田吟風之說（淵族出自南匈奴單于一族），余恐論證未妥。
〔註38〕 此為中行說與漢使辯論之辭，詳《史記‧匈奴列傳》，《漢書‧匈奴傳》同之。
〔註39〕 謝劍〈匈奴社會組織的初步研究〉〔《史語所集刊》40（下），1969年〕指出與單于世婚之貴姓早期為呼衍氏、蘭氏，其後加有須卜氏，至東漢及晉，另加有丘林氏（即喬氏），共四貴姓名族（頁674）。至於與虛連題氏婚姻之漢人，蓋未嘗被視為本氏族成員；其婚生子似雖為本氏族成員，但以血統有異，仍有被排斥於繼承權利之外的可能。故認為匈奴重視血統，有積極的強化氏族內部結構的作用（頁683）。謝氏認為單于是實行一夫多妻制的，且為複合家族的大家庭組織；然而，筆者對其所謂匈奴王族與四貴姓同屬屠各種，為兩個半部族之婚姻集團，則尚有保留。

政治逼害是另一回事，但此風俗習慣仍然存在則甚明，此事請容下論。至於塞外時代，呼韓邪單于死前立下的傳弟指示，也反映出匈奴此風習，《漢書・匈奴傳》云：

> 竟寧元年，單于（呼韓邪）復入朝，……自言願婿漢氏以自親。元帝以後宮良家子王牆字昭君賜單于，單于驩喜。……王昭君號「寧胡閼氏」，生一男，號伊屠智牙師，為右日逐王。呼韓邪立二十八年死。始，呼韓邪娶左伊秩訾兄呼衍王女二人：長女顓渠閼氏生二子，長曰且莫車，次曰囊知牙斯；少女為大閼氏，生四子，長曰雕陶莫皋，次曰且麋胥，皆長於且莫車，少子咸、樂，二人皆小於囊知牙斯。又它閼氏子十餘人。顓渠閼氏貴，且莫車愛。呼韓邪病且死，欲且莫車。其母顓渠閼氏曰：「匈奴亂十餘年，不絕如髮，賴蒙漢力，故得復安，今平定未久，人民創艾戰鬥。且莫車年少，百姓未附，恐復危國。我與大閼氏一家共子，不如立雕陶莫皋。」大閼氏曰：「……今舍貴立賤，後世必亂。」單于卒從顓渠閼氏計，立雕陶莫皋。約立傳國與弟。呼韓邪死，雕陶莫皋立，為復株絫若鞮單于，……以且麋胥為左賢王，且莫車為左谷蠡王，囊知牙斯為右賢王。復株絫單于復妻王昭君，生二女；長女云為須卜居次，小女為當于居次。……

可證匈奴在塞外時代，即妻其後母，為複合家庭；而且單于繼承權以母閼氏之貴與及種姓之純為主。從此傳中，知呼衍氏二人六子，後來相繼傳弟為單于，為匈奴政局及種姓計，王昭君子女後來在匈奴雖極有權勢，卻不能繼立為單于，是則屠各劉氏即使系出冒頓與漢公主之後，也未見得有機會被立為單于。其最重要的原因之一，是他決非虛連題氏的純粹種姓，史書稱劉氏為「別種」也不是全無根據的。〔註40〕

屠各是魏晉以來入塞北狄十九種之一，也是「最豪貴」的部落。他之所以豪貴，除了可能是匈奴王室「別種」外，當與聯合南匈奴攻殺羌渠單于有關。他們拒絕接受繼任單于於扶羅之回國，將於扶羅及其追隨者排斥於平陽郡的

〔註40〕詳參唐長孺〈魏晉雜胡考〉（收入氏著《魏晉南北朝史論叢》，頁382至403）、及〔註1〕拙文；而謝劍〈匈奴政治制度的研究〉（《史語所集刊》41-2，1969年）綜合護雅夫等人之言，則謂休屠王所部在漢代似非「匈奴」的「異種」（參頁251～255）。

平陽縣，而在南單于原來的王庭——西河離石——另建異姓的政權，立須卜骨都侯為單于，而劉氏卻未得立。以屠各劉氏的實力言，其種類是十九種之最強者應屬有可能。劉氏冒充冒頓與漢公主之後也好，真正與正統虛連題氏有極疏遠的血緣關係也好，要之他是自我宣稱冒頓之後的，而劉豹、劉淵、劉聰也確皆與第一姻族呼延氏世代通婚。〔註41〕

表一　劉淵家族婚姻

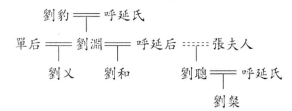

是則在虛連題氏被趕至平陽後，離石南匈奴各部以屠各劉氏最貴，也是有可能之事。正惟其既強且貴，故後來不但「得為單于」，也因此使「屠各」一名漸成「匈奴」之通稱。

并州匈奴以屠各劉氏為首，與司州匈奴原主於扶羅單于分裂。三世紀十年代，曹操將當時的南單于呼廚泉羈留於鄴，派其右賢王去卑監國——應指監司州平陽追隨之眾——約同時，另將并州離石匈奴諸部漸整合為五部，以劉氏分居五部，此乃劉淵被拜為「北單于」的背景。這群以屠各劉氏為主的并州叛亂匈奴，江統〈徙戎論〉稱之謂「并州之胡，本實匈奴桀惡之寇也」，乃可得正解。〔註42〕

不過，屠各也非僅僅止有劉氏一種姓，他們的種落分佈廣泛，除了并州屠各外，太行山東麓、河西走廊、秦隴地區、渭北地區皆有之，〔註43〕并且有些部落沒有為劉氏所統治。例如黃石屠各（或作休屠黃石，恐是屠各黃石部早期稱呼）即未必和劉氏屠各有關，《後漢書·循吏·任誕列傳》云：

〔註41〕本表根據《十六國春秋輯補·前趙錄》及《晉書》淵、聰父子之載記，述祖孫三人婚姻情況而製。單后為氐族人，張夫人族系不明。

〔註42〕請詳註1拙文，頁70至80。

〔註43〕請參註40所引唐文，頁385至396。又：今者中外學者咸謂屠各乃西漢時休屠王所部之後，西元前121年，霍去病挾渾邪、休屠二王所部入附，分徙於隴西、北地、上郡、朔方、雲中五郡故塞外，以為屬國，此即五郡屠各入居之始，《史記》、《漢書》匈奴傳皆述之。與唐文所考居地相較，顯示屠各已遷徙得更南而更廣了。

（武威）郡北當匈奴，南接種羌，民畏寇抄，多廢田業。延到，選
集武略之士……令將雜種胡騎——休屠黃石——屯據要害，其有警
急，逆擊追討。虜恒多殘傷，遂絕不敢出。

由「匈奴」與「屠各」之對稱，可見二者當時不相同或不相屬，而屠各黃石固
是「雜種」——即所謂「雜胡」是也，但卻未必隸屬於并州劉氏屠各。任誕利
用「屠各」討擊「匈奴」之策甚為成功，這事約發於一世紀中期，與來附的呼
韓邪二世南匈奴政權似也無關。

319 年（漢‧光初二年）劉曜已改國號為「趙」，逕以冒頓和劉淵配祀，
這時《晉書‧劉曜載記》云：

黃石屠各路松多起兵於新平（治陝西彬縣）、扶風（治陝西涇陽縣西
北），聚眾數千，附于南陽王保。……松多下草壁（在陝西陰密縣東），
秦隴氏、羌多歸之。……（光初）三年……曜進攻草壁，又陷之，
松多奔隴城。

此為渭北黃石屠各之反劉曜統治者，這裏的「黃石屠各」當即為上述的「雜種
胡騎——休屠黃石」，是與屠各劉氏不同的，而且三百年來互相并未統合。

同《載記》又敘述 322 年（光初五年）陳安反叛於上邽（今天水市）時，
「休屠王石武（避唐諱將虎改為武）以桑城（在甘肅狄道縣南）降。曜大悅，
署武為使持節‧都督秦州隴上雜夷諸軍事‧平西大將軍‧秦州刺史，封酒泉
王」。這是休屠種的石虎，而非羯種的石虎，原來是隸屬於陳安的秦隴地區休
屠，和并州劉氏屠各似也無關。

不同的史料來源，有助於筆者說明三個事實，這就是：第一，并州五部匈
奴「本實匈奴桀惡之寇」；第二，他們以屠各劉氏為領袖；第三，屠各劉氏并
未統一過塞內各地的屠各其他部落，更未統一過附塞的全部匈奴種落。

劉淵起事時，原被驅逐至司州平陽的正統單于虛連題氏，在長期失勢下，
其政權與統緒已不明，恐怕已然消滅。〔註44〕劉淵被丞相穎拜為「北單于」，

〔註44〕1932 年日人岡崎丈夫於其《魏晉南北朝通史》，謂傳統的南單于王室及後漢
末已消滅，魏以後的單于為匈奴入塞十九種之最強部屠各首長，因而劉淵并
非本來的南單于系統（頁 139）。所謂虛連題氏消滅，時間上訂得太早。南匈
奴正統王室是否為屠各種？是否已消滅？在何時消滅？是一極複雜的問題，
中、日學者莫衷一是。1934 年內田吟風撰〈後漢末期より五胡亂勃發に至る
匈奴五部の狀勢に就て〉（京都：《史林》第十九卷第二號，頁 271 至 295，
昭和九年）提出反駁，唐長孺〈魏晉雜胡考〉則因岡崎之說而補充之（頁 382
至 385）。此下中國學者如姚薇元《北朝胡姓考》（台北：華世出版社，1977

是由於其所部乃并州離石諸胡，并不包括司州平陽「南單于」原所統的匈奴。劉宣等奉上「大單于」之號，要求劉淵領導「興邦復業」，是指全匈奴之帝國事業而言。劉淵當然不能滿足於「北單于」，故接受了「大單于」的推載。

前引《十六國春秋輯補》謂劉宣等密上大單于稱號，劉淵以不能立即回來，指示「宣等招集五部，引會宜陽諸胡」云，是則未起事前，劉淵即未以號召五部為限。他用還說五部以赴國難為藉口，只不過不令司馬穎起疑罷了。魏末至晉，據《晉書‧四夷‧北狄‧匈奴列傳》所載，五部約有三萬落二十一萬人左右。〔註45〕至於宜陽諸胡，同上傳復云：「武帝踐阼後，塞外匈奴大水，塞泥、黑難等二萬餘落歸化，帝復納之，使居河西故宜陽城下。」則此宜陽諸胡原為後附之塞外匈奴，約有十四萬人也。五部與宜陽諸胡合共約三十五萬人，在劉淵初起時卻只有十餘萬眾（或許只是匈奴之勝兵）附之，可見其以「大單于」、「興邦復業」作政治號召的推展困難。如前所分析，劉淵是不可能打回塞外興邦復業的，其唯一選擇只能在中國建立事業；在中國建立匈奴事業既如此困難，為求發展迅速，則不得不將國家目標改為繼漢，「以懷人望」，因此也就於304年十月即漢王位。前述王彌之來附，殆是一個稱漢以懷人望的成功佳例。

現在的問題是：稱大單于時期（304年八月至304年十月），劉淵是否已有意并著手重建匈奴昔日的單于體制？稱漢王時期（304年十月至308年十月），單于體制是否仍然存在？

關於第一個問題，應是無庸置疑的，證據略如下：

（一）《晉書‧劉聰載記》稱聰原隨其父淵在成都王穎之大本營鄴，「元海為北單于，立為右賢王，隨還右部。及即大單于位，更拜鹿蠡王」。是則拜北單于時代已著手重建。

（二）《晉書‧劉元海載記》云：「命右於陸王劉景、左獨鹿王劉延年等率步騎二萬，將討鮮卑。」

（三）有右於陸王則應有左於陸王，前引《資治通鑑‧元興元年八月》，謂都離石後，命左於陸王劉宏率精騎五千，欲會師王粹以拒司馬騰，則是其

年）、馬長壽《北狄與匈奴》、林幹《匈奴通史》則接近岡崎、唐氏一說；周偉洲《漢趙國史》和前揭謝劍之文則接近內田說。他們某些論點頗有價值，某些則頗有偏失，筆者容後有暇再疏論之，要之，「南單于」至晉武帝時仍有朝會班位，可知未亡。

〔註45〕每落以七人計，請參註1拙文之估計。

例。同此例，賢王、鹿蠡王、獨鹿王等亦應有左右之制，第乏確證耳。此為稱大單于時期概見之制度。

關於第二個問題，證據稍嫌薄弱，但仍可證知其存在之可能：

（一）劉宣是起事的元謀，304 年十月即漢王位時，即被拜為丞相。《十六國春秋輯補》及《資治通鑑》記其密謀起事時，稱之為右賢王。後書於元熙五年（308）十月劉淵稱皇帝後，於十一月書宣卒，死時繫銜「都督中外諸軍事・丞相・右賢王」，必有所本。〔註46〕所謂「特荷尊重，勳戚莫二，軍國內外，靡不專之」，於此銜可證。又劉聰於北單于時期原拜為右賢王，及至稱大單于時改為鹿蠡王，或與劉宣為右賢王有關邪？是則不僅稱漢王時期有單于體制，抑且稱皇帝時期仍然存有也。

（二）《十六國春秋輯補補・後趙錄一》稱羯人石勒為群盜，劉淵稱漢王後一年，隨汲桑投赴司馬穎故將公師或起事，後於 307 年為司馬越將苟晞所敗，乃投奔漢王。「時，胡部大張䶵督、馮突莫等擁眾數千，壁於上黨，勒往從之，深為所昵。因說䶵督曰：『劉單于舉兵誅晉，部大距而不從，豈能獨立乎？』曰：『不能。』勒曰：『如其不能者，兵馬當有所屬。今部落皆已被單于賞募，往往取議，欲叛部大而歸單于矣，宜早為之計。』䶵督……隨勒單騎歸劉淵。淵署䶵督為親漢王，莫突為都督部大，以勒為輔漢將軍・平晉王以統之。……烏丸張伏利度亦有眾二千，壁於樂平，元海屢招不至。勒偽獲罪於元海，因奔伏利度。伏利度大悅，結為兄弟。……勒知眾心之附己也，乃因會執伏利度，告諸胡曰：『今起大事，我與伏利度孰堪為主？』諸胡咸以推勒。勒於是釋伏利度，率其部眾歸元海。元海加勒都督山東征討諸軍事，以伏利度眾配之。」

烏丸原出東漢東胡之族，而張䶵督乃羯族，〔註47〕他們據壁壘自保，皆為「劉單于」所不能號召招至的雜胡。石勒用計使其降弛劉單于，是其統有胡部之始。這時劉淵已自稱「漢王」三年，而諸胡仍稱之為「單于」，似可證劉淵一身兼此二職，此即是筆者前揭拙文所稱的「雙兼君主型」體制。這時石勒等來投奔，劉淵拜他們為「親漢王」、「平晉王」，這是漢晉間拜降胡或屬國之

〔註46〕　《十六國春秋輯補・前趙錄》及《晉書・劉元海載記》均未書劉宣之卒，劉宣之附傳皆未稱其生前為右賢王。

〔註47〕　參姚薇元《北朝胡姓考》〈東胡諸姓・張氏〉（頁 254）及〈羯族諸姓・張氏〉（頁 358）。又馬長壽《北狄與匈奴》亦特別從語音論張䶵督之族屬（頁 100）。

慣例。「親魏」、「親晉」諸名，魏晉所見最多，多以賜匈奴以外諸胡，〔註48〕與匈奴帝國在塞外時代諸禪小王略有相似之處。至於「都督部大」的官稱，「都督」一名，《晉書·四夷·北狄·匈奴列傳》記晉武帝太康八年（287年），有「匈奴都督大豆得一育鞠」率其種落來附，此為劉淵起事前夕，塞外匈奴有「都督」之證；「部大」則為胡部大人之稱謂。是則稱漢王時期殆仍行單于體制，且極可能由漢王兼為單于，實行雙兼君主型一國兩制。

這兩問題若已解決，再下來就是劉淵稱漢皇帝時期（308年十月至310年七月），單于體制續行與否？續行則誰為大單于？於茲可經由三方面略窺之：

第一，上引文稱勒以「輔漢將軍·平晉王」加「都督山東征討諸軍事」為劉淵征戰。「及元海僭號，遣使授勒持節·平東大將軍，校尉、都督，王如故」。河瑞元年（309），「元海授勒安東大將軍，開府」，稍後授「鎮東大將軍，封汲郡公，持節、都督、王如故，勒固讓公不受」。石勒既已封平晉王，這時又加封他為汲郡公，可證平晉王號是視他為別部王之類也。「及淵薨，聰襲位，授勒征東大將軍·并州刺史·汲郡公，持節、開府、都督、校尉、王如故，勒固辭將軍乃止」，是則在劉淵死後，石勒始接受「平晉王·汲郡公」之封爵。胡制和漢制共行共存之中，劉淵所採用的中國式制度是傾向於現行的晉式體制，而非其所宣佈繼祧的漢朝制度。〔註49〕

第二，上引劉宣死時官銜，可證稱帝初期胡制王爵仍存，此下雖未見有如此清楚之記載，但也無廢止單于體制的命令。

第三，漢皇帝劉淵死前八日作了人事安排如下：

太宰·陳留王劉歡樂

太傅·長樂王劉洋

太保·江都王劉延年

大司馬·大單于·楚王劉聰（以上并錄尚書事）

大司徒·齊王劉裕

尚書令·魯王劉隆

撫軍大將軍·領司隸校尉·北海王劉乂

〔註48〕黃盛璋〈雜胡官印考〉（《西北史地》第四期，1986年）舉文獻證據如《三國志》有「親漢都尉」等，晉官印證據則有「親晉胡王」、「親晉羌王」、「親晉氐王」（頁7至9）。

〔註49〕以劉氏父子載記所載官稱，比較《續漢書》和《晉書》官志，即可證知。此問題容另文討論。

征討大都督・領單于左輔・始安王劉曜

冠軍大將軍・領單于右輔喬智明

左僕射劉殷

右僕射王育

吏部尚書任顗

中書監朱紀

左衛將軍馬景

右衛將軍・永安王劉安國

武衛將軍・安昌王劉盛

武衛將軍・安邑王劉欽

武衛將軍・西陽王劉璿（分典禁兵）

這次詳細安排及上述官稱，僅見於《資治通鑑》，據《考異》蓋本於《十六國春秋》；《通鑑》尚謂「楚王聰為大司馬・大單于・并錄尚書事，置單于臺於平陽西」云，〔註50〕可證劉淵死前確有單于體制存在。

　　由劉宣之證而石勒之例，以至劉淵死前安排之證，顯示單于體制應在稱帝時期仍在施行。或許，劉淵自稱大單于以來，一直未曾廢止過此體制，只是既聲言繼漢以懷人望，故漢人擔任之史官公師彧等，就在各人之官銜上盡量不書所兼胡式官爵罷了？劉宣、劉聰等人史常不書其胡爵，即其例證。

　　上述推論若無大謬，則劉淵死前安排其子為大單于，建立單于臺於平陽西，是為了備國喪不時之虞，不意造成了單于體制的變革：元首不再自兼大單于而由臣子任之，使原來的「雙兼君主型一國兩制」，變成了「一君兩制型一國兩制」了，〔註51〕影響此下國家安全甚大。蓋劉淵起事前，劉宣等密議共推淵為大單于，對其「恢崇單于」寄以莫大的期望。根據上面所述，稱大單于時期，劉淵確有左右賢王、左右鹿蠡王、左右於陸王、左右獨鹿王之置，其餘設

〔註50〕詳該書懷帝永嘉四年七月條（卷八十七，頁2749至2750），今《十六國春秋輯補》無此詳載，更未提及單于和左、右輔官職。

〔註51〕所謂「一國兩制」，即指一國之內同時實行兩種政治體制，包括可能兩種統治政策而言。在此狀態下，兩種政制各自有其最高之君位和君權，如漢王、大單于分為漢制和胡制之君，各自獨立行使統治特定土地人民之權，此即為「一國兩制」。當位居元首的兩制君主，由一人兼為之，如漢王兼大單于，此即本文所稱的「雙兼君主型一國兩制」；當此國只有一位元首，而下設兩種治體，如皇帝之下分設丞相府或尚書臺（漢制）和單于臺（胡制），以遂行漢、胡分治，此即本文所稱的「一君兩制型一國兩制」。

置則不詳。

　　按匈奴原為遊牧封建帝國，其國家形式和規模自西漢、東漢、魏晉迭有改變，因而其政治制度亦前後有所不同。〔註52〕依據《晉書・四夷・北狄・匈奴列傳》所述，左右賢王、奕（即鹿）蠡王、於陸王、漸尚王、朔方王、獨鹿王、顯祿王與安樂王凡十六等，皆用單于親子弟；而《後漢書・南匈奴列傳》稱左右賢王和左右谷蠡（即奕蠡或鹿蠡）王號為「四角」，并無此下於陸、漸尚諸名，《史》《漢》更無論矣。是則劉淵所實行的單于體制，殆因仍起事前魏晉以來現行之制度而已，并未恢崇重建冒頓時代二十四長帝國之規模。〔註53〕劉宣等屠各貴族，原有擁護劉淵反晉，切志復興匈奴帝國及其文化之意，這和劉淵的起事理念不盡相合。劉淵志欲為中國帝王，因而也就會有因循現行制度的決策，甚至在稱漢王及漢皇帝後，使此現行制度成為具有輔助作用的隱性制度——以發揮安撫號召胡人之功能，而又不致於影響其統治的主要架構，即漢式王朝體制的施行。在劉淵這國家目標的主導下，也就扭轉改變了劉宣等原先的理念構想。劉淵這種決定，是否與他原非系出純種虛連題氏呼韓邪單于系統，或沒有統治龐大遊牧帝國的經驗有關？不易論明。

　　劉淵死前八日的人事佈局，首次出現由大司馬・楚王劉聰兼任大單于，另以劉曜和喬智明分別兼為單于左、右輔，并於平陽西置單于臺，這種「一君兩制型一國兩制」的變化，誠如谷川道雄所言，是單于體制的政廳化（行政機關化）也。〔註54〕

　　自南匈奴由內徙而變成流亡政權，至魏被分為五部，再又將部帥制改為都尉制，此即魏晉以來匈奴五部組織步上中國行政機構化（或中國式軍隊建置化）的早期發展，劉淵於晉曾先後任「五部大都督」及「監五部軍事」，此為

〔註52〕 註1拙文對其國家形式和規模之變化，頗有詳論；謝劍〈匈奴政治制度的研究〉則對其國體與政體作了靜態分析，或可兩文互相參考。

〔註53〕 二十四長制度由於史料欠缺，論者不一，大體為直隸於單于的二十四個封建國（部落），共同構成遊牧帝國之統治階層，所不同於中國式的封建者，以其諸長不能世襲最為差異。山田信夫〈匈奴の「二十四長」〉（氏著《北アシア遊牧民族史研究》，東京：東京大學出版會，1989年7月三刷）對此有專論，不過他以軍事建制論定二十四長部份，但論述未細，筆者為此特撰就〈試論西魏大統軍制的胡漢淵源〉一文另論之。此文已入入本書。

〔註54〕 詳谷川道雄〈南匈奴の國家前後兩趙政權の性格について〉，《名古屋大學文學部研究論集》35，頁1至38，1964年。

行政機關化的進一步發展，促成其國家形式及生活共同體的破壞瓦解。〔註55〕劉淵及屠各部落既有此經驗，則此次行政機關化應是不難想像的；只是，這次變化，涉及一國兩制及單于臺政廳化中偏重軍事機關化之問題，就造成了國家安全上的危機。

　　嚴格說，至310年七月劉淵死前，其有效控制區僅為河東和平陽兩郡，其外之四邊郡縣皆在戰爭狀態，故二十四長規模的匈奴帝國決難出現。然而，在這個地區內的非漢族族群則以匈奴及諸雜胡為主，六年前起事之初，劉淵迅速集結十餘萬眾，亦以此類種族為多。匈奴社會文化傳統是以馬上戰鬥為國，士力能彎弓則盡為甲騎，故劉聰單于臺所統領者，殆即是這類種落人民。這種國家組織架構，很容易引起元首的危機感，而導致政治不穩定。《十六國春秋輯補·前趙錄二》云：

> 元海死，和嗣偽位，其衛尉·西昌王劉銳、宗正呼延脩恨不參顧命也，說和曰：「先帝不惟輕重之計，而使三王總強兵於內，大司馬握十萬勁卒居于近郊，陛下今便為寄主耳。此之禍難，未可測也，願陛下早為之所！」

《晉書·劉元海載記》及《資治通鑑》「寄主」皆作「寄坐」，其意義則一：即不論稱單于臺軍事機關化也好或行政機關化也好，由於大單于已不再由元首躬兼，卻又仍有統領非漢族部落——及其所蘊藏的軍事力量——之事實和權力，已造成國家權力結構上的危機。身為元首的皇帝，在此國家架構中，猶如寄坐寄主而已。諸書於此皆稱劉聰為大司馬，其實真正使皇帝感受權位之威脅的，乃是由於此大司馬身兼「大單于」，而在平陽西之「單于臺」發號施令也。漢趙的軍事體制非本文討論的範圍，要之其後漢皇帝劉和強令禁軍攻劉聰於單于臺，劉聰有備，并尋即揮軍反攻，殺劉和等人，是兵變勝負之關鍵。由七月十八日劉淵死，二十一日劉聰被攻，至二十三日反攻，二十四日弑帝，軍事行動其實只持續了四天。《晉書·劉聰載記》云：

> 既殺其兄和，群臣勸即尊位。聰初讓其弟北海王乂，乂與公卿涕泣固請，聰久而許之，曰：「乂及群公正以四海未定，禍難尚殷，貪孤年長故耳。此國家之事，孤敢不祗從！今便欲遠遵魯隱，待乂年長，復子明辟。」於是……即皇帝位，……乂為皇太弟·領大單于·大司徒，……封子粲為河內王，署使持節·撫軍大將軍·都督中外諸軍事。

〔註55〕詳註1拙文。

劉聰即位的日子不詳，但在短暫日子中，強調聰一度再以皇帝兼大單于則殆無意義，〔註56〕因為無論如何單于臺政廳化已成為定局，值得注意的倒是由劉聰兼單于至由劉乂兼，代表了大單于在國家統治體制中不同意義的確立。

原夫匈奴帝國在塞北時代，其立國形態是將全國分為三部份，左、右兩地自賢王以下分由二十四王長統治之，中央則直隸於單于，但二十四王長則須每年正月、五月和九月來會，匯報及會商國事。單于治事所在稱為「單于庭」，是正月首次會議之所；「單于庭」是宮帳城，匈奴向無稱「單于臺」者。「單于臺」一名，劉聰以前僅一見，即《漢書・武帝紀》所記武帝於元封元年（西元前110年）冬十月之北巡，「出長城，北登單于臺」。近人考證「單于臺」乃稍後建成之頭曼城——在陰山之中、古稒陽道上——原為匈奴兵敗北撤前之單于南庭，〔註57〕是則漢武帝登上的「單于臺」，也未必是機關官稱。但是，河瑞（劉淵最後年號，這裏指其臨終之體制）體制之「單于臺」，置於平陽之西，顯然就有機關官稱之意。「單于臺」的機關長官為大單于，其助手則為單于左輔和單于右輔。左、右二輔決非左、右賢王之變稱，而是留庭輔政之官，《史》《漢》匈奴傳所謂左右骨都侯輔政，《晉書・四夷・北狄・匈奴列傳》所謂呼延氏最貴，則有左日逐、右日逐，世為輔相者是也。慣例輔政官由異姓姻族任之，由左、右骨都侯而左、右日逐，以至改稱單于左、右輔，以喬智明任右輔，可證非右賢王之變稱，實為官稱由名號而職務化、由胡語而中國化的例子。「臺」級機關是比照魏晉臺省而稱的，尤其是尚書臺。尚書臺長官為尚書令，所屬臺官之重要助手即為左、右僕射。〔註58〕

嚴格說，河瑞體制的單于臺，代表了大單于由國家元首之位號，改變為機關長官之官稱；其機關地位是中國官僚體制中之臺省化。由於尚書臺在魏晉已實際成為最高行政機關，故單于臺政廳化過程中，猶保留了當年單于庭及留庭

〔註56〕 林幹《匈奴通史》強調單于權位下降，但劉聰仍一度以皇帝兼之，參頁196至197。

〔註57〕 詳邱樹森〈兩漢匈奴單于庭、龍城今地考〉，《社會科學戰線》，1984年2月，頁145至146。又：匈奴五月大會之龍（龍）城，并非有城牆之都城，而極可能是旃帳構成的聚居點，龍「城」既是如此，則單于「庭」更不待言，詳烏恩〈論匈奴考古研究中的幾個問題〉，北京：中國社科院考古所，《考古學報》，1990年，頁44至45。

〔註58〕 兩漢尚書屬少府，《續漢書・百官志・少府》有關尚書之敘述，注引蔡質《漢儀》有「臺官」、「臺試」、「上臺」諸稱（《後漢書》，志第二十六，頁3597至3598）；《晉書・職官志・尚書左右丞》稱，「晉左丞主臺內禁令」，「右丞掌臺內庫藏……」（卷二十四，頁731），二丞乃二僕射之助手也。

輔政的胡制。大單于之作為行政長官，實際上已降為與親王三公同級之官位，而行政對象則為非漢族系的部落人民。由於胡俗士力能彎弓則盡為甲騎，故大單于實際上頗又成為胡系軍隊的統帥，帶有軍事機關化之意味。

河瑞體制有使國家統治權力重心下移之勢，即為設置單于臺。大單于在此架構中隱然已威脅到作為元首的皇帝，有危害國家安全的隱性因素，這就是五胡十六國中，凡採此體制者皆政局動亂不穩、國祚短促之結構性原因。

五、漢趙中晚期的嘉平、光初體制與政局

劉聰即皇帝位後，對此制改革的態度，不是重新兼任大單于，而是改由儲君（太弟或此下之太子）兼任之。其意也就是乘單于臺政廳化之趨勢上，欲使大單于由君位第一繼承人兼任；若能成為慣例，則庶幾可緩和上述的結構性危機。

劉聰其實極忌君位之被威脅，這可從他自以越次而立，忌其嫡兄劉恭，故因恭寢而刺殺之的事例中可證知。〔註59〕因此，他即位後拜劉乂為「皇太弟‧領大單于‧大司徒」之同時，卻任命其子劉粲接替了劉乂撫軍大將軍的原官，并加授都督中外諸軍事。「都督中外諸軍事」乃魏晉以來，京師內外禁軍或「總統內外諸軍」的重職，〔註60〕為國家之最高軍令長官。他讓其弟領胡式的最高領袖大單于，而以其子任漢式的最高軍事領袖，用意隱然而又甚明。

劉聰分由弟、子任胡、漢二系軍事領袖，二者統屬指揮的關係不明，本文暫無意贅考。要之，此人事安排正見大單于的結構性威脅，實始終潛存於其心中，或許由親生兒子成為儲君而兼任之，此危機感始有渙釋之日。當此之時，若有人挑撥之，事必生變。《資治通鑑》記云：

> 呼延后言於聰曰：「父死子繼，古今常道。陛下承高祖之業，太弟何為者哉！陛下百年之後，粲兄弟必無種矣！」聰曰：「然，吾當徐思之。」呼延氏曰：「事留變生。太弟見粲兄弟浸長，必有不安之志；萬一有小人交構其間，未必禍發於今日也！」〔註61〕

所謂「小人交構其間」，實則呼延后恐為第一人。呼延后讒之於內於前，宦官

〔註59〕見《資治通鑑》晉懷帝永嘉四年條，卷八十七，頁2757。
〔註60〕此職加「假黃鉞」，則總統內外諸軍，詳《晉書‧職官志》，卷二十四，頁729。
〔註61〕《晉書‧劉聰載記》及《十六國春秋輯補》不記此事，《通鑑》繫於永嘉四年是歲條，卷八十七，頁2757。

王沈、郭猗和外戚靳準等讒之於外於後，〔註62〕此即317年劉乂履不測之禍，而漢隨即不旋踵而中覆的兆機。

310年劉聰即帝位後兩三年間，其平陽至河東核心區漸漸形成，此即廷尉陳元達於313年切諫時，所稱的「陛下之所有，不過太宗（漢文帝）二郡地耳，戰守之備，豈僅匈奴、南越而已哉」的範圍是也。〔註63〕這兩郡地當時約居於農業優勢線之間，河東郡位於農業優勢區帶，平陽首都所在則位於農牧咸宜區帶，屠各集團民族結構基本上以匈奴及雜胡為主，但除了漢人外，恐怕內中也有匈奴的農業人口，他們選擇平陽建都而不遷至洛陽漢舊都，顯然與此有關。〔註64〕當然也頗與此地曾為南匈奴正統單于最末王庭，具有一定影響力有關。

平陽、河東二郡於西晉隸屬於司州，所轄面積分為司州十二郡之首、次席，而人口密度則平陽為1.7居次末位，河東2.8居倒數第四位，二郡總戶數有八萬餘戶，與洛陽所在的河南郡有十一萬戶、密度為9.3，相去甚遠。〔註65〕是則既要選擇農、牧咸宜區帶之平陽建都，發展成可以經常出兵作戰的核心區，則短期內必須急劇擴充人口，是可想而知的政策。

匈奴原本有透過戰爭掠奪人口的習慣，這就成為平陽人口急劇擴充的重要手段。大抵，劉漢時期以平陽為中心，曾北向太原、東南向洛陽、西南向長安發展及掠奪人口，茲將平陽人口及種族流動概況表列於下。

〔註62〕《通鑑》繫呼延后之死於312年（漢嘉平二年，晉永嘉六年）正月，距乂於317年四月被廢殺尚有五年之久。宦官之讒劉乂是否與呼延后有關，不詳；靳準二女是聰后及妃，從妹為劉乂之孺人而乂殺之，故有仇怨，他們交構陷害的過程，《晉書·劉聰載記》有詳述，不贅。

〔註63〕312年七月，劉粲和劉曜一度攻下太原，但劉琨聯拓跋氏二十餘萬眾反攻光復，於是劉聰終無法北進。316年十二月，劉琨因部屬背叛奔薊，太原、上黨、樂平諸郡遂落入石勒手中。石勒這時已有離心，是則西河以北以東，劉聰始終無法有效控制也。劉聰最大的發展，一是311年六月攻陷洛陽停虜懷帝等，一是316年十一月愍帝出降，長安淪陷。但長安也非劉曜所能切實掌握的，故漢之實際控制區，是以平陽、河東兩郡為核心，連及其周邊一部份其他郡縣而已。石勒所控制的今河北、曹嶷所控制的今山東一帶廣大地區，皆實際上非漢所有。元達之諫，可詳《晉書·劉聰載記》。

〔註64〕詳參毛漢光先生〈從考古發現看魏晉南北朝生活型態〉（收入《高去尋先生八秩榮慶祝壽論文集》，台北，1991年）。又《十六國春秋輯補·前趙五》記述河西人王延，「隨劉元海遷于平陽，農蠶之暇訓宗族」，可證劉淵集團中有農業人口，且王延後母姓卜氏，恐為匈奴人，蓋匈奴居塞內之故也。

〔註65〕參楊遠《西漢至北宋中國經濟文化之向南發展》（台北：台灣商務印書館，1991年）第二章，尤其頁249至255所附表及圖。

表二　劉漢時期平陽種族人口流動概況：〔註66〕

時　間	流　動　概　況	備　註
304・八	劉淵還左國城，受大單于之號。此前已令劉宣等招集五部，引會宜陽諸胡。故二旬之間，眾已五萬，遂都於離石。	此即初起以五部屠各及諸胡為主。
304・十	淵即漢王位，復遷於左國城，晉人來附者數萬，有眾十餘萬。	漢集團開始有漢人參加。
308・七	都蒲子前後，河東、平陽屬縣壘壁盡降，上郡四部鮮卑陸逐延、氐酋大單徵（劉淵單后父）、東萊王彌及石勒等相次降之。	漢集團種族已有鮮卑、烏丸、氐及羯參加。310 年七月劉淵死前，大單于聰握十萬勁卒居于近郊。
311・六	陷洛陽，遷晉懷帝於平陽。	
312・四	中山王劉曜自長安撤退，驅掠士女八萬餘口奔于平陽。	內恐有氐羌族
312・五	河內王劉粲攻陷三渚（在盟津），遷士民二萬餘戶于平陽。	
314・正	劉聰置左右司隸各領戶二十餘萬，萬戶置一內史，凡四十三內史；又單于左右輔各主六夷十萬落，萬落置一都尉。	是則共有胡漢約凡六十三萬戶落，殆已超過三百萬人。
314・十	劉粲、劉曜自晉陽撤退，掠其民而歸。	因劉琨與拓跋反攻故也。
316・七	河東、平陽大蝗，民流殍者什五六，石勒遣將於上黨招納流民，不聽劉聰制止，司隸部人歸之者二十萬戶。	是則漢戶除餓死外，流亡至石勒者已約達 314 年一月時之半數，平陽人口恐此時已降至二百萬以下。
316・十一	劉曜再陷長安，俘愍帝等至平陽。	人數不詳。
317・四	因廢太弟劉乂，坑大臣士卒萬五千餘人，氐羌叛者十餘萬落。	是則六夷部落減少了過半，平陽人口殆已降至百五十萬人以下。
317・十二	晉軍攻河東，右司隸部民奔之者三萬餘人，漢騎兵追擊之，殺萬餘人，晉軍引歸。	
318・七		劉聰死。
318・八	平陽內亂，靳準盡殺劉氏男女；漢尚書北宮純等招集漢人堡於東宮，靳康攻滅之。	

〔註66〕所謂劉漢時期是指 304 年八月至 319 年五月稱「漢」之時期。本表概錄《資治通鑑》、《晉書・劉元海載記》及〈劉聰載記〉、《十六國春秋輯補・前趙錄》製成。平陽郡太康戶數四萬二千餘，人口約在二十萬人之間，但中經戰爭摧殘及流亡，至劉淵時戶口已不詳。至於王彌、石勒、曹嶷所掠人口皆自有之，故不列於本表。

318・十	石勒來攻平陽，巴及羌、羯降者十餘萬落，勒皆徙之於所部郡縣。	是則六夷部落殆已盡去。
318・十二	石勒攻平陽，靳明率平陽士女萬五千人奔劉曜。勒焚平陽宮室，置戍而歸。	平陽至此付諸一炬。

平陽人口集結離散之間，其盛時周圍即為漢之畿輔，而 314 年（漢嘉平四年，晉愍帝建興二年）正月的官制改革，體制值得重視。

劉淵時代徇地之餘，即曾置有雍、幽、冀、青四州，劉聰時代另增豫、荊、殷、衛、東梁、西河陽、北兗州、并等州，〔註67〕其實據《晉書・地理上》，西晉之兗、豫、幽、冀等州先後沒於石勒，而劉淵父子大體上只統治司、并兩州部份地區而已，請參文末所附〈圖二〉。劉淵至劉聰初，大抵只有平陽、河東二郡及附近周邊一些地區，故劉淵之雍州刺史鎮平陽，而幽州刺史鎮離石。311 年六月陷洛陽，乃於 314 年正月改制，除了置殷、衛、東梁、西河陽、北兗五州以懷新附外，畿輔地區乃改為胡、漢二系皆直隸，筆者稱之為嘉平體制。《晉書・劉聰載記》云：

> 初置相國，官上公，有殊勳德者死乃贈之。於是大定官制：置太師、丞相，自大司馬以上七公，位皆上公……。置輔漢、都護、中軍、上軍、輔軍、鎮衛、京前、（京）後、（京）左、（京）右、（京）上、（京）下軍、輔國、冠軍、龍驤、武牙大將軍，〔註68〕營各配兵二千，皆以諸子為之。置左、右司隸，各領戶二十餘萬，萬戶置一內史，凡內史四十三。單于左、右輔各主六夷十萬落，萬落置一都尉。……自司隸以下六官，皆位次僕射。置御史大夫及州牧，位皆亞公。以其子粲為丞相，領大將軍・錄尚書事，進封晉王，……劉曜為大司馬。

根據這段文字，左、右司隸管領諸內史，則全國行政系統可能如圖三。

此即內田所謂的「胡漢二重體制」，而筆者所稱之「一君兩制型一國兩制」。但是，內田吟風似著重其畿輔之二輔夷落和直隸漢戶分治型式，故命名為「胡漢二重體制」；而筆者則重視其全國體制，即包括山東地方之漢戶系統而言。內史於漢晉乃國相之變稱，相當於太守，其以萬戶為分劃，則無異胡系之一都尉

〔註67〕 參洪亮吉《十六國疆域志》，卷一，《二十五史補編》（臺北：開明書店輯印本）第三冊，頁 4084 至 4095。

〔註68〕 按：據《晉書・職官》及《宋書・百官上》，七公應指太宰（即太師）、太傅、太保、太尉、大司徒、大司空、大司馬等七官。至於輔漢等大將軍，官名未盡與魏晉合，各書標點亦不同，《通鑑》稱置十六大將軍，今據此數目試作如此標點；「京」又或作「軍」疑為衍字，可待進一步考證。

也；左、右司隸無異胡系之左、右輔也。由此可以推斷，嘉平改制，是使畿輔直隸漢戶部落化，故有司隸部民之稱。〔註69〕以部落統治體制羈勒直隸六夷暨漢戶，配上山東漢式的州、郡、縣制度，此即一君兩制型的一國兩制，分由單于臺和尚書臺統領之。至此，左、右二輔恐亦不單僅為留庭輔政官而已，且與左、右司隸等官，有回復當年二十四王長形式之傾向。〔註70〕

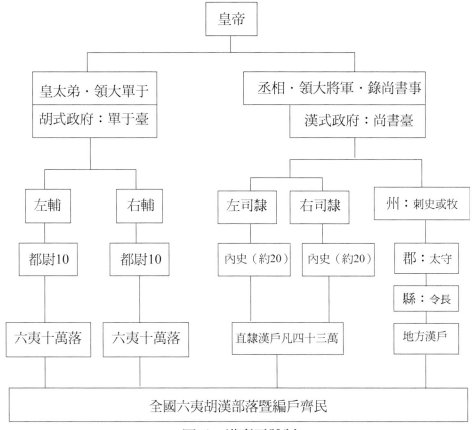

圖三　漢嘉平體制

〔註69〕屠各被漢、魏、晉統治時，即常以仟、佰、什長制度之，今見有「漢休著胡伯長」、「魏屠各率善仟長」、「魏屠各率善伯長」，晉印同之。諸印詳前揭黃盛璋〈雜胡官印考〉〕；在塞北匈奴時，二十四長亦各有置千、百、什長，參《史》《漢》匈奴傳的記載，可以互相為證。

〔註70〕據《史》、《漢》匈奴傳，大都尉為二十四長之一，都尉為二十四長之屬官，故單于左、右輔各統十都尉未必是漢制。二十四長立號曰「萬騎」，今單于左右輔和左右司隸所屬之都尉、內史皆各統一萬戶落，等於共有六十三個萬戶長，數目似比二十四長多；然而既稱司隸部人、右司隸部民，則是胡漢二系皆各有分部也，故疑漢人統治體制亦部落化。

　　漢皇帝劉聰這次以馬景為大司徒取代劉乂之兼官，〔註71〕而以「丞相・領大將軍」代替劉粲以前的「撫軍大將軍，都督中外諸軍事」，是欲削弱劉乂而加重劉粲之位望也。十二大將軍所統兵，恐亦歸大將軍統率指揮。至於改制後兩個月（314 年三月），以石勒滅王浚，故拜勒為「大都督陝東諸軍事・驃騎大將軍・東單于」，表示劉聰確已將「單于」定位為官職；「大單于」相當於中央的丞相公官，「東單于」相當於牧伯方面軍統帥。就匈奴國家而言，「單于」至此已正式從帝國元首之位號急劇下降，由中央公官化再降為地方牧伯化了。〔註72〕

　　漢自劉淵以來即採漢式封建為主，以遮掩其胡式封建，用以造成繼漢的視聽。大體上，漢魏是以嘉號或地名來分封諸侯王及諸侯的，及晉始立大、中、小三等之國，而依等建軍，〔註73〕晉式封建於是也就造成了八王之亂的基礎，讓劉淵有機會崛起。劉淵既依「宗室以親疏為等悉封郡縣王，異姓以勳謀為差皆封郡縣公侯」之原則封建，因而權力與封爵無關，而與其所任官職有關，此與南匈奴先前的習慣大異。〔註74〕劉聰有二十餘子，除丞相粲為晉王外，其另一子劉易這時亦以河間王為太尉，從兄弟劉曜以中山王為大司馬，是則握實權之丞相及正職公官已不為劉乂所掌握；加上十六大將軍各領營兵，劉聰皆以諸子為之，此不但造成了劉乂「皇太弟・領大單于」之權位不穩，抑且亦已蘊含了晉朝八王之亂原先的危機。這些改革都可能與劉聰疑忌劉乂擔任大單于有關，同年底之進一步提昇劉粲便顯示出來了。

　　314 年十一月，《十六國春秋輯補・前趙錄》記云：「以晉王粲為相國・大單于總百揆，省丞相以并相國。」〔註75〕依照嘉平體制，相國官位在七公之上，是「有殊勳德者死乃贈之」的贈官，今忽以生拜劉粲，并詔其同時領大單于，是則劉乂僅剩皇太弟虛位而已。

　　其實劉聰有意於其子劉粲的心意，劉乂之舅單沖早已察知，并泣勸劉乂避

〔註71〕當時除丞相粲外，七公分為太師劉景、太傅王育、太保任顗、太尉劉易、大司徒馬景、大司空朱紀、大司馬劉曜，詳《晉書・劉聰載記》，卷一百二，頁 2665。

〔註72〕石勒雖固辭不受。但「單于」既可分東西南北，則其牧伯化可知。

〔註73〕參《晉書・地理上》，卷十四，頁 414 至 415。

〔註74〕《後漢書・南匈奴列傳》謂匈奴諸官號「各以權力優劣、部眾多少為高下次第」。

〔註75〕按《晉書・劉聰載記》僅作「以粲為相國，總百揆，省丞相以并相國」，未及是否領大單于。《資治通鑑》晉愍帝建興二年十一月條所載同於《十六國春秋輯補・前趙錄》，今從之。

位，只是劉乂不相信劉聰有此意而已。〔註76〕中經數年，劉粲遷丞相至相國·大單于，事勢已成，兵變已然無及。《晉書·劉聰載記》記劉乂因東宮雨血，訪問其太子太師盧志等，云：

> 志等曰：「主上往以殿下為太弟者，蓋以安眾望也，志在晉王久矣，王公已下莫不稀旨歸之。相國之位，自魏武已來，非復人臣之官，主上本發明詔，置之為贈官，今忽以晉王居之，羽儀威尊踰於東宮，萬機之事無不由之，置太宰、大將軍及諸王之營以為羽翼，此事勢去矣，殿下不得立，明也。然非止不得立而已，不測之禍，危於旦夕，宜早為之所！（東宮）四衛精兵不減五千，餘營諸王皆年齒尚幼，可奪而取之。……鼓行向龍門，宿衛之士，孰不倒戈奉迎，大司馬（劉曜）不慮為異也。」乂弗從，乃止。

劉乂對大單于之位被剝奪，而猶不避太弟之位，可謂完全無政治警覺性，試想在這種情況下，不論劉聰抑或劉粲，如何可能會讓劉乂順利繼承君位？劉乂若嗣位，作為相國·大單于的劉粲如何能安？即使劉聰對劉乂再友愛，此時的確已有旦夕禍發的可能。當郭猗讒於劉粲，謂劉乂「懷不逞之志」，主上「猶不替二尊之位，恐一旦有風塵之變，臣竊為殿下寒心」，又謂「臣昨聞太弟與大將軍相見，極有言矣，若事成，許以主上為太上皇，大將軍為皇太子。乂又許衛軍（將軍）為大單于，二王已許之矣」以聳其聽；靳準也讒於劉粲，稱「東宮，萬機之副，殿下宜自居之，以領相國，使天下知早有所繫望也」，復謂「聞風塵之言，謂大將軍、衛將軍及左、右輔皆謀奉太弟，剋春構變」之時〔註77〕，即是劉乂禍發之日已至。

　　劉乂被設局誣為兵變，於317年四月廢為「北部王」，劉粲尋使靳準賊殺之。七月，劉聰乃立粲為「皇太子·領相國·大單于」，總攝朝政如故。

　　劉乂案發，由於粲等收氐、羌酋長十餘人，酷刑逼其自誣與乂同造謀逆，故誅連甚廣，坑士眾萬五千餘人，平陽街巷為之空，氐、羌為之叛者竟至十餘萬落，是則劉乂任大單于前後五年（310年七月至314年十一月），與其所統六夷關係之密切，概可由此窺知。

　　318年七月，劉聰死，粲嗣位，靳準又讒誅公王大將，引發了內變。劉粲以準為大將軍·錄尚書事，「軍國之事」一準於準。皇帝大權旁移，又無新任

〔註76〕同註61所引《通鑑》。
〔註77〕引文詳《晉書·劉聰載記》，二人讒言不知確進於何時。

之大單于以資制衡，此則是靳準輕易兵變，「劉氏男女無少長皆斬于東市」之滅種禍發的原因。其實靳氏掌握的只是禁衛軍，〔註78〕六夷皆未予以支持，是以劉曜、石勒乃能順利進兵討平之。當巴、羌、羯十餘萬落降於石勒之時，也就是他們不支持屠各靳氏、平陽氣數已盡之時。而石勒將之徙於所屬郡縣，也象徵了氐羌力量東向延伸，擴大了其中國動亂的參與層面。

劉曜統率平陽一部份兵團西征，當時以相國‧都督中外諸軍事鎮長安。聞變赴援，僅收得平陽士女一萬五千人而歸。可見平陽的主要力量已隨石勒東移，并未奔劉曜而西遷。值得注意的是，劉曜在關隴地區之有效統治範圍，恐怕不會超出當年東漢三輔之地（西晉京兆、馮翊、扶風、始平、北地五郡國地），隴西陝北、武都終南皆非其有。根據〈劉曜載記〉述其稱帝——319年六月——初期，關隴諸屠各如前文所述的黃石屠各路松多、休屠王石武等，分在新平、扶風、桑城等地反，則劉曜改革國號稱趙而實行漢式單一體制，卻以匈奴冒頓配天、劉淵配上帝，放棄漢朝三祖五宗的決策，即欲再度突出匈奴的血脈，用以團結關隴未服諸屠各，并鼓舞平陽西來之遺類也。這時，劉曜並未重建單于臺而採用一國兩制。

關隴是種族複雜地區，也是種族動亂地區，當年江統〈徙戎論〉即為此而提出，乃至建議「當今之宜，宜及兵威方盛，眾事未罷，徙馮翊、北地、新平、安定界內諸羌，著先零、罕幵、析支之地；徙扶風、始平、京兆之氐，出還隴右，著陰平、武都之界，……令足自致，各附本種，反其舊土，使屬國、撫夷（都尉）就安集之。戎、晉不雜，并得其所」云云。江統的徙還舊土、種族離間政策未被採用，是則此時劉曜立國關中，其種族結構、政情複雜可知。在其重置單于臺以前，氐羌多所反叛，少則十餘萬人，多則至三十餘萬，嚴重性亦可知。〔註79〕

〔註78〕 靳準以大將軍掌握軍國權，因曾鎮壓氐羌，故氐羌未支持之，且他也未必能指揮全國如劉曜、石勒等人之部隊，他矯詔以從弟靳明為車騎將軍、靳康為衛將軍（《晉書‧劉聰載記粲附記》），表示頂多僅控制了禁衛軍也。

〔註79〕 例如320年六月四山羌、氐、巴、羯三十餘萬推句渠知為主反叛，關中大亂，自稱「大秦」，改元「平趙」。後雖被平，上郡氐羌十餘萬落仍負險不降，其首大虜除權渠自號「秦王」，事平，氐羌二十餘萬口被徙置於長安。322年，劉曜親征仇池氐羌楊氏集團，楊氏表面臣服，但後亦再叛；此年稍後陳安據上邽反，西州氐羌悉從之，眾至十餘萬，至323年始平。略陽氐蒲（苻）光、南安羌姚弋仲等先後降，或出於臣服，或出於被逼，《晉書》劉曜、苻光、姚弋仲等載記皆述之。

　　石勒在河北山東，由於所統民族亦複雜，羯、胡、巴、羌、氐、鮮卑和晉人皆有之，故早於 319 年十一月——劉曜稱趙皇帝後五個月，實行雙兼君主體制，自立為「大將軍・大單于・趙王」，以二十四郡作為趙國，太守為內史，「以大單于鎮撫百蠻，罷并、朔、司三州，通置部司以監之」，而以石虎為其單于元輔，勒、虎二〈載記〉述之甚詳。就文字記述判斷而言，石勒之體制似本於劉淵者多，且在淵、聰之核心區一帶重建此體制，包圍了長安之劉曜集團而號召其胡夷之眾，則曜之備受政戰威脅可見。

　　隨著劉曜的征伐陝北隴西，大量氐羌被徙於長安，并加入前趙軍隊，長安戶落人口因劇增而複雜化，兵力亦臻二十八萬五千人之極盛。〔註80〕劉曜於 323 年八月親率這支軍隊臨河壓迫涼州之張茂，使之稱臣，授之以都督涼、南・北秦、梁、益、巴、漢、隴右、西域雜夷・匈奴諸軍事。這個都督區是誇張的，但西域雜夷、匈奴之在河西走廊者，劉曜承認了張茂的統轄權則是真實的。至此，劉曜只能統領弘農以西、隴以東之華夷人眾。然而，由於翌年（324 年）之河南爭奪激烈化，自是二趙構隙，日相攻掠。劉曜不但無暇安心治國，抑且於 325 年四月東征軍覆沒，主帥都督中外諸軍事・中山王劉虎亦被俘時，更遭沈重打擊。因為此役不但損失了四五萬精銳，抑且最高軍令系統及全國動員系統都須面臨重建，故在同月劉曜決定重置單于臺。《晉書・劉曜載記》云：

> 曜署劉胤為大司馬，進封南陽王，以漢陽諸郡十三為國；置單于臺
> 于渭城（陝西咸陽市東北），拜大單于，置左、右賢王已下，皆以胡、
> 羯、鮮卑、氐、羌豪桀為之。

這時為前趙光初八年（晉太寧三年，後趙趙王七年），故名之為「光初體制」。光初體制最大的特點是將所轄五胡（廣義的）納入其統治架構之中，任之為王長，以便動員指揮，這與以前二十四長皆用單于子弟大不同，當然與「劉氏男女無少長」皆被斬準屠殺有關，也應與諸夷結構比例和平陽時代大不同有關。

　　劉胤原為劉曜世子，平陽屠殺中漏網，逃至黑匿郁鞠部，323 年自言於郁鞠，郁鞠乃資送其歸長安，劉曜酬其功，乃拜郁鞠為「使持節・散騎常侍・忠義大將軍・左賢王」。可見置單于臺前，匈奴賢王諸制起碼名義上仍然存

〔註80〕徙民長安之例請參上註，兵力則參《晉書・劉曜載記》（卷一百三，頁 2694 至 2695）。氐羌在曜軍比例不詳，茲以 325 年四月，曜將劉岳進攻後趙于洛陽兵敗被俘時，石虎執岳等八十餘人并氐羌三千餘人送于襄國，另坑士卒一萬六千人（同卷，頁 2698），是則軍中氐羌比例應不小。

在；而據左賢王已非由單于親子弟中第一繼承人當之，亦可知光初體制性質內涵均已改變。劉胤之還，劉曜一度欲廢太子熙而立之，後以劉胤泣辭，且自願「輔導」劉熙，故拜為永安王，署「侍中・衛大將軍・都督二宮禁衛諸軍事・開府儀同三司・錄尚書事・領太子太傅，號曰『皇子』，命熙於胤盡家人之禮」。〔註81〕是則劉胤權勢本就次於劉曜，這次昇為「大司馬・大單于・南陽王」，乃是進一步之崇重。

河瑞體制、嘉平體制，乃至石勒體制，皆因置大單于或元輔而致兵變政亂；〔註82〕然光初體制卻未見致亂也者，蓋以建制未久即逢大變之故。

327 年七月，劉曜為救河東，命其河間王述發肴氐、羌之眾屯秦州上邽一帶以防河西張氏和武都氐楊氏，自將中外精銳東征，結果於十二月軍敗被石勒所擒，這是前趙的大變故也。長安聞訊大懼，議退保秦州與河間王合兵，劉胤且怒斬異議者，可見這時大局已由劉胤主持。尚未有石氏西攻情報，而長安即決定西撤，其自亂陣腳可知。當劉胤帥百官奔上邽之時，也就難怪其他「諸征鎮亦皆棄所守從之，關中大亂」了。〔註83〕不願西撤諸將據長安而招石勒，這是前趙覆亡之端。不過，秦隴乃氐、羌生活地區，河間王所部亦以氐、羌為主，他們能否認同并死力支持這個異族大單于，〔註84〕誠為可疑。同年八月，劉胤率眾數萬反攻長安，所謂隴東、武都、安定、新平、北地、扶風、始平諸郡戎、夏皆起兵響應者，恐是虛張聲勢或誇大之辭。劉胤尋即兵敗，石虎攻陷上邽，殺劉胤、劉熙及其將相以下三千餘人，「徙其台省文武、關東流人、秦雍大族九千餘人于襄國，又坑其王公等及五郡屠各五千餘人于洛陽」，〔註85〕顯示好殺成性的石虎，也知道分別屠各統治階層及被統治的氐羌而處理之。所謂「台省文武」、「秦雍大族」，理應包括單于臺所統之四夷賢王豪傑等氐、羌地方大族也。他們沒有率部效死，僅虛張即降，是則光初

〔註81〕劉胤歸來後，劉曜一度欲易太子，廢其與羊后所生之劉熙而重立劉胤，後以群臣反對，劉胤又泣辭而止，乃安排劉胤出任此官職「輔導」劉熙。事詳〈劉曜載記〉。

〔註82〕石勒僭號後以原兼大單于授以其子石弘，元輔石虎爭取不果，待勒死遂兵變，事詳《晉書》卷一百六《石季龍載記上》；非屬本文範圍，故不贅論。

〔註83〕〈劉曜載記〉述其覆亡頗略，今據《資治通鑑》卷九十四，晉咸和四年正月及八、九月所述。

〔註84〕劉熙當時仍為皇太子，未聞即位，故這段倉卒期間可能由大司馬・大單于之劉胤主持大局。

〔註85〕〈劉曜載記〉與《資治通鑑》所述皆同，應可無疑。

一君兩制體制之功能可知，而單于臺的動員組織能力亦可知矣。漢趙單于體制性質內涵前後變動如此，其與政權興亡安危，可謂息息相關，可以無疑也。

六、結　論

屠各劉氏之起事，最初出於反奴役。及事前密議，所形成之共識與所用以集眾之號召，則是以「興邦復業」作為此舉的指導思想，變成了匈奴的復國運動。不過，基於主、客觀因素，起事不久性質乃變，改在中國謀求發展。

鮮卑拓跋氏擁兵四十萬，國於陰山代北一帶，屠各劉氏若欲率眾返其舊土，以「復呼韓邪之業」，那是勢將不可能的。客觀形勢不利不僅如此而已，兼且拓跋氏與晉并州政府結成軍事聯盟，共同對付屠各，使劉氏備受戰略威脅而開展困難。

面對上述客觀形勢，加上劉淵本人的漢文化學識修養，他必須說服其幹部「呼韓邪何足道哉」，當前發展，實以在中國謀求開展為宜，以作中國帝王為復國目標：「上可成漢高之業，下不失為魏武」。在此指導思想之下，他們要復的國，就是要同時兼復漢朝。屠各劉氏利用先世與漢朝的史緣關係，即漢王位，以號召晉人，吸收漢族的力量。在這種開國情勢下，就是胡、漢分治，一國兩制實行的原因，此轉變上距起事僅兩個月時間。由於大單于由漢王兼任，即是將兩個國家（匈奴與漢王國）合為一個國家，兩個元首由同一人任之，而實行兩套治體，故本文稱之為「雙兼君主型一國兩制」。

這種體制是劃下了一道民族界線，這是事實。然而，屠各劉氏之出發點是為了方便不同民族文化之分治及號召，是一種為適應政治環境的嘗試；不論從其指導思想看，或從其政策實踐看，皆未見劉淵有種族歧視、種族隔離之意圖和行為，這與一般所謂的「征服王朝」有所不同。

劉淵在 304 年八月接受擁戴為大單于，同年十月即調整國家目標為兼繼漢祧，遂即漢王位。他拒絕劉宣等奉上的皇帝尊號，表面理由為「今晉氏猶在，四方未定，可仰遵（漢）高祖初法」，實則與恐怕成為晉朝攻擊的第一目標，妨害其侵吞全并州，以先圖「下不失為魏武」的低目標有關。晉陽久攻不下，誠為其實現低目標最大的威脅。惟此之故，當 306 年劉琨刺并州，主持軍政大局之時，就是劉淵北進無望，必須改變戰略，導致晉、漢歷史轉捩之時。他將原來的國家低目標改變為推行高目標——「上可成漢高之業」，故決意放棄與晉陽持久膠著的狀態，南取二京以爭天下。要完「成漢高之業」則必然同時需

「殄晉」，西晉覆亡、二帝蒙塵之變局，即是這種改變所造成的結果；而 308 年劉淵在二京淪亡之前就急著即了「漢皇帝」位，就是決心的表現。

劉淵不久後即死去，由其子嗣皇帝劉聰繼續執行南取二京的戰略，遂於 311 年六月首先攻陷了洛陽。不過，劉聰雖然也漢化甚深，但卻無其父之遠略。他可能遷就游牧民族生活文化，眷戀位於農、牧咸宜區帶的平陽，故放棄遷都漢之舊京洛陽，反而縱任軍隊在洛陽屠殺焚掠，并自後加速掠集戶落遷于平陽，將之建設成新的政治中心。

這個決策也可說註定了漢趙的興亡格局：第一，平陽核心區遠在山西（這裏指太行山以西），對山東、河北及江淮之影響支配，可謂鞭長莫及。王彌是力勸劉淵即尊的大將，也是攻洛陽的主將之一，目睹焚掠，對淵子侄也有「屠各子，豈有帝王之意乎！汝奈天下何」之怒與歎，乃引所部東屯，有還據青州之意。其後石勒、曹嶷等將領，也皆有割據山東河北之意圖和行為。劉聰之時，漢名義上佔有黃河流域，其實版圖三分之二，平陽皆不能有效支配；而最後反亡于石勒之手。第二，即稱興漢殄晉而卻不還都洛陽，應難滿足晉人之望，王彰所稱「愚人係漢之心未專，而思晉之懷猶盛」，可想而知。319 年六月，劉曜改國號為趙，以當時最有影響力的政權推移學說——五行相生說——來解釋其立國根據，聲明晉已亡，而金（晉德）生水（趙），其實就是針對王彰的分析，以謀補救，及加強政戰以與東晉爭正統；但是，稱「漢」或許尚有些剩餘價值，稱「趙」則恐更難令晉人認同，關中晉人後來據長安而招石虎入關，也許應由此角度理解。

劉聰、劉曜有此錯著，乃是由於他們并無劉淵「上可成漢高之業」的理念，而且格于身為屠各種族有關。劉氏并非系出虛連題氏純種，屠各當時僅是匈奴的別種、雜種或別部，在二世紀末推翻羌渠單于而成為并州匈奴諸種落之最貴者後，其實也從未統一過中國境內諸屠各部落或全匈奴諸部落，所以起事前後，必須以復興匈奴國族作號召來團結諸胡，因而也就必須重建已喪失權勢的單于體制。

劉氏政權的主要力量來自諸胡，而諸胡未見得皆漢化甚深如劉氏家族一般，故在重建的單于體制統治下，他們適應的是山西地區的農牧咸宜區帶生活方式。劉聰、劉曜是否有必要或能夠將之遷至洛陽，這是很成疑問的。若分在平陽、洛陽兩地建立胡人政治中心與漢人政治中心——即是一國兩制之下建立一國分有胡、漢兩首都，恐怕在統治上更成問題。劉聰在兩種民族文化之接

觸下，面臨遷都選擇時，即遷就了主力所寄之胡族，決定仍留在平陽建設核心區，而放棄了遷就漢族以遷都洛陽或長安。

匈奴遊牧帝國的政事較中國遠為簡單，又無文書，而以言語為約束，故沒有史官記述其遊牧政治。這種情況似乎至劉淵、劉聰父子時仍然。漢趙王朝依漢式官僚體制設置的史官，所記者似偏重了漢制政治，對胡制政事及人事極少見載，此即漢趙一國兩制之胡制政施迄今可知者甚少的原因。

劉淵死前的大單于及其左、右輔的人事安排，是極少數被漢制史官記載下來的資料，反映了劉淵時代確曾實行一國兩制，并且很可能是「雙兼君主型」的。從310年劉聰為大單于，置單于臺於平陽西之時起——五胡一國兩制的另一型式「一君兩制型」就出現了，這就是本文所稱的「河瑞體制」。河瑞體制的特色是：單于臺官僚機關化（政廳化），機關地位相當于漢制的臺省；其長官官稱為大單于，原有的留庭輔政官轉化為單于左、右輔；大單于不再是胡式國家統治體制元首之尊稱，在河瑞體制中位次相當於漢制的親王三公，它與左、右輔的關係也就相當於漢制之尚書令和左、右僕射的關係。

河瑞體制值得重視的，是它在國家統治架構中，代表了權力重心下移的現象，造成了國家安全的結構性因素，這是因為大單于是胡系之最高行政長官，兼隱然為胡夷之最高統領，權勢直逼皇帝和儲君故也。

劉聰之猜忌心理固然是劉乂案發生的原因，但引起他和劉粲之猜忌，以至非置劉乂於死地而後止不可者，實為此結構性因素。因此，劉聰對「皇太弟・領大單于・大司徒」劉乂的職權剝奪，是先從剝奪其大單于著手，固亦可視為對河瑞體制的不斷調整改革。他最初任命其子劉粲為「都督中外諸軍事」，以漢系最高軍令長官牽制劉乂的胡系最高統領。但是，大單于劉乂實際上是胡部最高行政長官，故劉聰乃有314年大定官制之舉，本文稱為「嘉平體制」。

嘉平體制仍為「一君兩制型一國兩制」，不過卻有兩大特色：

第一，劉聰以丞相、大將軍此二漢式最高政、軍長官，授予劉粲，可證大單于在胡式制度中，權勢相當於此二官之相兼。劉粲兼此二官，始能主持漢系政府以抗衡大單于所領導的胡系政府。在此人事佈局之下，嘉平體制基本上是兩制對等的。

第二，劉聰掠集大量戶落至平陽核心區之時，直隸胡、漢戶落皆作了統治組織的調整。這次調整最大之特色是漢戶組織部落化：以漢官之名實行萬戶為單位之胡制。因此其以平陽作遊牧部落政治中心的意圖相當明顯，決不會遷都

洛陽或長安是可想而知的。

　　劉乂案發，牽連氐羌，叛者十餘萬落，表示平陽核心區之胡系部落種族結構中，氐羌部落已超過一半。但是劉氏子弟宗族眾多，胡（匈奴）、羯族系人口比例相差還不致太大，故氐羌尚不致隨意造反，造反也很快被平定。及至 319 年劉曜遷入關中，關隴以氐羌為多，立國情勢遂丕變。

　　劉曜面對此改變，一面需據五行學說改國號以爭正統，號召漢族，另一面則需尊奉冒頓和劉淵，以號召關隴屠各、氐、羌及諸胡。不過，由於平陽屠殺，及部落隨石勒東遷，故屠各劉氏的實力在關隴已相當弱。佔優勢人口的氐羌經常大規模叛亂，是可想而知的。故 325 年劉曜重建單于臺於渭城時，除了以其子劉胤為「大司馬・大單于・南陽王」外，不得不自左右賢王已下，皆以胡、羯、鮮卑、氐、羌豪傑為之，用以擴大社會基礎，此即「光初體制」。

　　也就是說，光初體制是五族大混雜，並且起用五族領袖為統治階層諸王長的遊牧政治體制，內涵與匈奴傳統大不相同。優勢人口的氐羌是否因此即歸心？很是可疑。當前趙覆亡之時，未見關隴氐羌死力支持大單于劉胤，即知居于少數民族的屠各氣數已盡，「興邦復業」的理想至此幻滅，再也不可能達成了。然而，一國兩制的推行實踐，同時或稍後，亦被羯、鮮卑、氐、羌等族所沿襲，他們實踐程度雖或不一，但已構成五胡亂華在政制上之一大特色，豐富了中國歷史的內涵。

圖一　屠各早期發展形勢

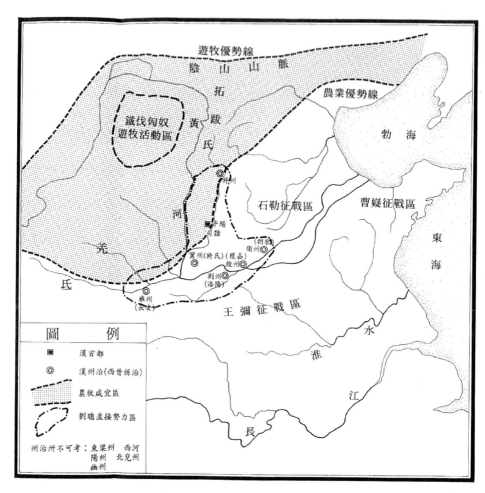

圖二　劉聰極盛時疆域形勢示意

《國立中正大學學報》第 3 卷第 1 期，1992 年。

後趙的文化適應及其兩制統治

提　要

　　羯族在五胡亂華以前不見稱於中國,他們的種族及來源如何,與匈奴有何關係,受到匈奴多少影響?他們的集團成分如何,是否仍然保存了其固有文化,如何適應匈奴與中華兩種文化而在漢地統治,對此後中國歷史有何影響?這兩大類問題是本文探討的重心。

　　筆者根據近人的研究,肯定羯族源出匈奴羌渠種——由康居及其屬國人民組成的匈奴種落,石勒家族則屬此種落構成分子石國的一支。石國人屬於阿利安種,是農商并重的綠洲城邦民族,與蒙古種的匈奴及其遊牧文化不盡相同。他們入居中國,保持了居住、生產、宗教、禮俗、語言等固有文化,被華人視為上黨雜胡。

　　由於他們人數不多而分散各地,所以石勒的起事確是不以純粹的羯族為主,而是集合其他匈奴及東胡,乃至漢人,組成其集團。因此,他們不以恢復匈奴為口號,也不偽托源出中國先聖之後,而是現實地面對變局,糅合胡、漢兩種體制文化而用之。又由於石勒以上黨武鄉為第二故鄉,立國在中國本部漢文化核心區,故在兩重體制中傾向以漢為主、胡為輔,這是其一國兩制的特色,與屠各的漢趙王朝頗有不同,而對此下的胡族政權的統治亦頗有影響。

　　石氏的種族自卑感影響其對江南正統之爭的認識和決策,也是其種族屠殺因素之一,前者對此下胡族政權的面對東晉南朝影響頗大,後者也是此後胡、漢融合契機出現的潛在因素之一,本文對當時事實的重建頗為注意。至於教育文化的失調,造成了石氏家族的變故;政治文化的失調,造成了制度運作的不當,終於招致國亡族滅之禍,使羯族消失於中國歷史的舞台。

一、前 言

　　近年因時務之刺激，對少數民族及多體制統治頗有興趣，欲從國史中尋求經驗與啟示，遂先後發表了〈從漢匈關係的變化略論劉淵屠各集團的復國問題——兼論其一國兩制的構想〉〔註1〕和〈漢趙國策及其一國兩制下的單于體制〉〔註2〕兩文。

　　後趙石氏屬於羯族，原為匈奴的別部，依附劉淵而起兵，由漢趙政權中壯大以至獨立。筆者讀《晉書‧石勒載記》（以下簡稱〈石勒載記〉）和同書〈石季龍載記〉（以下簡稱〈季龍載記〉），發現石氏與屠各劉氏的文化、行為、政策等多有不同，因而決定深入研究，撰就此文。

　　本文要瞭解和解釋的問題，有下列數點：

　　第一、羯族的種族及來源如何？與匈奴的差異和關係如何？

　　第二、石氏集團成分如何？軍隊的構成如何？在統治思想、政策和體制上，受到匈奴多少影響？

　　第三、他們如何面對或適應中國文化？這種認識及態度對其統治中國有何影響？

　　第四、後趙的統治對此後歷史發展有何影響？

　　筆者將針對上述問題，逐一展開討論，但首先對有關史料作一簡論。

　　關於後趙的重要史料，頗有可述者。世但推劉淵父子承受儒術，深於經學，而疾石氏殘暴好殺；不知石勒重視學術殆不下於劉氏，而尤喜愛史學，〈石勒載記下〉云：

> 勒親臨大、小學，考諸學生經義，尤高者賞帛有差。勒雅好文學，雖在軍旅，常令儒生讀史書而聽之，每以其意論古帝王善惡，朝賢儒士聽者莫不歸美焉。當使人讀《漢書》，聞酈食其勸立六國後，大驚曰：「此法當失，何得遂成天下！」至留侯諫，乃曰：「賴有此耳。」其天資英達如此。

經史乃漢學的重心，與當時高門士族流行的玄學清談不同。正因石勒素來重視此等學術，因此當他於西元318年（晉元帝太興二年，前趙劉曜光初二年）自為趙王時，特置經、史二祭酒，并命令修撰史書，〈石勒載記下〉又云：

〔註1〕原刊於《東吳文史學報》第8號，頁47～91，台北，東吳大學，1990年，現已收入本書。

〔註2〕原刊於《國立中正大學學報》3.1，頁51～96，嘉義，1992年，現已收入本書。

> 趙王元年，始建社稷，立宗廟，……署從事中郎裴憲，參軍傅暢、
> 杜嘏并領經學祭酒，參軍續咸、庾景為律學祭酒，任播、崔濬為史
> 學祭酒。……命記室佐明楷、程機撰《上黨國記》，中大夫傅彪、賈
> 蒲、江軌撰《大將軍起居注》，參軍石泰、石同、石謙、孔隆撰《大
> 單于志》。

修撰《上黨國記》及《大將軍起居注》諸史官多不詳，然而頗有出於學術名
門子弟者，如裴憲、傅暢、續咸是也；〔註3〕至於修《大單于志》諸石，則
殆為石趙宗人。劉知幾《史通·古今正史》對後趙國史略有不同的記載，說：

> 後趙石勒命其臣徐光、宗歷、傅暢、鄭愔等撰《上黨國記》、《起居
> 注》、《趙書》，其後又令王蘭、陳宴、程陰、徐機等相次撰述。至
> 石虎，并令刊削，使勒功業不傳。其後，燕太傅長史田融、宋尚書
> 庫部郎郭仲產、北中郎參軍王度追撰二石事，集為《鄴都記》、《趙
> 記》等書。

按徐光乃石勒中書令，掌機權，贊立太子石弘而欲排石虎，後石虎兵變掌權而
誅之，其餘諸人亦多不詳。石虎既兵變篡位，而徐光政治態度又是如此，當然
所修諸書會被刊削。

〈石勒載記〉所述三部史書與〈古今正史〉所記《趙書》，即為石勒的
第一手史料，而殆皆亡於石虎革易之後。惜乎石虎殘暴不文，未見續有修史
之舉。後趙史若非稍後有人追述，則將湮滅無聞。不過，郭仲產和王度殆為
南朝人，〔註4〕所記或恐出於傳聞而未必實錄。趙史主要靠田融的《趙書》
傳後，〔註5〕至六世紀初期崔鴻據之以成《十六國春秋》一百卷，「由是偽史

〔註3〕裴憲系出河東聞喜，乃裴秀的從子，秀為中國著名的史地學家（憲附見《晉書·
　　　　裴秀列傳》，卷三十五，頁 1050～1051）。傅暢系出北地泥陽，乃傅玄從子，
　　　　玄為史學及律學名家，暢本人亦精史學，撰有《晉諸公讚》二十二卷、《公卿
　　　　故事》九卷（附傳見《晉書·傅玄列傳》，卷四十七，頁1333）。續咸殆未系出
　　　　高門，但為名師杜預之弟子，籍上黨，與石氏同郡，擅長師門之春秋及律學（見
　　　　《晉書·儒林·續咸列傳》，卷九十一，頁2355）。餘史情況不詳。本文所引正
　　　　史卷頁，均據台北：鼎文書局新按標點本。
〔註4〕仲產既繫宋官，為南朝人可以無疑，王度據《五代史志（收入《隋書》，下同）·
　　　　經籍二·史·霸史》類則應是晉參軍（參志卷二十八，頁962）。該類記王度有
　　　　《二石傳》二卷及《二石偽治時事》二卷。
〔註5〕正文前引〈古今正史〉之《趙記》殆即《趙書》，北魏初期所修的《國記》往
　　　　往也稱為《國書》。田融所修《趙書》有十卷，或稱《二石集》云，可參同註
　　　　4所引《五代史志》。

宣布，大行於時」云。〔註6〕《十六國春秋》今已亡，有輯補本，〔註7〕但唐初撰成《五代史志》時，此書實尚未亡，〔註8〕魏收等北魏史臣蓋據之以成《魏書》五胡史部份，約簡略為三卷，〔註9〕可能格於斷代的限制吧。至於《北史》格於斷限更明，故不述兩趙等事。

今研究後趙，主要根據《晉書》。唐初史臣據崔鴻書等修成五胡十六國史，列為載記，整整為三十卷，殆可謂今見最權威史料之所在，其餘《冊府元龜》等類書及各種輯本，大抵僅能作旁參而已。《晉書》卷一〇四和一〇五為〈石勒載記〉上與下，一〇六和一〇七為〈季龍載記〉上與下，今據之以論述。

二、石氏的姓氏與種族

石勒原本不姓石氏。他所以姓石氏，乃汲桑所命，〈石勒載記上〉云：

> 是歲，劉元海（淵）稱漢王於黎亭，（成都王）穎故將陽平人公師藩等自稱將軍，起兵趙魏，眾至數萬。勒與汲桑帥牧人乘苑馬數百騎以赴之。桑始命勒以石為姓，勒為名焉。

《資治通鑑》（以下簡稱《通鑑》）據之，繫於305年七月，〔註10〕是則此年以前，石勒未以石為姓、勒為名。他是以胡人身份參加了漢人戰爭行列時，才取此漢姓名的。這年石勒三十二歲，石虎則只有十一歲。〔註11〕

〔註6〕 詳參《史通·古今正史》（台北：華世出版社，1981年11月），卷一二，頁418～421。

〔註7〕 收入鼎文版《晉書》之第六冊。

〔註8〕 西元525年蓋崔鴻卒，卒後其家乃上進《十六國春秋》，此書大行於時也是此後之事。西元656年《五代史志》成，其〈經籍二·史·霸史序〉稱諸胡國史原收集於元魏的秘閣，「爾朱之亂，并皆散亡，今舉其見在」者云云（參同註4），是則崔鴻書及田融書，猶為唐初史臣所見也。

〔註9〕 《魏書》自北魏初已敕令修撰，中更多人之手，崔鴻也曾參與相關工作，最後由魏收於554年奉北齊詔令終成其書，事詳拙著《中古史學觀念史》（台北：台灣學生書局，1990年初版）第八章之三、四節。又《魏書》載述五胡國史事，僅見於卷九五、九九及九六之半，約為2.5卷，可謂極簡約矣。

〔註10〕 五胡兩晉年號繁複，以下均用西元紀年，而以國曆紀月。《通鑑》乃據台北：宏業書局新校標點本，1983年；此事見晉惠帝永興二年條，卷八六，頁2709～2710。

〔註11〕 〈石勒載記下〉謂勒卒於晉成帝咸和八年（333年，按：原誤作七年），年六十一歲，以此推知是年石勒三十二歲也。同理，據〈季龍載記下〉推知其為十一歲。

石勒既不姓石名勒,則其家族原來也不姓石氏可知。石勒稍後與胡部大張㔛督遇,說之共投劉淵。從「勒於是命㔛督為兄,賜姓石氏,名之曰會,言其遇已也」的事來看,則汲桑命其以石為姓,他復以其姓賜予他人,石會和他結為兄弟固如是,石生為勒養子,〔註12〕石勒命石虎養漢人石瞻為子、養瞻子石閔為孫亦如是。〔註13〕

那末,究竟石勒出自何種族?為何被命名為石勒?誠值推敲。

首先引〈石勒載記上〉正史之言以見其概,史云:

> 石勒字世龍,初名㔛,上黨武鄉羯人也。其先匈奴別部羌渠之胄。祖耶奕于,父周曷朱,一名乞翼加,并為部落小率。……(勒)長而壯健,有膽力,武雄好騎射。曷朱性凶粗,不為群胡所附,每使勒代己督攝,部胡愛信之。所居武鄉北原山下,草木皆有鐵騎之象。

按:石勒初名㔛,祖、父亦無漢姓名,屬於匈奴別部的羌渠種,且并為部落小率而已,其部落居住於武鄉北原山下,魏晉以來基本上仍然維持部落組織。《十六國春秋輯補・後趙錄一・石勒》記載全同,《冊府元龜・僭偽部・姓系》除了二、三字不同外,其餘亦全同,〔註14〕可見這是石氏早期最基本確實的資料,極值得注意,以作後文論證的基礎。

但是,《魏書・羯胡石勒列傳》則有嚴重差異的記載說:

> 字世龍,小字匐勒。其先匈奴別部,分散於上黨武鄉羯室,因號羯胡。

與前述史料相較,554 年完成的《魏書》,稱石勒原來的胡名不同,又不提原屬匈奴何種別部,而視羯室是一地名,是石氏種族命名之所本。

首先,《魏書》極明顯的錯誤是視羯室為一地名,是石氏種族命名所本。考《續漢書・郡國志・并州・上黨郡》條,屬縣十三城中未置武鄉一縣,〔註15〕漢末大亂,并州一度廢入冀州,至魏初始復置,晉因而不改。晉并州統郡國六,縣四十五,而其中之上黨郡統縣有十個,武鄉是其十縣之一,位

〔註12〕張㔛督賜姓名石會,事見〈石勒載記上〉。石生為勒養子,事見王度《二石傳》中之〈石虎傳〉(收入《晉書》第六冊之《三十國春秋輯本》,頁 32)。
〔註13〕石閔父石瞻原姓冉名良,魏郡內黃人,為勒所獲,勒命石虎子之,虎復撫閔如孫,可詳〈季龍載記・石冉附傳〉,頁 2793。
〔註14〕《冊府元龜》(台北:大化書局景明崇禎刻本,1984 年)無「先」字,父「周朱」而無「曷」字,「乞翼加」則作「仁翼加」,見卷二一九,頁 1156 中。
〔註15〕《續漢書》已收入《後漢書》中,參志二三,頁 3522。

於兩漳水之間。〔註16〕東漢以來，始終未見羯室一名，《水經注》亦未見提及。〔註17〕則羯室不可能為地名，且不可能屬武鄉縣。

又上述基本史料皆稱勒為「上黨武鄉羯人」，王度《二石傳》更逕稱其為「上黨武鄉人，匈奴之苗裔也」〔註18〕表示石勒乃羯人，隸籍上黨武鄉縣，是匈奴部落的一種。

其次，石氏為羯人，羯人是否如王度之言為「匈奴之苗裔」？或是否如《魏書》所言「其先匈奴別部」？或更逕如《晉書》所言「其先匈奴別部羌渠之胄」？

考《晉書·北狄·匈奴列傳》有羌渠種之名，傳云：

> 北狄以部落為類，其入居塞者有屠各種、……姜沙種、……羌渠種、……力羯種，凡十九種，皆有部落，不相雜錯。屠各最豪貴，故得為單于，統領諸種。

十九種類即是十九部落，文義甚明。按匈奴為北亞統一大帝國，役屬其他種族部落甚多，而分為本部、別部與屬國，由左、右兩系二十四王長統領。〔註19〕本部即本種，匈奴本部種族屬何？國際學界迄今討論未有定論。屬國當指役屬於匈奴諸國而言，如西域北道諸國是也。至於別部，殆即掠奪或收編來附的其他國家種族以成的部落，隸屬於匈奴而非本部又非屬國者。不論本部或別部，乃至包括屬國，至西元前三、二世紀間，匈奴統一北亞的戰爭以來，在統治關係上即將之視同本國，如《史記·匈奴列傳》記述西元前二世紀前期，冒頓單于命令右賢王西征後，於西元前176年（漢文帝四年）致漢國書云：「罰右賢王，使之西求月氏擊之，……盡斬殺降下之。定樓蘭、烏孫、呼揭及其旁二十六國，皆以為匈奴。諸引弓之民，并為一家。」是知自天山北道以至阿爾泰山附近諸國，當時皆已成為匈奴一部份，但性質上可能是其別部或屬國。在長期隸屬之下，他們已與匈奴本部形成一歷史共同體，據此，羯人石氏其先為「匈奴苗裔」或「匈奴別部」，皆可得而解釋，屬可

〔註16〕參《晉書·地理志上·并州》及所屬上黨郡條，卷一四，頁428～429。又按石勒曾自置武鄉郡，此在惠、懷之間，石勒已崛起之後，可參同條，頁429。

〔註17〕《水經注》（南京：江蘇古籍出版社，1989年）卷十所記濁清兩漳水，多有提及石趙史跡，但無羯室一名，而有武鄉水一名，源出武山，蓋武鄉縣即因此山、水而命名耶？參頁927～928。

〔註18〕參同註12王度書，頁31。

〔註19〕參同註2拙文。

信的記載。

只是，〈石勒載記〉、《十六國春秋》、《冊府元龜》等上述基本史料，皆肯定石氏為羯人，「其先匈奴別部羌渠之冑」，這裡不禁要問：第一，羌渠既非匈奴本部，則其種族來源如何？第二，羌渠部即羌渠種，其與羯族有何關係？

解答這二問題的前提，需先肯定羯人不是上述匈奴十九種之一的力羯種。主張此說的人大多望文生義，缺乏嚴密完整的論證，逕視羯為力羯之省文而已。〔註20〕此說不足贅辯。

羯人石氏是羌渠種之後裔，羌渠是匈奴別部而非本部本種，此說若非發現更權威的證據，實在難以否定推翻。那麼，羌渠的種族來源如何？

回答這問題之前，先應確定匈奴入塞十九種「皆有部落，不相雜錯」的情態。匈奴雖自稱及被漢人稱為胡人，《史記》和《漢書》本傳皆述之甚明，但其部落種類之間自有異同定分，因此才會有各有部落、不相雜錯的情態存在，然而漢人對他們則常籠統稱之為雜胡雜種，如郭欽〈徙戎疏〉就主張「漸徙平陽、弘農、魏郡、京兆、上黨雜胡，峻四夷出入之防」〔註21〕即是。其實他們自己應是分得很清楚的。羯人石氏是渠羌種的後裔，正屬所謂「上黨雜胡」，與太原附近的屠各匈奴五部不同。

由是，羌渠既為別部，則應與他部自有不同，姚薇元本譚其驤之說，主張「羌渠」殆「康居」之同名異譯。他主要的論據是認為康、羌二字古音近似；又根據《史記·大宛列傳索隱》，說「康居之『居』音渠」。〔註22〕此說大抵可信。竊以為不僅居、渠二字同音，而且二字在漢人行文時甚至可以通用，〔註23〕故謂大抵可信。不過，筆者在這裡再欲進一說，即十九種之名殆

〔註20〕如錢賓四師在《國史大綱》（台北：台灣商務，1983年修訂十版）即主此說；又因其為羌渠之冑，故亦稱羯人與西羌為近云，參頁186。又姚薇元《北朝胡姓考》（台北：華世出版社，1977年）批評胡三省「以羯為力羯之省文」為不足信（參頁355～356）。筆者查考《通鑑》（台北：宏業書局，民國62年4月再版）晉惠帝永興二年秋七月條，胡注云：「〈載記〉曰：勒，匈奴別部羌渠之冑。又〈匈奴傳〉曰：北狄入居塞內者，有十九種，羯其一也。」（卷八六，頁2709）是則胡氏文意分明指石勒為羌渠之冑，羯人是入塞十九種之一，殆無「以羯為力羯之省文」的意思。要之，「以羯為力羯之省文」的說法不如〈載記〉之足信，應是可以肯定的。唐長孺〈魏晉雜胡考〉（《魏晉南北朝史論叢》，出版不詳，頁414，稱羌渠、力羯「二者可能與羯族有關」，更是籠統無證之說。

〔註21〕參《晉書·北狄·匈奴列傳》，卷九七，頁2549。

〔註22〕參《北朝胡姓考》，頁358。

〔註23〕《史記·匈奴列傳》述文帝後二年，遣使報老上單于的國書中，稱老上「使當

是漢譯匈奴音，匈奴本無文字，或許匈奴稱康居為羌渠，而為晉朝音譯之。漢朝人自張騫以來即至康居國，晉朝時人未必知匈奴發音之羌渠即漢之康居，猶如今日國人不知土耳其的唐朝譯法就是突厥，薩馬爾干（Samarkand）唐譯為薩末鞬而北魏譯為悉萬斤耶？

　　然而，單從上述簡單的語言和文字學，不足以充分證實羌渠即是康居。筆者請試從後論開始，陸續分析石氏之行為，逐步展開系列的論證。這裡第一點就是應先瞭解康居與匈奴及中國的關係，試試是否能從歷史發展中發現一些線索。

　　中國史藉記述康居，首推《史記‧大宛列傳》，司馬遷的重要史料來源，是來自曾出使過康居的張騫。張騫聲稱「康居在大宛西北可二千里，行國，與月氏同俗，控弦者八、九萬，與大宛鄰國。國小，南羈事月氏，東羈事匈奴」。張騫又稱大月氏在康居南，控弦者可一、二十萬；《史記‧匈奴列傳》稱冒頓圍漢高祖於平城，精兵有四十萬騎，而康居只有八、九萬戰士，也就難怪其分事二大了。康居既「東羈事匈奴」，與前述右賢王西征事合，則其部份人民或全國也就有可能成為匈奴的別部或屬國。〈大宛列傳〉同時記載烏孫與大月氏「與匈奴同俗」，而奄蔡（在康居西北可二千里）與「康居同俗」，康居則僅「與月氏大同俗」，詞意值得注意，蓋匈奴、烏孫與康居、奄蔡之間，文化風俗略有不同歟？此蓋為西元前二世紀中期以前之情況。

　　根據《漢書‧西域傳》記載，從漢武帝與匈奴開戰後，匈奴立國形勢逐漸西移，西元前 59 年（宣帝神爵三年）漢朝在西域設都護，督護南、北兩道三十六國，於是匈奴益弱，不得近西域，而其監控西域各國的僮僕都尉亦由此罷廢。「都護督察烏孫、康居諸外國動靜，有變以聞」，由於情報工作之故，此後西域「土地、山川、王侯、戶數、道里、遠近翔實矣」。據此傳又載，西元前一世紀中期，匈奴分裂為南北，漢宣帝接受南單于呼韓邪歸附，北單于郅支怨望，西阻康居以抗漢，至西元前 36 年（元帝建昭三年），西域都護甘延壽、陳湯等發兵至康居誅滅之。此後康居自以絕遠，漸驕慢，漢以其新通，故仍羈縻不絕。由郅支與康居有婚姻及戰略關係，數借康居兵作戰一事看，〔註24〕匈

戶且居雕渠難、郎中韓遼遺朕馬二四」，《索隱》即稱「《漢書》作且渠，匈奴官號」云（參卷一一○，頁 2902）。經查《漢書‧匈奴傳》，的確將「且居」寫作「且渠」（卷九四上，頁 3762），可證漢人居、渠不但同音，也可通借。

〔註24〕康居、北匈奴、漢朝的三角關係及康居借兵給郅支一事，請詳《漢書‧陳湯傳》，卷七○，頁 3007～3014。

奴別部有康居種，更應不為奇怪之事。最值得注意的是，《漢書‧西域‧康國傳》記載西元前一世紀間有五個屬地，說：

> 康居有小王五：一曰蘇䁀王，治蘇䁀城……；二曰附墨王，治附墨城……三曰窳匿王，治窳匿城……；四曰罽王，治罽城……；五曰奧鞬王，治奧鞬城…。凡五王；屬康居。

這可能是康居與匈奴聯盟前後新發展的殖民地國，範圍約包括今錫爾河及阿姆河兩河流域之間，後來被國史稱為粟特人（Sogdiana）的生活地區。〔註25〕其中窳匿城，據《新唐書‧西域下‧石》云：

> 石或曰柘支，曰柘折，曰赭時，……王姓石，治柘折城，故康居小王窳城地。

既然稱為「故康居小王」地，則表示唐時石國王已非舊日康居小王。白鳥庫吉批評唐代史臣考定上述五小王地，其說應是大膽的推論，不可盡信；然而他論考柘折即阿拉伯人所謂的 Šaš，則應可信，〔註26〕，Šaš，又作 Shash，而波斯語作 Čac 或 Chach，粟特語作 C'c，其義皆為「石」，即今 Tashkend（塔什干）——石城。〔註27〕《北史‧西域列傳》有者舌國、石國並見記述，恐有問題，筆者以為者舌殆是 Chach 之音譯，而石國則為 Chach 首音之音譯兼意譯也，蓋李延壽在七世紀中葉誤會史料之故。〔註28〕此外，《隋書‧西域列傳》

〔註25〕白鳥庫吉對此表示存疑否定，他認為康居國本部建在錫爾河以北，郅支駐在怛羅斯（Talas）河的上流郅支城，故五小王應是康居分封在錫爾河以北的諸侯。其最大膽的論斷是否定《新唐書‧西域下‧康國》對上述五城地點的認定，而論據是根據中國多種史書的記述，稱康居與粟弋（即粟特）為鄰國，又頗曾同時入朝等事跡，故懷疑《漢書》之記載，請參其〈西域史上的新研究‧康居考〉及〈粟特國考〉，收入其《西域史研究》（東京：岩波書店，昭和十九年）。按：白鳥此疑，是因為未將歷史時間前後變化的可能性和宗主國與屬國可同時參加國際行為此二因素，充分考慮進去之故。如《史記》稱康居軍隊有八、九萬人，而《漢書》則稱有十二萬人，顯見軍力前後已大有不同。漢西域都護日常監視康居，又曾率軍遠征其國，故《漢書》的記載決非隨便而不可信也。

〔註26〕參上註所引〈康居考〉，頁 109。按白鳥在上註所引〈粟特國考〉稱「柘支，阿拉伯人作 Čac，波斯人作 Šaš，即今之 Taskend」（參頁 77），是則白鳥將阿拉伯文和波斯文在二文中顛倒，自相矛盾；而《新唐書》所稱柘支、柘折、赭時，也被改為柘支。由此可證其妄斷於一斑。

〔註27〕請參季羨林等所校之《大唐西域記校註》（北京：中華書局，1990 年）〈赭時國〉註釋（頁 83）。掛田良雄謂 Tash 為突厥語，石之意；Kent 為伊朗語，城市之意，參見其博士論文《粟特的研究》（台北：台灣師大歷史所未刊本，1988 年）頁 16。

〔註28〕該傳稱「者舌國，故康居國」也（見卷九七，頁 3225），與石國（見頁 3225）

於正史中首先將之音譯與意譯為石國，玄奘《大唐西域記》音譯為赭時，八世紀中葉杜環《經行記》亦音譯為赭支，〔註29〕與上引《新唐書》柘支、柘折，皆同指一石國也。

《史記》和《漢書》記述康居國及其五小王的歷史甚清楚，此至東漢則不然，東漢自建武至延光朝（光武至安帝）經營西域三絕三通，至班勇於 127 年（順帝永建二年）經略蔥嶺已東，乃為最後的高峰，自後「烏孫、蔥嶺已西遂絕」。這時北匈奴西撤至中亞，而中亞則因大月氏貴霸王朝興起而形勢丕變，「康居」一名從此在正史西域傳中消失，〔註30〕以至《隋書》代之以康、石等所謂昭武九姓出現，其間有關康居及其五小王國的情況，諸史已然記載混亂不明矣。

不過，石國曾以康居為宗主國，康居曾經向匈奴稱臣或同盟，則匈奴有羌渠別部，而羌渠別部中或有石國人是可以想知的。石國一名在隋朝建立以前未見於國史，中國人此前此後多以譯音稱之。〔註 31〕不論譯為者舌、赭時、赭支、柘支或柘折，皆指石國及石國首府而言，隋、唐世其王姓石，恐與此有關。是則諸譯名為一音之轉，而且尚可能與漢譯匈奴音有關，殆皆魏晉華人對他們的最早音譯也。汲桑與羯人阿甽相稔而共患難，應知羯人來自西域的石國，故竟命甽以石為姓焉。上面推論苟若不謬，則石勒一族為「上黨武鄉羯人也，其先匈奴別部羌渠之胄」，遂可得而解。即：石氏先世屬於匈奴羌渠（康居）別

并見記載，恐有問題。按《北史·西域列傳序》對其第一手史料有所交代，即以朱居國為界，此前所述諸國有兩種史料來源：第一是五世紀前期北魏太武帝所遣西域使臣董琬、高明等人回國後所述的見聞，第二是七世紀初期隋煬帝令裴矩於涼州招致西域四十餘國所作成的《西域圖記》；朱居國以後諸國，則主要根據六世紀前期北魏孝明帝時，西行沙門慧生所見聞者而略記之。筆者以為今《隋書》但有石國而無者舌國，應是裴矩正確之研究結果。董琬、高明出使而知有者舌一國，可能即當時石國之音譯，他們未必同時又說有石國也——今《北史·西域列傳》將者舌述於朱居國之前，將石國述於朱居國之後，知應為李延壽引用之誤。《魏書》今闕西域傳，後人據《北史·西域列傳》補入，故不待論。

〔註29〕 杜環乃杜佑之姪，因戰爭淪落中亞，其後返國，撰《經行記》，今已亡失，其述赭支則為杜佑收入《通典》（杭州：浙江古籍出版社，1988 年）之〈邊防九·西戎五·石國〉註，可見兩人皆知石國即赭支，同為一國也。

〔註30〕 今《後漢書·西域傳》即據班勇所記以為主要史料（參卷八八，頁 2912～2913），此傳已不見「康居」國名。

〔註31〕 不僅石國稱為者舌，九姓諸國如康國（Samarkand）亦音譯為悉萬斤等，乃當時流行之習慣，可詳前引白鳥之〈康居考〉。

部，此別部構成分子之一是羯或羯室——是對波斯語 Chach、大食語 Shash、突厥語 Tash 翻譯作者舌或赭時更早的魏晉音譯，語義為「石」。今錫爾河流域的塔什干（Tashkend），隋唐意譯為石國，應即羯人的原居地。因此，汲桑遂直接命羯人阿㔨，姓為石氏。

上面小結若然成立，則筆者對其原名阿「㔨」及世為「部落小率」，尚可進一解。

㔨音背 bei，〔註 32〕阿爾泰語系稱其大人君長為 bi 或 bag，如康居王有那鼻，烏孫王名末一字常為靡，康國（Samarkand）有一王曰代失畢，鼻、靡、畢皆一音之轉；代失畢為 tašbi 之對音，taš 即石，bi 即君，故代失畢即石王石君之意。〔註 33〕今石勒世為部落小率，又曾代父督部胡，取名曰㔨，應有部落大人之意。前述為石勒賜姓名為石會的張㔨督，即是擁眾數千的胡部大人，姚薇元考證，認為張㔨督為羯人，而石勒集團姓張氏者甚多，其中亦有羌渠人云，而疑「張」乃「羌渠」的諧聲。〔註 34〕據此，竊意石虎之祖父曰㔨邪，〔註 35〕可能也是羯族的某部酋。

粟特族的昭武九姓國以康國為宗主，其生活範圍的大小約相當於唐朝的一個道，但試以《新唐書・西域下・康》所記述為例，可見其各國城堡甚多，如：

康：大城三十，小堡三百。

安：大城四十，小堡千餘。

東安：大城二十，小堡百。

史：國有五百城。

740 年（唐開元二十八年）唐戶部帳統計，全國有郡府三百二十八，縣一千五百七十三，〔註 36〕則唐全部縣數若依書面數量計，也不過與安國——唐朝的安息州一般多而已。這些粟特國家大城通常二、三里，小堡即如小聚落，實為沙漠中的綠洲城堡國家。〔註 37〕雖然《新唐書》未載石國城堡數，但據玄奘《大唐西域記》記載，當時赭時國有「城邑數十，各別君長，既無總主，役

〔註 32〕其音見《十六國春秋輯補・後趙錄一・石勒》，卷一一，頁 73。

〔註 33〕參前引白鳥之〈粟特國考〉，頁 97～98。

〔註 34〕參《北朝胡姓考》，頁 358～360。

〔註 35〕見〈季龍載記上〉，頁 2761。

〔註 36〕參《新唐書・地理志序》，卷三七，頁 960。

〔註 37〕參掛田良雄前引文，頁 9～21。

屬突厥」,〔註38〕是則石國殆也是綠洲城堡國家之一,小君長眾多,石勒祖、父兩代為「部落小率」,應從這些綠洲城堡國的歷史背景中去瞭解。至於石勒之〈奉王浚為天子表〉,自稱「勒本小胡,出於戎旅」,〔註39〕恐怕也未盡是自謙之詞;他沒有偽託其氏族源出聖王之後,〔註40〕則更是坦白老實之舉了。

三、羯族文化與石氏起事前的生活

唐長孺在其〈魏晉雜胡考・羯胡〉部分作了一個結論,「說羯胡中有若干出於西域的姓氏而且佔很大的比例⋯⋯,這些包含在羯胡中的西域胡決非直接來自西域,大概他們的祖先已經是匈奴部族中的一部分,又以匈奴名義入居中國」。〔註41〕這種說法應是對羯族發展未作適當分期下的分析結果,故并不是完全正確的。

筆者以為,羯族既是匈奴別部羌渠之冑,則包含其他種族的血統是有可能的,但并不影響此部落以羯族血緣為主幹。畢竟,羌渠是入塞十九種之一,他們呈「皆有部落,不相雜錯」的情態來組織分佈,起碼至石勒的祖父、父親時代仍然是如此的,石勒就曾代父督攝部胡,深為部胡所愛信。石氏散失其部眾是後來之事。石勒起事後,曾經陸續招納諸胡羯,這是石氏集團成為多種族雜胡的原因。即使如此,〈季龍載記〉記趙末之亂時,猶見有「耆舊羯士」迎石邃之師,及孫伏都等「結羯士三千,伏于胡天」等事情發生,可見羯族自我認同、不相雜錯的情態,始終至為明顯。

羯族源出西域胡是可以肯定的。他們不是直接來自西域,對其血統和文化的瞭解當然有所影響,但也不能因此便逕說他們已經在血統上完全雜胡化了,或在文化上完全匈奴化了。他們在中國的生活情況和文化適應如何,就是本節欲探究的問題所在。

根據上節所論,石勒為羯人,魏晉時的羯、羯士、羯室,乃波斯語、粟特語之異譯,北朝以降又常譯作者舌、赭時、赭支等等名稱。羯人與廣義粟特族的石國有關,石國則為唐世所謂昭武九姓之一。〔註42〕中亞古代歷史不詳,人

〔註38〕 見《大唐西域記校註・赭時國》,卷一,頁82。
〔註39〕 見〈石勒載記上〉,頁2721。
〔註40〕 請參曹仕邦〈史稱「五胡源出中國聖王之後」的來源〉,《食貨月刊》1〜12,頁396〜399,1974年。
〔註41〕 見《魏晉南北朝史論叢》,頁426〜427。
〔註42〕 《新唐書・西域列傳》將米、史、曹、何、安、火尋、戊地、石、康九國視作

種複雜，狹義的石國人是否屬於粟特人，迄今殆無定論。不過，匈奴人和東胡人屬於蒙古種，康居人、粟特人屬於阿利安種，大抵上是疑問不大的。〔註43〕

　　盛唐劉知幾撰《史通》，於〈書志篇〉中提出為何不就人之形相體質，創立〈人形志〉云云，〔註44〕這確是中國史學上的一大缺陷。粟特曾屬康居，康居與匈奴文化頗有不同，上節已論及，然則康居人和粟特人的人形體質究為如何，與羯人是否一致，顯然是一個饒有趣味又具關鍵性的問題。

　　眾所週知者，漢魏西域僧人來華，常以其國名為姓氏，如來自大月氏則姓支氏，安息則姓安氏，康居則姓康氏，天竺則姓竺氏等。〔註45〕慧皎《高僧傳》記述多名康姓西域僧，而以康僧會和康僧淵最著名。康僧會「其先康居人，世居天竺，其父因商賈移於交趾」，父亡而後出家，吳大帝時至建鄴，是江左佛法開山祖師之一。〔註46〕至於在〈康僧淵傳〉則云：

> 本□□人，生於長安，貌雖梵人，……晉成（326～342）之世，與
> 康法暢、支敏度等過江，瑯琊王茂弘（王導字）以鼻高眼深戲之。
> 〔註47〕

竊疑康僧淵和康僧會一般祖籍康居，只是一者生於長安，一者生於天竺而已。僧淵貌類梵人，而梵人也屬亞利安種，是否為康居與天竺之混血兒則不可知，要之王導以鼻高眼深而戲弄之，則其形貌可知。《史記·大宛列傳》稱「自大宛以西至安息，……其人皆深眼多鬚髯」，而《隋書·西域·康國》則稱其「人皆深目高鼻，多鬚髯」，假定康居人和粟特人相貌特徵是深目高鼻多鬚，雖然石勒、石虎相貌不明，但石虎之子石「宣，諸子中最胡狀，目深」，〔註48〕或

　　　　昭武九姓國，掛田良雄前引文指出其實昭武姓不一定為九姓，也有十二姓、七
　　　　姓和六姓，更不同意將石國列為昭武九姓之一（詳頁39～41）。同時，他又認
　　　　為石國與粟特人關係雖極密切，卻不屬於狹義的粟特地方（見頁9及頁16）。
〔註43〕　參同註25所引白鳥二文。白鳥在〈康居考〉一文中，認為石國土著可能是伊
　　　　朗人，而其君主和士兵應為突厥人（頁99）；至於粟特則疑為伊朗人（頁115）。
〔註44〕　詳《史通·書志》，卷三，頁87。
〔註45〕　當然也有例外的，根據釋慧皎《高僧傳》（收入《大藏經》第五十冊，台北：
　　　　新文豐出版公司影大正原版）所載，例外的例子也不少，如竺法深是瑯琊王氏
　　　　王郭之弟（〈竺潛傳〉，頁347下），支道林本姓關氏，乃陳留人（〈支遁傳〉，
　　　　頁348中），餘不贅舉。
〔註46〕　康僧會於吳大帝孫權時至建鄴，晉統一時卒，為江左佛法之重要開創者，詳
　　　　《高僧傳·康僧會》，卷一，頁325上～326中。
〔註47〕　《高僧傳》，卷四，頁346下～347上。
〔註48〕　見〈季龍載記〉，卷一〇六，頁2776。

可窺見石氏家族之相貌特色；而冉閔在四世紀中葉屠殺高鼻多鬚的胡羯凡二
十餘萬人，此形貌特徵即值得留意。又兩〈載記〉皆記石勒、石虎貌奇體壯，
子弟亦頗壯碩，石虎後來更因「體重，不能跨鞍」而造獵車。按：玄奘西行至
窣利地區——即粟特地區，說其人「形容偉大」云云，〔註49〕或許可作石氏家
族體格特徵的旁證。

　　匈奴入塞部落居於并州的不少，屠各劉氏即其中之一，魏晉時漸將其分
析為五部，將其部落組織解散，漸變為中國地方官廳，使屠各人氏變成中國
的編戶齊民。〔註50〕屠各活動區以并州太原國為主，而南北遍及西河郡、新
興郡和雁門郡。至於羯族，則殆以并州上黨郡為主，沿著太行山西麓向北延
至雁門郡，〈石勒載記〉述勒起事初期招納諸胡羯之地區，約略可以為證：如
太安（302～303）中石勒與諸小胡亡散，乃自雁門還歸；汲桑亡敗後，石勒
往上黨投靠張䠷督；歸附劉淵之後，石勒命將詣并州山北諸郡縣說服諸胡羯
等等，大抵可見諸胡羯的分佈區，及依郡縣而憑堡壁的生活型態。

　　上黨郡在太行山西南麓，雖在農業區內，但卻是戶口稀少的地區。以西元
280年（晉武帝太康元年）統一中國時戶口數為準，當年全國有2,459,840戶，
16,163,863口；并州統轄六個郡國凡四十五縣，僅有59,300戶而已，佔全國總
戶數2.41%。根據楊遠研究，并州當時雖非全國人口密度最低之州，但以黃河
流域各州而論，則殆為人口密度最低之地區。〔註51〕

　　石氏家族屬於羯族的一個小部落，他們在上黨郡的生活情況和際遇值得
注意，〈石勒載記上〉云：

> 石勒……初名匐，上黨武鄉羯人也，……祖……父……并為部落小
> 率。……（勒）年十四，隨邑人行販洛陽，……長而壯健，有膽力，
> 武雄好騎射。（父）曷朱性凶粗，不為群胡所附，每使勒代己督攝，部
> 胡愛信之。所居武鄉北原山下草木皆有鐵騎之象，家園中生人參，
> ……父老及相者皆曰：「此胡狀貌奇異，志度非常，其終不可量也！」
> 勒邑人厚遇之。時多嗤笑，唯鄔人郭敬、陽曲甯驅以為信然，并加資
> 贍。勒亦感其恩，為之力耕。太安中，并州飢亂，勒與諸小胡亡散，

〔註49〕參《大唐西域記校註》，卷一，頁72。又掛田良雄《粟特的研究》對此容貌
　　　　體格頗有描述，參頁45～47。
〔註50〕請參註1拙文。
〔註51〕全國及并州戶口數字見《晉書‧地理志上》，人口密度之研究則請參楊遠《西漢
　　　　至北宋中國經濟文化之向南發展》（台北：台灣商務，1991年），頁247～260。

乃自雁門還依宵驅。……并州刺史・東嬴公騰執諸胡於山東賣充軍
實，……勒時年二十餘，亦在其中。……既而賣與茌平人師懽為
奴，……每耕作於野，常聞鼓角之聲。……懽亦奇其狀貌而免之。懽
家鄰於馬牧，與牧率魏郡汲桑往來，勒以能相馬自託於桑。嘗傭於武
安臨水，為遊軍所囚，……獲免，……遂招集王陽……等八騎為群盜。

這裡首先要注意兩件事：第一，他家在武鄉是邑居而有家園的；第二，石勒少
時曾經行商洛陽，其後從事過農耕、奴隸、畜牧及僱傭等工作。

關於第一件事，不知是否為齊民編戶化的結果？按匈奴是遊牧行國，居住
的是穹廬帳幕，但是匈奴帝國種落複雜，或許未必全如是，例如匈奴所屬的西
域北道諸國即為城郭國家。而且，自石勒父、祖三代以來既是部落小率，督攝
部胡，則恐怕石勒所部尚未被完全編戶化，故邑居可能與粟特文化有關。

粟特是綠洲城堡的邑居民族，與遊牧民族不相同，他們生活於絲路要衝，
故也商業發達。根據研究，粟特人來華經商者眾，常在絲路上建立僑居城堡，
戶數約在數百戶左右；而且城堡地形也甚相似，或選在高原式的丘陸，或選在
山脈延展的平原盡頭，用牆環繞成堡而居之，并在城外的原野上耕種。〔註52〕
粟特人是亞利安系的農耕民族，種植稻、麥、玉米等，尤以葡萄最名，大抵
上家戶都有果園以種花果。〔註53〕是則石氏家族的邑居、農耕及有果園，應是
其固有的傳統生活方式；而他們挑選武鄉北原山下邑居，擁石氏為小率，蓋即
堡主之流也。石勒與部胡失散與并州饑亂有關，約在太安（晉惠帝，302～303）
中，而他與家族失散，則在永興（惠帝，304～305）中，〔註54〕也就是自302至
305年之間，石勒部落家屬相失，結束了此支羯人在華的邑居農耕生活，這時劉
淵已自稱漢王，李雄已自稱成都王，八王之亂已熾。

關於第二件事則必須印證粟特地區的社會經濟。粟特受波斯影響甚大，社
會階層分為貴族、商人、納稅者和奴隸。由於位居絲路要衝，對其商人階級的
形成和發達具有影響，令粟特民族成為聞名的商業民族。〔註55〕粟特人重視經
商，康僧會之父因商賈而移民至交趾蓋可見一斑。筆者於此另引三證，以便解
說：七世紀初韋節出使西域後，於其《西蕃記》云：

〔註52〕參掛田良雄《粟特的研究》，頁105～123。
〔註53〕同上文，頁18。
〔註54〕石勒母王氏與石虎即在此時和石勒失散，後來為劉琨所獲，送還給勒，參〈季
　　　　龍載記上〉，頁2761。
〔註55〕參掛田前引文，頁95～128。

康國人并善賈，男年五歲則令學書，少解則遣學賈，以得利多為
善。……俗事天神，崇敬甚重。〔註56〕

稍後唐玄奘於《大唐西域記》卷一〈窣利地區總述〉云：

風俗澆訛，多行詭詐，大抵貪求，父子計利，財多為貴，良賤無差。
雖富巨萬，服食麁獘，力田逐利者雜半矣。

而《唐會要》卷九九〈康國〉言之更甚，說：

生子必以蜜食口中，以膠手內，欲其成長口嘗甘言，持錢如膠之粘
物。習善商賈，爭分銖之利，男子二十，即送之他國，來過中夏，
利之所在，無所不至。

可證粟特社會價值、商人階級，民情風俗皆環繞著商業而發展。石勒年十四即
隨邑人行販於洛陽，應是有其歷史背景和文化淵源的。

〈石勒載記〉記郭敬、甯驅「資贍」石勒，可能也與經商有關，鄔縣及陽
曲皆屬太原國，分在并州晉陽之南北，地近匈奴屠各五部，可能石勒與匈奴其
他部落也有生意往來。筆者推敲前引文意，以為石勒除了向洛陽行商之外，也
可能向太原、雁門一帶之胡人行商。當時晉室已亂，洛陽城破、惠帝西征，可
能逼使石勒專倚太原、雁門一線。大約石勒由上黨武鄉出發，西北行至太原南
方的鄔縣，然後北上經并州州治而至陽曲，分在此二地結識了郭敬和甯驅，成
為其有力的資贍者。不幸於太安中某次往雁門經商，遭遇并州飢亂，石勒與隨
行諸小胡亡散，乃南還陽曲依靠甯驅，得甯驅協助還家；其間又路遇郭敬，敬
「以帶貨鬻食之」，可見郭敬也是行商。稍後石勒於途中為并州刺史司馬騰部
下所執，被賣為奴，乃開始了一段被逼害的遭遇。

石氏一群應該不是由粟特地區直接移民於上黨武鄉的，他們經歷過作為
匈奴部落的一段時日。但是，他們分別在匈奴文化與漢文化的影響下，卻似乎
仍能保持著某些中亞固有文化。

別的不說，築堡邑而居，少年行商，果園種植，其實是粟特人此亞利安系
農業民族的生活特色，前面已論之。粟特受波斯文化影響很大，宗教和凶禮是
其中之一，《新唐書·西域下·波斯》云：

俗尊右下左，祠天地日月水火。……西域諸胡受其法，以祠祆。……
凡死，棄于山，服闋月除。

此說蓋本於《通典·邊防九·波斯》所謂「事火神、天神，……死者多棄屍於

〔註56〕其書已佚，今據杜佑所引，見《通典·邊防九·康居》，卷一九三，頁1039中。

山，一月理服」也。〈石勒載記〉謂勒尊稱張賓為「右侯」，恐與此尊右下左之俗有關。〈載記〉又謂勒母死，「潛瘞山谷，莫詳其所」；甚至石勒以帝王之尊死後，也是「夜瘞山谷，莫知其所」，可證此為中亞波斯之禮俗也，華人不知，遂有歌謠說「一杯食，有兩匙；石勒死，人不知」云云。〔註57〕

　　至於祆教（Zoroastrianism），是約在西元前六、七世紀時所創的古波斯宗教，本節開始提及孫伏都結羯士三千伏於胡天之「胡天」、《西蕃記》所謂俗事天神之「天神」是也。孫伏都伏羯士於胡天，是為了要誅冉閔以平趙之亂。《隋書‧西域‧康國》稱康國「有胡律，置於祆祠，決罰則取而斷之」，表示胡天祆祠兼為刑罰之地，故孫伏都伏羯士於此。這是粟特人，尤其是在華羯人仍信祆教的證據，石勒相信佛教乃是遇到佛圖澄以後之事。

　　衣著方面，蕭方等《三十國春秋》記石虎「將獵，輒冠金鏤之帽」。〔註58〕戴帽是胡風，粟特諸國王尤然。〔註59〕

　　《西蕃記》說康國人五歲則學書，此為革書旁行的粟特文也。石勒喜好漢臣讀史給他聽，但卻未必識華文，至於他是否識粟特文則不明。要之，曾經經商的石勒能夠華語，則是可以斷定的，與一些羯人不懂華語不同。〔註60〕

　　由此可見，魏晉間上黨地區的一支羯族，居住方式、生產方式、宗教禮俗和語言文字等，皆可能或多或少保存了中亞粟特文化的傳統，尚未完全匈奴化或漢化。

四、石勒的起事與早期發展

　　石勒在330年（晉成帝咸和五年）正式稱帝，時年五十七歲。但是，石勒的獨立建國決不能以此年為始，當319年（晉元帝太興元年，趙光初二年）六月劉曜將漢改國號為趙時，同年十一月石勒即自稱趙王，表示不承認前趙，與劉曜正式分裂也。石勒的獨立也非一蹴即就的，他從307年（晉懷帝永嘉元

〔註57〕謠言參見輯本王隱《晉書》（收入《晉書》第五冊）卷四〈瑞異記〉，頁234。
〔註58〕此書輯本收入《晉書》第六冊，引文見〈穆帝‧永和元年〉條，頁9。
〔註59〕《舊唐書‧西戎‧康國》稱「其王冠氈帽，飾以金寶」，慧超《往五天竺國傳》亦謂「安國、曹國、史國、石騾國、米國、康國，……愛著白氈帽子」（收入張星烺《中西交通史料彙編》第五冊，頁8），可證昭武九姓諸王喜戴帽，尤其康國王有飾金氈帽，與石虎甚似。
〔註60〕〈石勒載記〉記載有醉胡突入止車門，石勒以此怒責宮門小執法馮翥。翥惶懼辯白，說已「『甚呵禦之，而不可與語』。勒笑曰：『胡人正自難與言。』恕而不罪。」可見石勒能華語，而一些羯人和華人則互相語言不通。

年）投奔劉淵，以至分裂獨立，實經過了長時間的醞釀。本節所稱的早期，乃指 307 年以前。這時期約可分為兩個階段：

第一階段是起事為盜階段，由太安（302～303）中至 305 年（永興二年），石勒由淪為奴而至變為盜，時年二、三十歲之間。

第二階段是成都王穎系統階段，由 305 年至 307 年（惠帝永興二年至懷帝永嘉元年），石勒介入成都王穎系統，為八王之亂餘波之爭，時年由三十二歲至三十四歲。

以下茲先論其第一階段。

石勒生於三國時期末葉，七歲時晉滅吳，晉朝於是頒定戶調式，賦稅雖重，但是「天下無事，賦稅平均，人咸安其業而樂其事」云云。〔註61〕那麼，石勒為何起而為盜？這與石勒被逼淪為奴傭的遭遇有關，而淪為奴傭又與并州飢亂有關。

并州飢亂的真正原因不詳，可能與旱災〔註62〕及并州刺史司馬騰政策不當有關。司馬騰當時東向與鎮鄴的成都王司馬穎爭戰，稍後又南向與司馬穎系統的劉淵部眾爭戰，長年戰爭，加深了飢亂的嚴重性，司馬騰掠賣諸胡於山東以充軍實，即在此情況下發生。最後至 306 年（惠帝光熙元年、漢王劉淵元熙三年），司馬騰轉遷鄴城都督，又帶走部分吏民，更令并州戶口減至不滿二萬戶，這種荒涼慘敗之狀，要由同年發表為并州刺史的劉琨來收拾。〔註63〕

那麼，石勒為何要起事？這裡宜略作分析。

石勒的部胡及其家族互相亡散，可能與饑荒與掠賣——此即饑與亂——這兩個因素有關。當石勒被司馬騰執賣至山東時，兩胡一枷，且於道路飢病和備受官軍所毆辱，這種情況，正是屠各匈奴起事的重大理由——「晉為無道，奴隸御我」——之一。〔註64〕石勒何時被第一次掠賣不詳，〔註65〕不過他不

〔註61〕參《晉書・食貨志》，卷二六，頁 790～791。

〔註62〕《晉書・五行中》，載惠帝永寧元年（301）自夏及秋，青、徐、幽、并四州旱，見卷二八，頁 839。

〔註63〕并州慘狀及劉琨撫輯諸事，請詳《晉書》本傳。《通鑑》繫司馬騰掠賣諸胡事於 305 年（惠帝永興二年），繫騰率吏民至冀州就穀，號稱「乞活」諸事於 306 年（光熙元年）。

〔註64〕引句見《晉書・劉元海載記》，卷一〇一，頁 2648。屠各因晉朝奴役而起事，其詳請參註 1 所引拙文。

〔註65〕《通鑑》繫於 305 年秋七月，不知何據？要之，據〈石勒載記〉是於太安（302～303）中與諸小胡亡散以後所發生的事。

是一被掠賣為奴即憤而起事的。他先被賣與冀州平原國茌平縣人師懽為農奴，後來師懽奇其狀貌而免之，其後結識汲桑，又輾轉流落於司州廣平郡武安縣和臨水縣為僱傭。兩縣介於茌平和武鄉之間，極可能是石勒由茌平回家鄉途中，邊行邊傭以維生的。然而在廣平郡為傭時，石勒再為遊軍所囚，俄而倖免，這才是他決定起事的關鍵，蓋安份已不可以求生存也。〔註66〕要之，石勒起事的因素，應與被奴役多少有些關係，至於是否與胡、漢種族矛盾有關？則宜進一步討論。

　　首先要知道，石勒被掠賣為奴前，其武鄉父老是相當器重他的，郭敬、甯驅之資贍他亦與此有關，而石勒對二人相當感恩，并為之力耕，可見青年時期的石勒與漢人相處尚佳。雖然他曾與鄰居李陽迭毆，但是在他稱王後便原諒了他，而且對武鄉耆舊鄉老優遇有加，甚至下令說：「武鄉，吾之豐沛，萬歲之後，魂靈當歸之！其復之三世。」〔註67〕是則對其僑鄉的感情可見。照理說，青年以前的石勒，應不至於有胡漢之間的種族矛盾。

　　石勒被掠賣及拘囚，事實上也不宜過份渲染成漢人對胡人的逼害。因為在司馬騰部屬掠賣諸胡之前，石勒自己也有此意，〈石勒載記〉云：

> 勒與諸小胡亡散，乃自雁門還依甯驅。北澤都尉劉監欲縛賣之，驅
> 置之，獲免。勒於是潛詣納降都尉李川，路逢郭敬，泣拜言飢寒。
> 敬對之流涕，以帶貨鬻食之，并給以衣服。勒謂敬曰：「今者大餓，
> 不可守窮！諸胡飢甚，宜誘將冀州就穀，因執賣之，可以兩濟。」
> 敬深然之。會……騰執諸胡於山東賣充軍食，……（勒）亦在其中。

這段證據告訴我們，官方不止司馬騰，別的如北澤都尉劉監也想縛賣胡人，而石勒自己也想和漢人合作，欲誘賣諸胡以解決飢餓和貧窮，只是司馬騰捷足先登而已；另外，石勒之言亦可證不論稱石勒起事也好，為盜也好，其重要動機之一即是欲飢窮兩濟。

　　劉琨在307年（永嘉元年）為并州刺史，領匈奴中郎將，他上任的情況是從上黨至太原，途中募得千餘人以轉鬥而前的。路上他上表請朝廷補給物質，表中描述途中所見云：

> 九月末得發，道路山峻，胡寇塞路，輒以少擊眾，冒險而進，……

〔註66〕事詳〈載記〉。又按石勒初起，不可能即如〈載記〉所述，當時就有受命而欲
　　　　為中州主之志，這可能是以後史官虛美之筆。
〔註67〕石勒優遇鄉老及下令，見〈石勒載記下〉，頁2739。

> 目睹困乏，流移四散，十不存二，攜老扶弱，不絕於路。及其在者，
> 鬻賣妻子，生相捐棄，死亡委危，白骨橫野，哀呼之聲，感傷和氣。
> 群胡數萬，周帀四山，動足遇掠，開目睹寇。

可見不僅胡人部落亡散被賣，漢人也是流離鬻賣的。而且胡人據山塞路，從事搶掠寇劫的嚴重性，亦可由此清楚知道。石勒顯然是其中之一例，只是不幸出師未捷即被執賣而已。石勒之為寇盜，據此可證應與種族矛盾關係不應太大才是。

屠各劉淵屬成都王穎系統，說服穎讓他回五部統兵助戰，因而起事。他雖屬穎之系統，卻不打壓劉宣等耆老要求復國及反奴役之強烈主張，因而他們以本種落為主幹起事，頗有民族意識及階級意識的成份。〔註68〕石勒的情況顯然不是如此。石勒的為盜顯然以反飢窮為主因，反奴役的因素并不太明顯，但也不能說無此可能，因為他後來屠殺晉朝王室及統治官吏，多少含有報復的意思。

石勒既無可復之國，也不是以本種落作為起事的主幹，分析其初起八騎及十八騎或可知之，〈石勒載記〉云：

> 嘗儔於武安、臨水，為遊軍所因。會有群鹿旁過，軍人競逐之，勒
> 乃獲免。俄而又見一父老，謂勒曰：「向群鹿者，我也，君應為中州
> 主，故相救爾。」勒拜而受命。遂招集王陽、夔安、支雄、冀保、吳
> 豫、劉膺、桃豹、逸明等八騎為群盜。後郭敖、劉徵、劉寶、張暠
> 僕、呼延莫、郭黑略、張越、孔豚、趙鹿、支屈六等又赴之，號為十
> 八騎。復東如赤龍、騄驥諸苑中，乘苑馬遠掠繒寶，以賂汲桑。

按石勒第二次為晉軍所拘因是其起事的關鍵。石勒將此次獲免說成父老變鹿、軍人逐之，實暗喻逐鹿中原，他人不可得之，而自己則為天命所註定。這事雖或為政治宣示，後為趙史所書者，但是并不妨礙石勒自我暗示、自我期許的表示，關鍵在此說何時形成而已。如果真的形成於兔脫拘因、招集諸騎的時期，則表示石勒欲為中州主之志立得甚早，其八騎、十八騎之發展顯然不能說成淪為群盜，或可以傳統的奉天革命行動視之。不過，由他「遠掠繒寶」的行為來看，八騎、十八騎時代應為寇盜的行為，屬於劉琨所稱胡人寇掠的小股之一，父老之見、受命之說，應為坐大以後用以作正統宣示、政治號召的，故應為後來形成之說。此說正好說明了石勒的起事與種族矛盾無關。

〔註68〕請參註1所引拙文。

　　他們為何「遠掠繒寶，以賂汲桑」？據筆者所瞭解的文意，應是說石勒約在司州廣平郡為遊軍所因而免脫起事，遂東還冀州平原國，向牧率汲桑借馬為遠行寇盜的工具；而汲桑暗中借予所牧的苑馬，故他們將劫得的部分繒寶賄賂給他。此解釋若成立，則可以說明兩點：第一，石勒早期是因欲兩濟飢窮而為盜，故以掠奪財物為主；第二，他們之所以能遠掠，是賄賂汲桑的結果，也仍是胡、漢合作的事例。

　　石勒在此情況下與十八騎為盜，十八騎中可以確定支雄和支屈六為月氏人，〔註69〕呼延莫和趙鹿為匈奴人。〔註70〕雖是胡人，但是種落不能遽定的，如夔安可能是天竺人，〔註71〕王陽可能為烏丸人，〔註72〕劉膺、劉徵、劉寶可能是匈奴人，〔註73〕至於張曀僕和張越則可能是羯人。〔註74〕種族不詳的則計有：冀保、吳豫、桃豹、逯明、郭敖、郭黑略、孔豚七人。顯示石勒的最早集團確是一個雜胡集合，其中以匈奴胡和西域胡較多，也不排除可能有漢人參與，他們決非如屠各劉氏般，以本種族為起事主幹的，所以種族矛盾的因素可能不強。

　　根據上面論析，第一階段是由於并州飢亂，石勒為了反飢窮求生存而淪為盜，他的寇盜集團不是以本種落為主的，而是由陷於飢窮的雜胡所結合。他們以掠奪財貨為主，階級矛盾和種族矛盾的因素不強烈。正惟此故，所以轉變為第二階段的發展，乃是自然的事。

〔註69〕　參姚薇元《北朝胡姓考》之〈西域諸姓・支氏〉，頁376～378；唐長孺〈魏晉雜胡考〉亦同，見《魏晉南北朝史論叢》，頁418～421。

〔註70〕　參同上引姚書〈匈奴諸姓・趙氏〉，頁283；至於呼延氏乃匈奴貴種，不必贅考。

〔註71〕　參註69所引唐文，頁425～426。

〔註72〕　王度《二石傳・石勒》（收入《晉書》第六冊，頁31～32）稱勒「與胡王陽等十八騎詣汲桑為左前督」，可證王陽乃胡人。周一良《魏晉南北朝史札記》（北京：中華書局，1985年）之〈石勒載記〉項，另據《鳴沙石室佚書》，由於該闕文未指明是胡人，王字下一字亦缺，故反而不能證明此人是王陽，而王陽是胡人（見頁109）。上註所引唐文則謂西域無此姓氏，故疑王陽系出烏丸王氏（頁427）。上引姚書〈東夷諸姓・王氏〉則稱西羌、烏丸、高麗、匈奴、羯皆有王氏（頁276），其實所舉僅《晉書・祖約列傳》所記有胡奴王安一例，也并不能證明王安為羯族。

〔註73〕　劉氏為魏晉間匈奴之著姓，上引唐文懷疑此三劉也可能是西域胡（頁426），殆無根據。

〔註74〕　上引唐文謂屠各、烏譚皆有張氏，而張氏顯然不是西域姓（見頁427）。上引姚書〈羯族諸姓・張氏〉稱此二張乃羯族人，又謂張姓與羌渠之諧音有關云（頁358～360）。按：十八騎中之張越乃石勒姊夫，可能羯族有姓張氏者。

　　第二階段的特色是石勒十八騎由群盜而介入了八王之亂，亦即參與了漢人統治階層的內部權力鬥爭，這時正是劉淵初稱漢王之時，他不參加屠各集團，可能與路遙道阻，或未認同匈奴復國有關，其詳不明。

　　成都王穎原鎮鄴，後參預政爭，304年（永興元年）在鄴拜丞相，立為皇太弟，同年為反穎集團聯合攻擊。其中王浚、司馬騰聯合烏丸進攻鄴城，穎逃亡洛陽而於十二月被廢。穎既廢，河北思之，鄴中故將公師藩等起兵迎穎，〔註75〕汲桑和石勒約在此時加入，〈石勒載記〉云：

　　　廢穎。是歲劉元海稱漢王於黎亭，穎故將陽平人公師藩等自稱將軍，

　　　起兵趙魏，眾至數萬。勒與汲桑帥牧人乘苑馬數百騎以赴之。桑始

　　　命勒以石為姓，勒為名焉。藩拜勒為前隊督，從攻平昌公模於鄴。

汲桑原官牧率，這次石勒十八騎會同桑手下牧人，乘所牧苑馬凡數百騎加入，他們起事的地點在冀州清河國之鄃縣。〔註76〕這些牧人恐怕不盡是胡人，而仍是一個胡漢混合集團。

　　公師藩部隊以進攻鄴城為主，并轉戰於鄴城、襄國一線以東至黃河之間，包括司、冀、兗三州相鄰諸地（請參圖一），這裡已是漢人密集地區。〔註77〕石勒早期在這一帶發展，對其後的戰略發展和統治政策，有重要的影響。

　　石勒第一次攻鄴是不成功的，不久，司馬模在苟晞的支援下，擊敗公師藩而斬之。「勒與桑亡潛苑中，桑以勒為伏夜牙門，帥牧人劫掠郡縣繫囚，又招山澤亡命，多附勒，勒率以應之。桑乃自號大將軍，稱為成都王穎誅東海王越、東瀛公騰為名」再起。勒以屢有戰功而署為掃虜將軍‧忠明亭侯。最後於307年（懷帝永嘉元年）五月破鄴，屠殺司馬騰及所屬萬餘人，「掠婦女珍寶而去」。〔註78〕

　　汲桑、石勒集團第二次攻鄴是成功的，但是從他們破城而不守、搶掠而不

〔註75〕穎被廢時間依《晉書‧惠帝本紀》之繫年，公師藩等起兵原因據《晉書》卷五九〈成都王穎列傳〉。

〔註76〕起兵於鄃縣，見《晉書‧新蔡武哀王騰列傳》，卷三七，頁1096。

〔註77〕〈石勒載記〉記載攻鄴為主，旁及冀州樂陵和平原，及司州之陽平郡。〈惠帝紀〉永興二年則述及司州之汲郡和冀州之清河國。〈新蔡武哀王騰列傳〉則述及寇司州之頓丘。攻戰先後時間則不詳。據前引楊遠書表二之二十一所示，此地區已是漢戶口密集區，例如鄴城所在之魏郡，密度即達62，與上黨戶口稀少不可同日而語。

〔註78〕據〈孝懷帝紀〉永嘉元年三月，騰封新蔡王，代南陽王模鎮鄴，同年五月即城破被害。引文則據〈石勒載記〉。

留的戰爭方式，和以牧人、繫囚、亡命組成的集團成份看，基本上仍不脫胡漢
混合盜群的性質。這種部隊和這種戰爭方式，應是導至再為苟晞等晉軍所敗的
原因。307 年十二月，汲桑兵敗被斬，石勒則奔亡於并州樂平國，展開了投靠
劉淵的發展。

五、石勒的戰略性發展與獨立建國

　　這階段是指投靠劉淵以後，至獨立建趙國之時，約從 307 年（晉懷帝永嘉
元年、漢王劉淵元熙四年）十月至 319 年（晉元帝太興二年、前趙劉曜光初二
年）十一月，即石勒三十四歲以至於四十六歲之間事。

　　307 年七至九月，汲桑和石勒屢為晉軍所敗，最後汲桑欲奔還茌平牧苑，
中途被殺，而石勒則奔向并州樂平郡，欲投奔劉淵。原來的十八騎未知是否追
隨，不過十八騎中部分人物，後來確實成為後趙的重臣大官，或許石勒的核心
伙伴雖在奔亡之餘，也沒有散失離心之故。

　　石勒雖奔至樂平，卻非逕赴平陽蒲子去見劉淵，[註79] 而是先在上黨、樂
平一帶收編胡人，率之投靠劉淵也，〈石勒載記〉云：

> 時，胡部大張䠋督、馮莫突等擁眾數千，壁于上黨，勒往從之，深
> 為所昵，因說䠋督曰：「劉單于舉兵誅晉，部大距而不從，豈能獨立
> 乎？」曰：「不能。」勒曰：「如其不能，兵馬當有所屬。今部落皆
> 已被單于賞募，往往聚議欲叛部大而歸單于矣，宜早為之計！」䠋
> 督等素無智略，懼部眾之貳己也，乃潛隨勒單騎歸元海。元海署䠋
> 督為親漢王，莫突為都督部大，以勒為輔漢將軍，平晉王以統之。

此胡部大人張䠋督尋被石勒賜姓氏曰石會，他與石勒深昵，又據堡壁於石勒僑
居故鄉之上黨郡，顯示這一部落應為羯族部落，否則石勒應不會先來收編此
部，然後又折回樂平繼而收編烏丸。若是，石勒至此始擁有本種落以為基礎。
其次，所謂親漢王、平晉王，皆是沿用漢晉以來授予來歸蠻夷的雜號王，輔漢
將軍也屬於羈縻雜號。劉淵當時實行雙兼君主制 [註80] ——自稱漢王兼匈奴

〔註79〕　《晉書·劉元海載記》稱汲桑、石勒等相次降，元海悉署其官爵，殆是籠統不
　　　　　確之辭，卷一〇一，頁 2650。
〔註80〕　請詳註 1 所引拙文。又按：匈奴原亦有此類雜號禪王，甚至有都督之稱，如
　　　　　《晉書·北狄·匈奴列傳》即曾記「匈奴都督大豆得一育鞠」等率種落來降
　　　　　（卷九七，頁 2549），或許此時劉淵實行雙兼君主制，故混合胡漢名稱而
　　　　　用之。

大單于,他用這類雜號王、將以授石勒等,表示并未對之大加重視,或許只視作羌渠部回歸匈奴大纛也未可知。

石勒獲劉淵授任統率此上黨胡部,《通鑑》繫於是年十月,同月又因收編樂平烏丸部落,劉淵亦將之配屬給他,〈石勒載記〉云:

> 烏丸張伏利度亦有眾二千,壁于樂平,元海屢招而不能致。勒偽獲
> 罪于元海,因奔伏利度。伏利度大悅,結為兄弟,使勒率諸胡寇掠,
> 所向無前,諸胡畏服。勒知眾心之附己也,乃因會執伏利度,告諸
> 胡曰:「今起大事,我與伏利度孰堪為主?」諸胡咸以推勒。勒於是
> 釋伏利度,率其部眾歸元海。元海加勒督山東征討諸軍事,以伏利
> 度眾配之。

劉淵以匈奴大單于號召諸胡,烏丸不肯服從,可能因其原非匈奴的部落。石勒使之推服,大概與他早先和十八騎雜胡相處的經驗有關。據此可知石勒決非僅僅是一介好殺武夫,而其部屬是羯與烏丸的混合部隊,兵力約七千人。劉淵尋即命令他統所部為劉聰的前鋒都督,南下攻上黨郡之壺關。

劉淵起事初期實力原非雄厚,上述樂平烏丸不肯歸服即可為例,故他在北有劉琨與拓跋鮮卑聯合兵團的壓力牽制下,常命將東出作戰,不勝則主力旋還,石勒這時僅是前鋒或偏將之一,未能獨當一面。不過,這時期他有重大的收穫,〈石勒載記〉云:

> 元海命勒與劉零、閻罷等七將,率眾三萬寇魏郡、頓丘諸壘壁,多
> 陷之,假壘主將軍、都尉,簡強壯五萬為軍士,老弱安堵如故,軍
> 無私掠,百姓懷之。〔註81〕

也就是說,石勒等攻陷壺關後,即由此東出太行,直攻魏郡及頓丘郡以至黃河一帶,這是他早期起事的征戰範圍。就在劉淵即皇帝位——308年十月前後,石勒等征服諸壘壁,并進行收編,而且更重要的是,他們精簡強壯五萬為軍士。此司州二郡諸壘兵,可能皆為自衛鄉土的華人。因此,石勒的部隊應已有華人參加,尤以張賓的參加最為重要。〔註82〕

或許五萬華兵不完全由石勒一部所吸收,但是石部有華兵,又有政戰號召

〔註81〕《通鑑》繫之於劉淵即皇帝位——308年十月時,〈石勒載記〉述之於即位前,
　　　　因戰爭不易一下子結束,故恐為劉淵即位前後持續進行中之事。

〔註82〕據〈石勒載記下〉,張賓為中丘人,勒與諸將下山東時,賓獨器重此「胡將
　　　　軍」,乃提劍軍門請見(頁2756)。另據〈載記上〉則勒攻中丘在308年底,
　　　　即為平東大將軍時(頁2710)。

力，又是其所熟悉的舊日戰區，故劉淵尋即授勒持節・平東大將軍，校尉、都督、王如故，〔註83〕亦即由輔漢將軍・前鋒都督・平晉王，晉昇為持節・平東大將軍。征、鎮、安、平四大將軍在晉制已是二品大將，故表示屠各王朝對他已重視。稍後，劉淵更遷他為安東大將軍、開府，〔註84〕可說已任命石勒獨當一面，為其獨立發展奠下了基礎。〈石勒載記〉云：

> 元海授勒安東大將軍、開府，置左右長史、司馬、從事中郎。進軍攻鉅鹿、常山，害二郡守將，陷冀州諸郡縣堡壁百餘，眾至十餘萬，其衣冠人物集為君子營。乃引張賓為謀主，始署軍功曹，以刁膺、張敬為股肱，夔安、孔萇為爪牙，支雄、呼延莫、王陽、桃豹、逯明、吳豫等為將率。

也就是說，大約從309年開始，石勒奠定了如下的基礎：

第一、他以太行山東平原為征戰區。

第二、他創立幕府治事，獨當一面，基本上維持至建國。

第三、他吸收華人入軍府，尤以張賓為謀主，對他的獨立建國影響極鉅。

第四、他已發展成十餘萬眾的大集團，根據上面分析，軍隊成員有羯、烏丸及華人；華兵佔極大比例，但兵權卻掌握在以雜胡為主的當年十八騎人物手中。

石勒集團已然確立。但是筆者并不是說石勒集團的發展就此停滯，剛好相反，而是說他擁有了發展更大的實力。他透過劫掠和降附的方式大量夾持人口，擴充軍隊，增強其人力資源的戰略能力，請參表一〔註85〕。

表一　漢趙時期石勒集團戰略人力變動

編號	時　間	內　容　概　略	備　註
1	307.十	石勒至上黨說胡部張㙛督等數千人降附匈奴大單于劉淵。淵以勒為輔漢將軍・平晉王統之。	石勒始有胡部，疑為羯族人。

〔註83〕據〈石勒載記〉，石勒此前始為輔漢將軍・前鋒都督・平晉王，不知為何有校尉一官？又《通鑑》未詳其拜授平東大將軍的時間。

〔註84〕遷安東大將軍、開府，〈載記〉及《通鑑》繫時皆不詳，約在308年十一月石勒執魏郡太守王粹以後，至309年夏之間。

〔註85〕本表據〈石勒載記〉及《通鑑》研製而成，以列見人口流動、軍力消長為主要目的；時間以《通鑑》所述為據，內容以〈載記〉所述為據，故備註欄所記之頁碼即據〈載記〉。

2	307.十	石勒至樂平說烏丸張伏利度二千人歸附劉淵,淵以配於勒。	石勒始有烏丸人。
3	308~309	與七將寇陷魏郡、頓丘諸壘壁,簡強壯五萬為軍士。	石勒始有華兵,坐大。
4	309.夏	陷冀州郡縣堡壁百餘,眾至十餘萬,集衣冠人物為君子營。	石勒集團至此以華人為多。
5	約309	勒命將詣并州山北諸郡縣,說諸胡羯。諸胡懼勒威名,多附之。	頁2711
6	309.十一	魏郡太守劉矩以郡來附,勒仍使統其壘眾以為中軍左翼。	頁2711
7	約309末	閻罷戰死,勒併其眾。	
8	310.二~三	由兗州回攻冀州郡縣,降勒者九萬餘口。	頁2711
9	310.十	渡河攻江西等地,殺雍州流民領袖嚴嶷等,盡併其眾四、五萬,軍勢彌盛,有雄據江漢之志,不納張賓北還之計。	頁2712。又《通鑑》於九月條說嶷等有眾四、五萬,稱藩于漢,是則石勒是火併漢將也。
10	311	二月,東海王越率洛陽兵眾二十餘萬討勒,三月卒于軍。四月,勒追殲其軍。六月,與劉曜、王彌會師攻洛陽,執懷帝等。	
11	311.十	誘投漢大將軍・齊公王彌,并其眾。	第二次火併漢將,頁2714。
12	311.十	屯于葛陂,降諸夷楚,署將軍二千石以下,稅其義穀以供軍士。劉琨送還其母王氏及石虎,并招降之。勒拒之。	頁2715。勒始抽稅供軍。
13	312.二~七	勒課農造舟將攻建鄴,琅邪王睿命將大集壽春拒之。勒軍中飢疫,死者大半,遂納張賓計北還據鄴。所過路次皆堅壁清野,採掠無所獲,軍中大飢,士眾相食。及攻下枋頭,因其資復振,遂長驅至鄴。	頁2716~2717。
14	312.七	攻劉琨侄劉演于鄴,演部將率眾數萬降于勒。攻鄴不下,用張賓計進據襄國。分命諸將攻冀州郡縣壘壁,率多降附,運糧以輸襄國。	頁2717~2718 按此為石勒建都襄國張本。
15	312.十二	攻王浚將游綸於苑鄉,浚命將聯合段氏鮮卑來援,破擒段末杯,與段氏和,自是王浚勢衰。游綸等數萬眾請降。	頁2718~2719
16	313.四	石虎破鄴,流民降于勒。	頁2719。是月晉愍帝立。

17	313.五	王浚所署青州刺史烏丸薄盛執渤海太守，率戶五千降于勒。另烏丸審廣等部落亦背王浚，密遣使降于勒。勒以司、冀漸寧，人始租賦，立太學，選將佐子弟三百人教之。	頁2719～2720 按：薄盛為王浚所署，烏丸審廣或作烏桓，分見《通鑑》是年四月及五月條。
18	314.三	勒襲滅晉大司馬王浚于薊。	頁2720～2724
19	314.秋	以幽冀漸平，始下州郡閱實人戶，戶貲二匹，租二斛。	頁2724
20	316.七	河東平陽大蝗，勒遣石越屯并州招納流民凡二十萬戶。劉聰讓勒，勒潛與曹嶷相結。	〈載記〉失載，今據《通鑑》卷八九，頁2833。
21	316.十一～十二	勒攻樂平，敗劉琨援軍十餘萬，琨奔段匹磾，其長史李弘以并州來降。	頁2725～2726
22	316.十二	勒以李回為易北都護、高陽太守，招降遼西之司、冀、并、兗流民，歲常數千。	頁2726。
23	318.四～五	段匹磾疑劉琨而殺之。琨子及餘眾奔遼西段氏，將佐多奔石勒。夷、晉以琨死，皆不附段匹磾。	頁2727。又《通鑑》述之較詳。
24	318.七～十	漢主劉聰七月卒，平陽兵變內亂，劉曜、石勒會討之。八月勒精銳五萬餘進據襄陵北原，羌羯降者四萬餘落。十月，劉曜即皇帝位，以勒為趙公，巴及諸羌羯降勒者十餘萬落，徙之司州諸縣。	頁2727～2728 按《通鑑》不記第一次降附的四萬餘落。其後降附的十餘萬落則稱徙於所部郡縣。
25	319	三月，石勒與劉曜破裂。六月，漢主曜改國號為「趙」。十一月，石勒自稱「趙王」，趙國直轄二十四郡，二十九萬戶。	頁2730。

　　根據此表，石勒在前後十三年間，擁有了直轄二十四郡、二十九萬戶的土地和人力資源，若以每戶五人計，則石勒統治人口應在一百五十萬人或以上。那麼，石勒可能有多少兵力？309年夏以來，石勒集團已發展至十餘萬眾，其後又合併5、6、7、9四條資料的兵力，相信其兵力必然可觀，所以才能追殲東海王越的二十餘萬兵團。也就是說，大約至311年二月，石勒兵力應與東海王兵團差不多才是。312年欲自葛陂攻建康時，軍士飢疫死者太半，稍後退軍時又因飢相食，兵力必然大削，不及其半。其後據14、15、16、17、18、20等六條資料數字估計，石勒兵團應該已恢復元氣，所以才能在316年擊敗劉琨十餘萬眾，解決了漢趙始終不能解決的勁敵。至於318年討伐平陽內亂時，石勒直轄戰鬥兵力即有五萬五千人，石虎率幽、冀州兵來會尚未計

入；其後在 328 年與前趙劉曜決戰，石勒會師於成皋即有步卒六萬、騎二萬七千，凡八萬七千人。〔註86〕假若將未投入戰場的各地守軍估計在內，石勒在四世紀初期擁有二十餘萬兵力應屬可能。

石勒集團到底有多少胡人，他們的種族為何？

假定第 1 條資料屬羯族，約有五千，〔註87〕加上第 4 條并州山北不詳數目的胡羯，24 條十四餘萬落羌羯，則羯人應有數萬才是，胡（匈奴）的數目不詳。烏丸則據第 2 條、17 條及〈表二〉所示起碼約有十餘二十萬人以上。第 24 條資料提及巴、羌、羯凡有十四餘萬落，巴殆即巴氐，然不知氐、羌佔十四萬餘落之比例如何？若保守地將一落約以五人計，十四萬落則有七十萬人，連烏丸、羯、匈奴計算，則石勒稱趙王以前，統治羯、匈奴、烏丸、巴、氐和羌約有八、九十萬人以上。

當時華人大量逃往江南、遼西和遼東，第 22 條略可概見其情，不知上述趙國二十九萬戶約一百五十萬人口，是否包括此八、九十萬胡夷在內？若是，則石勒集團有過半數是胡夷，分別屬於羯、匈奴、烏丸、巴、氐、羌六族，胡夷比例不可謂不高；若否，則胡夷約為華人的 35%左右，比例仍然不可謂低。按石勒建立趙國，擁有二十四郡、二十九萬戶時，漢趙當時實行嘉平體制——這是胡、漢分別由不同制度統治的一君兩制型一國兩制。〔註88〕由於二十四萬「戶」既與郡縣制連在一起而稱，是則應為嘉平體制之漢系地方制度無疑，因此這一百五十萬以上人口應為編戶的華人。此推論若無訛，則石勒統治的總人口應有二百四十萬以上，胡漢比例約為 1：2。

石勒不是一開始東出就有佔領地盤人口之策略，他隨著發展而調整策略，復以策略指導發展。大約〈表一〉第 1 至 4 條資料代表的是石勒身為漢趙偏將的時期；第 4 條以後代表獨當一面的時期，此時期又可分為兩階段：（1）第 4 至 13 條為流寇式攻掠階段，（2）第 14 至 24 條則為佔領式建國階段。

由身為偏將發展為大將——307 年十月至 309 年——前面已有論述，茲不贅，欲論其獨當一面時期兩階段的發展。

關於攻掠階段，石勒最具關鍵性的發展是第 5 條資料所表示的意義——石勒集團雖已發展至十餘萬眾，但由於胡羯的歸附，使他仍能維持胡人集團

〔註86〕 參〈石勒載記〉頁 2727～2728，及頁 2745。《通鑑》數字同。
〔註87〕 石勒第一次為前鋒所統為七千人，扣去第 2 條資料烏丸的二千人，故羯族應有五千人。
〔註88〕 嘉平體制請參註二拙文。

的性質。另外，310 年十月他吞併同掛漢趙旗號的雍州流民集團，其實已有
脫離漢趙、雄據江漢之意；及至 311 年十月兼併王彌，其意更為明顯，所以
才有屯于葛陂、欲攻建鄴之舉。這階段的發展目標不明顯堅定，故戰略上呈
流寇現象，劉琨遣使至葛陂送〈勸石勒背漢向晉書〉云：

> 將軍發跡河朔，席卷兗豫，飲馬江淮，折衝漢沔，雖自古名將，未
> 足為諭。所以攻城而不有其人，略地而不有其土，翁爾雲合，忽復
> 星散，將軍豈知其然哉？……昔赤眉、黃巾橫逆宇宙，……正以兵
> 出無名，聚而為亂。〔註89〕

將石勒集團比作赤眉和黃巾，形容其攻城略地雲合星散，實是貼切不過。相對
的，正惟石勒目標未定，所以他既不會背漢，也不可能向晉。〔註90〕

　　漢主劉聰對石勒一再固辭官爵〔註91〕原本無可奈何，對其擅殺大將私併
友軍亦感無策以對，《通鑑》甚至說「勒手斬彌而并其眾，表漢主聰稱彌叛逆。
聰大怒，遣使讓勒『專害公輔，有無君之心』；然猶加勒鎮東大將軍，督并幽
二州諸軍事，領并州刺史，以慰其心」。〔註92〕王彌在 307 年石勒初以輔漢
將軍‧督山東征討諸軍事‧平晉王為前鋒都督時，即已拜授為鎮東大將軍‧
青徐二州牧‧都督緣海諸軍事‧東萊公，被石勒誘殺前已晉遷為大將軍‧齊
公，〔註93〕為山東地區資望權位最高的漢大將，石勒與之相較遜甚。石勒因
忌將他誘殺，遂取代王彌而成為漢趙在山東地區最強大的兵團。漢趙銳意西
進關中，無意東向定都洛陽，〔註94〕則對石勒隱忍不發是可想而知的。至於

〔註89〕全書見〈石勒載記上〉，頁 2715。

〔註90〕按石勒殲東海王集團，破洛陽執天子，張賓所謂「將軍攻陷帝都，囚執天子，
殺害王侯，妻略妃主，擢將軍之髮不足以數將軍之罪，奈何復還相臣奉乎」？
見〈石勒載記上〉（頁 2716），正好說明他絕不可能再歸晉的。

〔註91〕據〈石勒載記〉勒為安東大將軍開府後，中間劉淵曾除鎮東大將軍，封汲郡
公，持節、都督、王如故，勒固讓公不受（頁 2711）。劉聰即位授以征東大將
軍，并州刺史‧汲郡公，持節、開府、都督、校尉、王如故，勒固辭將軍不受
（頁 2712）；稍後兩次授以征東大將軍仍不受（頁 2713）。

〔註92〕本條資料〈石勒載記〉不載，而見於《通鑑》晉懷帝永嘉五年冬十月條，卷八
七，頁 2768～2769。

〔註93〕王彌是劉淵的重臣，劉淵將他比作孔明，《晉書》卷一〇〇本傳可以詳之。但
他為鎮東大將軍及大將軍二事及時間，則分見於《通鑑》晉懷帝永嘉元年十二
月（卷八六，頁 2734）及五年九月條（卷八七，頁 2767）。

〔註94〕311 年六月劉曜、王彌、石勒聯軍攻破洛陽俘虜懷帝時，彌即勸曜勿焚燒首都，
而請由平陽還都於此，劉曜不從。可見漢趙一直無意以山東為經營天下的基
礎。詳參同上註〈王彌列傳〉。

石勒，既未有明顯建國目標，故暫也不脫離漢趙獨立。

在不背漢不降晉的情勢下，兵屯葛陂（今河南新蔡北七十里）大半年，進無必勝把握——晉軍已大集於壽春及己軍死者太半，退無可靠之主，促使石勒集團必須會議調整策略，最後選擇張賓的意見：「鄴有三台之固，西接平陽，四塞山河，有喉衿之勢，宜北徙據之。伐叛懷服，河朔既定，莫有處將軍之右者。」〔註95〕也就是退還河北，以鄴城為基地，暫時西臣漢趙，佔領河朔以自雄。及至翌年攻鄴不下，張賓遂又建議調整「王業」，〈石勒載記〉云：

> 三臺險固，攻守未可卒下，……王彭祖（浚）、劉越石（琨）大敵也，宜及其未有備，密規進據罕城，廣運糧儲，西稟平陽，掃定并（劉琨）薊（王浚），桓、文之業可以濟。且今天下鼎沸，戰爭方始，遊行羈旅，人無定志，難以保萬全、制天下也。夫得地者昌，失地者亡。邯鄲、襄國，趙之舊都，依山憑險，形勝之國，可擇此二邑而都之，然後命將四出，授以奇略，推亡固存，兼弱攻昧，則群凶可除，王業可圖矣。

根據此建議，表示西稟平陽、掃定并薊不過只是齊桓、晉文之業而已，如何乘天下鼎沸、人無定志之時，建立根本，兼併群雄，這才是王業之所圖。「得地者昌，失地者亡」八字，正代表石勒集團觀念改變、策略改變，由流寇式攻掠階段步上佔領式建國階段的關鍵。石勒建國發展，此為其基本國策所在，故自312年至319年短短七年之間，遂擁有二十四郡之地以建立趙國。

312年以後對石勒建國具關鍵性的行動有二：一是314年襲滅在薊的王浚，佔領幽州；一是316年與劉琨主力會戰而擊敗之，兼併并州。至此石勒的基本領土——跨司、冀、并、幽四州——已然形成，其敵人在西北是原助劉琨的拓跋鮮卑，在東北則為表面奉晉的慕容鮮卑，在南方則是甫即帝位建立東晉的元帝朝廷；至於西面則為尚保持藕斷絲連關係的漢趙，東面則有首鼠兩端的曹嶷。〔註96〕此五大勢力當時皆不足為石勒的大患。

〔註95〕見〈石勒載上〉，頁2716。

〔註96〕曹嶷原為王彌舊部，奉彌命還據彌家鄉青州（見《晉書．王彌列傳》，卷一〇〇，頁2611）；315年後，嶷以漢青州刺史身分平定全齊，擁眾十餘萬，有雄據之志，石勒請討之，劉聰又憚石勒併齊而不許（見〈劉聰載記〉，卷一〇二，頁2667～2668），其後頗如漢趙大臣所言，「石勒潛有跨魏趙之志，曹嶷密有王全齊之心」（同上〈載記〉頁2672），漢趙在太行山東的此二勢力應已析離斷裂，實際上不為漢有。317年司馬睿在建康稱帝時，曹嶷亦以青州刺史名義勸進，旋以建康懸遠，勢援不接，復與石勒相結，勒授其以東州大將軍．青州牧．封琅邪公（詳參

　　其實在襲滅王浚以前，石勒以司、冀漸寧，遂改變以前強徵暴掠以養軍的方式，〔註97〕採用漢化制度，初立建國規模：立租賦和立太學。也就是 313 年五月以後，石勒已考慮到養活約二、三十萬軍士和官吏，則必須要有經久的改革，不能再以遊牧民族劫掠的習慣為之。一年以後襲滅王浚，幽冀漸平，於是進一步下令州郡閱實人戶，推行租調制，這是徹底掌握社會人力和控制財力的政策，而且其租調尚較魏晉為輕。〔註98〕

　　至於立太學，是起用華族士人為教師，培養幹部子弟，以儲備高素質人才。及至 319 年建立趙國前，石勒更在襄國四門增置宣文、宣教、崇儒、崇訓十餘小學，「簡將佐豪右子弟百餘人以教之，且備擊柝之衛」，〔註99〕這些子弟一面受教育，一面備郎衛，可見石勒前述之用意。所謂豪右，當兼指甫從平陽東徙的巴、羌、胡、羯酋豪而言，是則石趙教育政策披及胡夷，是可想而知的。

　　建國的財政和教育政策既如上述，另有兩事值得重視者，厥為移民充實首都的政策和石勒的官爵遷昇。

　　314 年三月，石勒據襄國一年多而襲滅王浚後，於是分遣流民各還桑梓之餘，乃決定將一年前背浚密降於他的烏丸審廣等部遷徙至襄國，自此展開多次移民，以充實此地，請參〈表二〉。

表二　石勒建國前襄國移民

時　　間	內　容　概　略	備　　註
約 314.三	遷烏丸審廣、漸裳、郝襲、靳市等于襄國。	〈石勒載記〉頁 2723（下逕引頁碼），《通鑑》不載。
約 314.秋～315.九	勒命逯明攻破茌平、東燕、酸棗，徙降人二萬餘戶于襄國。	《通鑑》失記，今據〈載記〉，其事在石勒推行租調制與被封為陝東伯之間，故繫於此。

《通鑑》晉元帝建武元年六月丙寅條及太興元年五月條，卷九○，頁 2846 及 2860），可見曹嶷依違週旋於漢、石及晉三者之間，不足以構成對石氏之威脅。

〔註97〕據〈表一〉第 12 條資料，石勒屯葛陂時是對降附者強抽租稅以供軍士的，所謂「義穀」當指義務租稅也。第 13 條顯示北還時沿用「採掠」方式，但由於對手堅壁清野而無所獲，導致軍士相食。14 條顯示據襄國以後，仍以強徵降附方式獲得糧食，并集中中央管理。

〔註98〕《晉書》卷二六〈食貨志〉說曹操定鄴時，令田租畝粟四升，戶絹二匹、綿二斤（頁 782）；晉統一後制戶調之式，丁男戶絹三匹、綿三斤，男女占田共一百畝而課田七十畝，是收 70% 租也（頁 790），皆較〈表一〉第 19 條資料所見者高。

〔註99〕參〈石勒載記上〉，頁 2729，其事繫於 319 年四月石虎與祖逖會戰蓬關之後。

約 315.九～316.四	徙平原烏丸展廣、劉哆等部落三萬餘戶于襄國。 支雄、遂明陷東武陽，徙其眾萬餘于襄國。	均見頁 2725，《通鑑》皆不載，二事夾敘于為陝東伯與石虎俘劉啟之間，故繫于此。
316.十二	石勒平并州，遷陽曲、樂平戶于襄國。	頁 2725～2726
318.十	勒攻平陽，巴、氐、羌、羯降者十餘萬落，徙之司州諸縣。	頁 2728。《通鑑》作徙于所部郡縣（卷九〇，頁 2863），未明指為司州諸縣，今據〈載記〉。按襄國屬司州，應有部分被徙于此。
319.四	桃豹至蓬關，徙陳川部眾五千餘戶于廣宗，或謂襄國。	頁 2729。《通鑑》作徙于襄國（卷九一，頁 2869）。

　　據此表，從 314 年至 319 年凡五年之間，共有七次襄國移民，成份包括有烏丸、華人、巴、氐、羌、羯，由於攻陷平陽，故也應有匈奴人。除了末二次移民情況不詳外，其前五次最起碼有二十餘萬人以上。〔註100〕襄國原本有居民，石勒又將胡漢部眾由葛陂帶來，即此地已然羯、胡、烏丸和華人雜處；及至平陽巴、氐、羌、羯也有部分移民至此，故可估計襄國此時人戶必定相當可觀，可以作為石勒建國之核心基地無疑。

　　由於石勒已接納張賓之策，進據襄國以制天下，故 312 年七月佔領襄國，并向劉聰說明鎮此之意後，漢趙遂署他為使持節‧散騎常侍‧都督冀幽并營四州雜夷征討諸軍事‧冀州牧，進封上黨郡公，邑五萬戶，原先的開府、幽州牧、東夷校尉如故，〔註101〕也就含有將此四州劃作其經略區之意。及至攻下鄴城後，山東郡縣相繼被勒攻取，漢復於 313 年五月授勒以侍中‧征東大將軍，餘如故。石勒本有保持此剩餘關係之策，故也就接受了這個多次固辭過的官職。

　　314 年三月斬王浚封送平陽獻捷，也就是石勒政治聲望與地位劇昇之時，劉聰以其功，遣使署勒大都督陝東諸軍事‧驃騎大將軍‧東單于，其他如故，并加金錞黃鉞，前後鼓吹二部，增封十二郡。勒固辭，只受二郡而已，但已自行封建其功臣了。按中國有詔重臣分陝而治的政治傳統，至晉八王之亂時也曾

〔註100〕　第一次和第五次徙民數目不明，第二、三次合共五萬餘戶，每戶約以五人計，應有二十萬人以上，加上第四次的萬餘人，三次合起來已應有二、三十萬人之譜。

〔註101〕　此下敘述石勒官爵遷昇的名銜和時間，蓋據〈石勒載記〉與《通鑑》考而得之。

一度考慮分陝而治。〔註102〕此時劉聰令劉曜經略關隴，令石勒大都督陝東諸軍事，是遷就現實而羈縻之，使分陝經略佔領也。

又此年正月劉聰改制，建立嘉平體制，以其皇太弟領大單于，使大單于位號政廳化，單于臺相當於漢系制度的尚書臺，〔註103〕是則東單于實為陝東胡夷的最高領袖──單于臺分行陝東的行臺也。

石勒下令閱實幽冀人戶，自此展開移民襄國的政策，應與此政治地位提高有密切關係。他大量移徙華夷於襄國，實正欲遂行分陝而治的政策，名符其實的當其東單于。正惟此故，當 318 年七月劉聰寢疾，拜勒為大將軍・錄尚書事，徵召他離藩入京輔政時，石勒固辭是可想而知的。劉曜即位，前後封勒以趙公趙王，加九錫、十二旒，乃至如曹公輔漢故事，其實早已視他為不臣，而勉強羈縻之。及至關係正式破裂，石勒怒甚下令，自稱：「帝王之起，復何常邪！趙王、趙帝，孤自取之，名號大小，豈其（劉曜）所節邪！」〔註104〕其言決非出於一時的激憤，蓋與其綜合國力日漸雄厚有關。他由 312 年起改變策略，進據襄國，下則聯漢趙、定并薊以濟桓文，高則除群雄、制天下以圖王業，這應是在他治下政治、軍事、經濟、文教初步有成的展現。

六、後趙建立期的襄國體制

304 年十月，劉淵以大單于起事而即漢王位，下令兼「紹修三祖之業」，立漢朝三祖五宗神主奉祀之，以對華人遂行政戰。至 319 年六月，漢主劉曜改國號為趙，不再兼奉漢祖宗，而逕以冒頓配天、劉淵配上帝。這是匈奴所建漢趙王朝的一大變革，對其民族認同、國家目標、立國體制等皆有重大影響，〈漢趙國策及其一國兩制下的單于體制〉篇已有詳論，茲不復贅。不過，石勒集團由此展開勸進，致使同年十一月石勒自稱趙王，則不但表示在政治上兩趙并峙，後趙不認同前趙，抑且更意謂在民族感情上，石勒集團不認同於匈奴祖宗也。

前引石勒〈奉王浚為天子表〉自稱只是戎裔小胡，因晉亂而流離竄命，既有此自我瞭解，所以在不認同匈奴屠各之餘，也就不汲汲於效法漢魏以來政治慣例，為自己找一些顯赫的祖先──最好是前代聖王，并援引五德終始說以建立其開國的史緣根據。也正因為如此，所以後趙的統治體制是甚為踏實的，是

〔註102〕 參《晉書・長沙王乂列傳》，卷五九，頁 1613。
〔註103〕 請詳註 2 拙文。
〔註104〕 事詳〈石勒載記〉，頁 2728～2729。

緩慢轉變的，而且與漢趙頗有差異。

胡三省說：「石勒立國，粗有綱紀，石虎繼之，無復有是。」〔註105〕所言大抵可信。蓋自石勒稱趙王，至 330 年即皇帝位，後趙立國綱紀多於此時建立，由此降至350年後趙亡，統治架構不如漢趙般曾作大幅度的變動。

這裡不禁要問，後趙的統治體制特色為何？為何與漢趙有差異？關於體制特色問題，茲先簡答如下：

第一、讀〈石勒載記〉及〈季龍載記〉，給人強烈的感覺便是石氏傾向採用漢式體制，較漢趙為甚。

第二、後趙也採用胡、漢分治的一國兩制，但是相對的，胡系體制情況不明，在統治作用上表現得較漢制為弱。

第三、後趙強烈的分開國人與趙人（指華人），而且不論石勒或石虎，都曾長期不敢稱帝即尊，似有濃厚的民族（或種族）自卑感和分異意識，此與漢趙甚為不同。

欲要回答為何有此特色差異，則除了上述的民（種）族意識外，筆者認為尚涉及了民族心理、歷史包袱、地理區位、開國體制、軍隊結構諸因素，必須對此作分析後，始克充分完整的作答。

後趙獨立建國後，就國家體制發展的角度應如何分期？筆者以為應分為兩期：即自319年十一月稱趙王起至330年二月稱天王‧行皇帝事止，應為體制建立期，此期主要是將幕府稍加變革，以遂行統治；從稱天王‧行皇帝事起至滅亡，則是體制形成期，主要是以漢制為主、胡制為輔作統治。本節主要討論其建立期。

前述 308 年劉淵正式即皇帝位後，授石勒為安東大將軍，委以獨當方面，并授權他開府，置左右長史、司馬、從事中郎，這是比照魏晉相國、丞相而加崇之。〔註106〕為將軍時石勒即常假署守宰，這是鞏固其地盤人事的利器。至 314 年受任大都督陝東諸軍事‧驃騎大將軍‧東單于時，石勒即已自行封建其部屬。翌年劉聰加崇勒為陝東伯，同時授權他「得專征伐，拜封刺史、將軍、

〔註105〕見《通鑑》晉元帝太興三年八月註，卷九一，頁2884。
〔註106〕按漢魏晉將軍領兵，幕府有固定的編制，征、鎮、安、平四號將軍本非最高級，雖然加大也不能和大將軍、大司馬、太尉等官相比。魏晉大體上諸公僅編有長史、司馬各一員，只有相國、丞相才擴充為左右長史、司馬及從事中郎四員，東晉諸公領兵者亦據此而加崇，是則劉淵比照魏晉相國、丞相而加崇石勒可知也。幕職請參《宋書‧百官上》，諸公官職之後，卷三九，頁1221～1224。

守宰、列侯，歲盡集上」，〔註107〕無異給予他在陝東的人事全權，而僅保留其集上的形式而已。因此，石勒沿幕府架構以規劃趙國體制，應是順勢而穩健的事。

　　關於趙國體制，據〈石勒載記上〉記載，石虎及石勒幕府的左右長史、司馬凡一百二十九人上疏勸進時，即建議云：

　　……物望去劉氏（指漢趙）、咸懷于明公者十分而九矣，……誠應升御中壇，即皇帝位，……合二十四郡、戶二十九萬為趙國，封內依舊改為內史。準〈禹貢〉、魏武復冀州之境，南至盟津，西達龍門，東至于河，北至于塞垣。以大單于鎮撫百蠻，罷并、朔、司三州，通置部司以監之。

據此可知關於體制之重點有三：一是即皇帝位，二是確立趙國領土，三是以大單于鎮撫百蠻。石勒推辭九次，然後乃許，不過并不盡如所請。〈石勒載記下〉云：

　　太興二年（319），勒偽稱「趙王」，……依春秋列國、漢初侯王每世稱元，改稱趙王元年。始建社稷、立宗廟，營東西宮。署從事中郎裴憲、參軍傅暢、杜嘏并領經學祭酒，參軍續咸、庾景為律學祭酒，任播、崔濬為史學祭酒；中壘支雄、遊擊王陽并領門臣祭酒——專明胡人辭訟，以張離、張良、劉群、劉謨等為門生主書——司典胡人出內，重其禁法，不得侮易衣冠華族。號胡為「國人」。遣使循行州郡，勸課農桑。加張賓大執法，專總朝政，位冠僚首。署石季龍為單于元輔‧都督禁衛諸軍事。……（命）撰《上黨國記》，……《大將軍起居注》，……《大單于志》。自是朝會常以天子禮樂饗其群下，威儀冠冕從容可觀矣。

這個制度史無前例，十分奇怪，若干問題試容分析如下：

　　第一，石勒為何僅稱趙王，而依中國侯王慣例稱元年？為何命撰《大將軍起居注》、《大單于志》等？

　　欲揭此謎，必須先閱《通鑑》。《通鑑》謂太興二年冬，群僚確是勸請石勒「稱尊號」的，因勒不許，所以在十一月「復請勒稱大將軍‧大單于‧領冀州牧‧趙王」。〔註108〕也就是說，由於石勒九次固辭，所以其僚屬才轉請他自稱

〔註107〕參〈石勒載記上〉，頁 2724。
〔註108〕參《通鑑》晉元帝太興二年十一月條，卷九一，頁 2871。

大將軍等官爵，然後石勒始許之，〈載記〉失之闕略。由於石勒佔據襄國後，被「進封本國上黨郡公」為發跡之始，其母被拜上黨國太夫人，妻拜上黨國夫人，章綬首飾一同王妃，子被封為上黨國世子，〔註109〕所以撰《上黨國記》即為述其創建國家時期之事也。《大將軍起居注》和《大單于志》，應為記述其新近開國之史，而分以胡、漢二書撰述之，以符胡、漢分治的事實。只是不稱《趙王起居注》而稱大將軍，頗有名實不符之嫌，或許大單于當時已官廳化，故石勒以為大將軍一官是其職權所本，以大將軍幕府治國，可與大單于相對，故逕稱《大將軍起居注》，以確示分治體制耶？

僅此尚未能解開石勒寧稱大將軍‧大單于‧冀州牧‧趙王，而不逕即尊稱帝之謎。如今石勒固讓九次的文獻已不詳，或許從其素來的思想意識可以窺悉。

前論起事前石勒「應為中州主」諸符說，殆為建國以後史官之虛美追記。蓋中國傳統政治思想是尊周室而攘夷狄、內諸夏而外四夷，故不可能有夷狄而能作天子者，此經史學說姑名之為民族正統論。石勒重視經史之學，〈載記〉述之甚明，從劉琨、王彌諸例更可見其深受此影響。〔註110〕石勒此時自稱趙王，既出於「依春秋列國、漢初侯王」之例，正是坐落劉琨所謂「自古以來誠無戎人而為帝王者，至於名臣建功業者則有之矣」，和勒之使臣所謂「自古誠胡人而為名臣者實有之，帝王則未之有也」的思想意識中，大將軍‧趙王充其量不過如張賓所言之桓、文功業罷了，石勒此時實不敢妄自稱帝。其後石勒自認介於漢高祖和光武帝之間，而譏曹操、司馬懿「欺他孤兒寡婦，狐媚以取天下」，乃是稱帝以後的事了；但是即使已稱帝，卻仍常神色不悅，曾對其臣下說「吳、蜀未平，書軌不一，司馬家猶不絕於丹楊，恐後之人將以吾為不應符錄。每一思之，不覺見於神色」云云，〔註111〕則其意識可以見知矣，說

〔註109〕 事見〈石勒載記上〉。石勒自葛陂北返，進據襄國，而被劉聰封為冀州牧，上黨公，《通鑑》繫於晉懷帝永嘉六年（312）七月。

〔註110〕 據〈石勒載記〉勒在葛陂時，劉琨送還石勒相失的母親和石虎，并遺書說「自古以來誠無戎人而為帝王者，至於名臣建功業者則有之矣」，力勸他背漢向晉。石勒報書稱「事功殊途，非腐儒所聞。君當逞節本朝，吾自夷，難為效！」（頁2715）顯示石勒自知為夷，對此中國思想意識有深刻瞭解，所以無以自辯，乾脆率性罵起腐儒、難為效來。又石勒襲滅王浚之前，遣使奉表推戴浚為帝王，王浚不信，其使至於稱「自古誠胡人而為名臣者實有之，帝王則未之有也。石將軍非所以惡帝王而讓明公也，願取之不為天人所許耳！」（頁2721）雖為欺敵之計，但時人（包括胡、漢）有此思想意識，石勒始能為此言，而王浚始能信此言也。

〔註111〕 分見〈石勒載記下〉，頁2749及2753。

穿了就是在漢魏長期統治下，夷狄對漢族頗有民族自卑感，尤以系出小胡的石勒為然，故史稱他「諱胡尤甚」。

石勒自稱大將軍・大單于・領冀州牧・趙王而採行胡、漢分治的一國兩制，似是援引劉淵稱帝前以漢王自兼大單于之前例，但頗有不同：劉淵採此雙兼君主型一國兩制為時僅四年，是為了初期分向胡、漢作政治號召，更不下兼大將軍、冀州牧諸類人臣之職；而石勒亦採此體制，但卻開創了此下十六國君主以「某王・大單于」為基本銜而兼為某將軍或某州牧（刺史）之先例，顯示皆受制於漢人的民族正統觀念而不敢稱帝以強出頭，故石勒前後採行了此銜十二年之久，其後雖即皇帝位，然而即尊前猶一度自稱「大趙天王・行皇帝事」，可證其受制之深。正惟他受民族正統論如此深遠的影響，所以才會有以大將軍幕府兼領胡人事務的創制。也就是說，後趙的國體和政體，皆與民族正統觀念此一因素有極密切的關係。

另外影響石勒採兩制統治，而且產生與漢趙特色頗有不同的因素，厥為民族混雜和地理區位這兩個因素。

筆者所謂民族混雜，是指前述掠奪與移民的結果。按照〈表一〉及分析，趙國統治華人賦役戶數為二十九萬，匈奴、羯、氐、羌、烏丸等人口約八、九十萬，估計夷趙（指趙國漢人）人口約有二百四十萬以上。這些人口大抵分佈於太行山以東至黃河、長城以南至盟津——擴大後的冀州之境內——也是石勒當時的主要統治空間；至於太行山以西原為劉琨、漢趙領地，已為石勒改置的并、朔、司三州，由於人口已大量東移而被廢。〔註112〕石勒的統治空間大部份座落於農業優勢區，而且更是漢魏晉政治核心的地區，原本就與漢（屠各之漢）以平陽為核心，捨棄洛陽而立國於農牧咸宜區的形勢大不同（參圖二）。石勒立國的地理區位如此，他勢必較漢趙更重視、甚至偏重州郡戶口制度與農業生產，故即趙王位時就遣使循行州郡，勸課農桑。其實證諸石勒、石虎兩〈載記〉，這兩大羯人較深受漢化教育的劉淵、劉聰父子，更重視州郡行政與農桑勸課，應是非常明顯的。也正因為如此，被遷移至太行山東平原的胡夷，也可

〔註112〕　按并州原治晉陽，石勒滅劉琨即已併徙之。漢國主要領地為晉的司州平陽郡和河東郡，平陽此時亦已落入石勒控制而戶口東移。據《晉書・地理志上・并州》條，石勒平朔方而置朔州（卷一四，頁429）；同條又謂魏武曾省并州入冀州，至魏文始復置并州（頁428），此即石氏幕僚勸進時所謂的「準禹貢、魏武復冀州之境」也。

能舉部務農為生，如氐族苻氏、羌族姚氏即為顯例。〔註113〕因此，後趙的一國兩制較偏重漢制的運行，與漢趙不大相同，由此可以略窺。

接下來的另一個問題，就是民族混雜的情況下，如何建制胡式的單于體制？與漢趙的單于體制有何異同？

所謂民族混雜，筆者決非指胡漢六夷在各州郡散為編戶、隨意混居，而實際的情況可能是各就原部落分佈於各郡縣，犬牙相錯而居，茲以略陽氐酋苻氏為例，《晉書・苻洪載記》云：

> 石季龍將攻上邽，洪（原屬前趙）又請降。季龍大悅，拜冠軍將軍，委以西方之事。季龍滅石生，洪說季龍宜徙關中豪傑及羌戎內實京師。季龍從之，以洪為龍驤將軍，流人都督，處于枋頭。累有戰功，封西平郡公，其部下賜爵關內侯者二千餘人，以洪為關內領侯將，冉閔言於季龍曰：「苻洪雄果，其諸子并非常才，宜密除之。」季龍待之愈厚。及石遵即位，閔又以為言，遵乃去洪都督，餘如前。

按苻洪有眾十餘萬而移居汲郡之枋頭，其部眾殆包括了關中的漢族豪傑及羌氐，所以後來怨叛時自稱為大將軍・大單于・三秦王，與石勒同出一轍。枋頭是戰略要地，移部駐此，即所謂「內實京師（襄國）」也。苻洪及其部下皆授漢式官爵，而未帶匈奴二十四長之銜，極宜注意。苻洪在枋頭，真正實權之職是「流民（避唐太宗諱改為人）都督」，所以石遵才會撤銷其此職。按：以都督一職兼統夷漢，即幕僚勸進石勒時所稱的「通置部司以監之」的部司。

再以南安羌酋姚氏為例，《晉書・姚弋仲載記》云：

> 永嘉之亂，東徙榆眉，戎夏繦負隨之者數萬。……及石季龍克上邽，弋仲說之曰：「……宜徙隴上豪強，虛其心腹，以實畿甸。」季龍納之，啟勒以弋仲行安西將軍，六夷左都督。……勒既死，季龍執權，思弋仲之言，遂徙秦雍豪傑於關東。弋仲率部眾數萬遷于清河，拜奮武將軍・西羌大都督・封襄平縣公。及季龍廢石弘自立，……遷持節，十郡六夷大都督・冠軍大將軍。……季龍甚重之，朝之大議，靡不參決。

〔註113〕苻氏部眾十餘萬移在汲郡的枋頭，曾在此繕宮室，課所部種麥（參〈苻健載記〉，《晉書》卷一一二，頁 2869）。姚氏數萬曾屯于臨淮國之肟眙縣，勸課農桑（參〈姚襄載記〉，《晉書》卷一一六，頁 2963）。皆可為例。

按弋仲與苻洪相同之處，是東遷時所部即是華戎混合部眾，而弋仲部眾大抵以羌人為多，故為西羌大都督，殆亦是後趙部司之一，駐在清河。尤其值得注意的是，弋仲為十郡六夷大都督，不知哪十郡，然而其職權甚重，至參決朝議，卻始終未聞其帶胡式王長之職。

至於六夷之稱本於漢趙，劉聰嘉平體制中，胡系制度是單于置左、右輔，各主六夷十萬落，萬落置一都尉。胡三省以或然語氣謂「六夷，蓋胡、羯、鮮卑、氐、羌、巴蠻；或曰烏丸，非巴蠻也」。〔註114〕根據〈表二〉，襄國就遷入了許多烏丸部落，人數殆在十餘萬以上；又據〈表一〉石勒誘納平陽人口，平陽為劉聰核心區所在，內有鮮卑人，也有巴蠻。而且據〈載記〉這些人種在趙國建立後，仍陸續有降附者。匈奴帝國的習慣是分其子民為國人、別部和屬國三種，茲不考劉聰所謂六夷究何所指，或許是指屠各胡之外的羯、鮮卑、氐、羌、巴以及烏丸六族，要之石勒即趙王位就「號胡為國人」，是則非胡非華之諸夷狄即應是六夷。余疑石勒之國人專指羯人而言，而六夷殆指匈奴、鮮卑、烏丸、氐、羌、巴蠻之謂也。他們可能被其酋長部大統領，向上配屬於某個都督——此即部司，配駐於趙國各地而不與華族的州郡編戶相屬。所謂「以大單于鎮撫百蠻」也者，殆即石勒以趙王及其幕府指揮漢式州郡以統治編戶華人，而同時又以大單于及其元輔統領國人兼六夷都督等，以鎮撫諸部落酋長及其部民。由於有此種族區隔，故後來再閔遂能輕易下令各地部司屠滅羯人。

筆者在本書〈漢趙國策及其一國兩制下的單于體制〉一文中分析，認為漢趙體制凡三變：即劉淵時期的河瑞體制、劉聰時期的嘉平體制與劉曜時期的光初體制，其中河瑞及光初是有匈奴二十四王長的昔日架構的，只是河瑞多由屠各人充任，而光初則因屠各死散已夥，且立國於關中，故左右賢王已下皆起用胡、羯、鮮卑、氐、羌豪傑為之，種族結構前後大為不同。至於嘉平體制的特色，則是在其核心區內，胡漢二系組織皆呈部落化，以萬戶萬落為準，漢系萬戶長官稱為內史，分屬左右司隸，胡系萬戶長官為都尉，分屬於左右二輔；而匈奴帝國二十四王長諸官職，則似已消失或隱性化。

石勒此體制姑名之為襄國體制。今據〈石勒〉、〈季龍〉兩載記，始終未見其直屬的諸長官兼帶胡系王長諸官銜，這是後趙不同於漢趙三種體制的第一個特色，極可能與石勒原非匈奴本部種族，故不追求恢復匈奴體制的情況有關。

〔註114〕　見《通鑑》晉愍帝建興二年正月己丑條并註，卷八九，頁2809。

同時，也未見胡、漢二系建制以萬戶為單位而呈部落化，相反的，石勒雖以變相的幕府組織處理漢人中央事務，但州郡守宰制度，皆循魏晉現制而運用之，甚至胡系部司的官稱也逐用都督將軍諸名，亦即胡系官職的名銜也傾向漢化了。這是後趙體制的第二個特色，極可能與其立國於農業優勢區，在漢文化的精華地帶有關，故變通嘉平體制以適應之。

表三　趙國建立後六夷移民

編　號	時　間	內　容　概　略	備　註
26	329.九	石虎平趙，徙氐、羌十五萬落于司、冀二州	
27	333.十	平汧隴，徙秦、雍華戎十餘萬戶於關東，氐酋蒲洪部居枋頭，羌酋姚弋仲部居清河郡之灄頭。	
28	336.十一	索頭（拓跋）郁鞠率眾三萬降，散之於冀、青六州	六州名不詳
29	338.正	平段氏鮮卑，徙其國民二萬餘戶於司、雍、兗、豫四州。	
30.	349.十二	石虎死，石閔誅鄴城胡羯二十餘萬。內戰，青、雍、幽、荊徙戶及諸氐、羌、胡、蠻數百餘萬各還本土，互殺飢疫而死甚眾，能還者十有二、三而已。	

註：（1）本表僅列六夷明確者，未確之移民不列入。
　　（2）本表內容均同見於《通鑑》及石氏兩〈載記〉，故不贅述出處。

石勒此體制尚有第三個特色，即其中央的幕府朝廷以右長史張賓加大執法而「專總朝政」，極可能也包括總理有關門臣祭酒和門生主書兩機關的事務。門臣祭酒專明胡人辭訟，由兩個胡人——當年十八騎之一的支雄、王陽——以軍職兼領。門生主書司典胡人的出入禁防，由四人掌理，其中張離、張良殆為羯人，〔註115〕劉謨不詳，劉群則應是劉琨之子，〔註116〕可能因禁防胡人侮易華族，故也用華人為主書。根據文字的意義以推，門臣祭酒可能純粹掌理胡人的司法審判權，而門生主書則可能執行檢察權，并涉及胡、漢法禁。這個制度似乎與曹魏御史臺相似，但極可能是因匈奴舊制變化而來，

〔註115〕石趙集團張姓特多，二張疑為羌渠之諧聲，請參《北朝胡姓考·羯族諸姓·張氏》，頁358～360。
〔註116〕《晉書·劉琨列傳》謂其子群沒入石氏而被重用，後至中書令，疑此劉群是琨子也。

故不會用石氏子弟充任。〔註 117〕當然，粟特人原本有據法律在祆祠審理之制度，故也不能排除此一因素，要之胡人的政治較為單純，審判和檢察實即其大部分的內政。石勒雖在襄國設置單于庭，〔註 118〕也一直以石虎為單于元輔，但這可能與鎮撫百蠻、統率部司有關，胡系行政恐怕不由單于庭處理，而逕由大將軍‧趙王的府朝掌理，而由大執法‧右長史張賓總之。石趙由大執法一人總理，恐怕是石勒變通胡制以適應其統治的創制也。此推論若不失之過謬，則襄國體制在國體上雖是雙兼君主，然在政體上則只有一個中央政府，用以分治胡、漢二系事務，此與漢趙的嘉平體制大大的不同。

石勒的府朝在其 330 年建立正式的朝廷前，有些問題值得注意：

第一、石勒自以大將軍統率全軍，雖以府朝治事，但同時也下署各種將軍，見諸〈石勒載記〉的即有車騎將軍石虎、征東將軍石他、鎮南將軍劉隗、左軍將軍石挺、中領軍‧趙國世子石弘、驃騎將軍王陽、中壘將軍支雄、冠軍將軍段匹磾及各部司之將軍等，除部司外大多由石氏子弟或十八騎功臣為之，〔註 119〕可見其政權的基礎。

第二、石勒也有刺史、內史（太守）的署拜，見諸〈載記〉的即有司州刺史石生、豫州刺史桃豹、并州刺史崔琨、青州刺史劉徵等，另外有汲郡內史石聰、上黨內史王咨等，顯是趙國二十四郡的長官。可見前引胡三省所謂「石勒立國，粗有綱紀」，是十分可信的。

第三、府朝執政與軍隊統領約於 322 年（趙王四年）發生變化。石虎因討平段氏鮮卑和離石鮮卑，署為車騎將軍，這是所知趙國的第二號將軍，且極可能仍帶單于元輔‧都督禁衛諸軍事之職。不過，石勒這時也因世子興死，而立弘為世子，并領中領軍。中領軍在魏、晉為禁軍統帥官，〔註 120〕當然也就分了石虎的兵權。同年張賓死，死前右司馬程遐自恃為世子弘之舅而離間石勒與張賓的關係，無幾即為右長史，總執朝政。〔註 121〕萬斯同〈偽趙將相

〔註 117〕　匈奴司法分由左、右兩系主理，由單于姻貴名族任之，呼衍氏為左，蘭氏、
　　　　　　須卜氏為右，事詳《後漢書‧南匈奴列傳》，卷八九，頁 2945。至於曹魏御
　　　　　　史臺置「治書執法」掌奏劾，治書侍御史掌律令，至晉則唯置後者，事詳《晉
　　　　　　書‧職官志‧治書侍御史》條，卷二四，頁 738。
〔註 118〕　石勒曾任東單于、大單于，單于庭僅見於〈石勒載記〉，頁 2742。
〔註 119〕　其中段匹磾和劉隗是因投降而署授將軍的，較為例外，而且匹磾也無實權，
　　　　　　分見〈石勒載記〉，頁 2738 及 2739。
〔註 120〕　參《晉書‧職官志‧中領軍將軍》條，卷二四，頁 740。
〔註 121〕　《通鑑》繫張賓死於趙王四年十二月，是年二月弘為世子，可分見晉元帝永

大臣年表〉對此類重官及其人事變化皆無記錄,誠屬可惜,因為事情尚有進一步變化也。326 年十月,石勒乘營建鄴宮的機會,奪去車騎將軍所統的兵權,〈石勒載記〉云:

> 勒將營鄴宮,又欲以其世子弘為鎮,密與程遐謀之。石季龍自以勳效之重,仗鄴為基,雅無去意。及修構三臺,遷其家室,季龍深恨遐。……勒以弘鎮鄴,配禁兵萬人,車騎所統五十四營悉配之,以驍騎領門臣祭酒王陽專統六夷以輔之。

按鄴為曹魏之舊部,風俗殷雜,故石勒陷鄴後即欲營建為趙國首都,而以石虎為魏郡太守,鎮鄴三臺。〔註122〕其後石虎官職屢改,其家仍居於鄴。今石勒與程遐以世子弘領中領軍後又命其鎮鄴,是分其禁衛兵權而取其基地也。更有甚者,石虎以車騎將軍所統領的五十四營部隊硬破被改配石弘,而其單于元輔的六夷統領權復被王陽所代,則是除了虛銜外,兵權和部落悉皆被奪,一無所有,焉得不恨?

這個重大變化,可以證實筆者前面的推論,即石勒在襄國建立府朝,以大執法・右長史為總理,兼理在朝門臣祭酒和門生主書所領胡系內政的事務,形成一個中央政府的胡、漢兩系行政系統。石虎擁有兵權,主要是因為他的車騎將軍・都督禁衛諸軍事的身分。趙國軍隊有中、外建制,外即〈載記〉所常述的各州兵,內則為中央禁衛軍。由於石勒自起事以來,軍隊即由胡人和華人組成,而胡人遷至襄國及附近尤多,所以石勒以大將軍所統率指揮的軍隊中,州兵恐以徵召華人為主要來源,而中央禁衛軍則恐以六夷部族兵為主。不論大將軍的統率指揮系統如何,據上推測,石虎的車騎將軍・單于元輔恐怕是鄴城駐軍的統帥,并且是協助大單于統領該地六夷部落的幕僚長。

七、後趙正式體制的形成與國家安全

石勒稱大將軍・大單于・趙王,是自 319 年十一月至 330 年正月而止,凡十一年之久。他依春秋列國、漢初侯王之例遂以趙王建元,亦至九年而止,第

昌元年該月條(卷九二,頁 2898 及 2909)。程遐閒賓及代為右長史,則見〈石勒載記〉(頁 2740)。

〔註122〕石勒欲營鄴為都的原因及拜石虎為太守,事見〈石勒載記上〉(頁 2720)。據嚴歸田師推估,石氏都鄴時,宮女約有三萬人以上,駐軍至少十餘二十萬人,胡羯二十餘萬,故認為鄴城內外人口至少當在五十萬之譜或以上,請參其〈南北朝三個都城人口數量之估測〉(《新史學》創刊號,頁 23～24,1990 年 3 月)。

十年即改稱為太和。前論石勒受制於漢族的民族正統觀念，頗有民（種）族自
卑感，故不敢即皇帝位。這時建元太和，則是他援引漢人的五德終始理論，作
了思想意識的突破，〈石勒載記〉記其事云：

> 茌平令師懽獲黑兔，獻之於勒，程遐等以為勒「龍飛革命之祥，於
> 晉以水承金，兔陰精之獸，玄為水色，此示殿下宜速副天人之望也」。
> 於是大赦，以（晉）咸和三年改年曰太和。

這種漢儒故術的運用，應與石勒重視經史之學有關，而由當年買他為奴的奴隸
主師懽發動，以外戚身分為右長史總執朝政的程遐領銜推波勸進，確是不脫漢
人的窠臼。不過，此舉只是舖路工作，要至翌年九月石虎徹底消滅前趙政權，
獲得其傳國玉璽後，始敢作確定的最後突破，否定前趙的水德，以天命自居，
推動即尊。石勒在330年二月自為趙天王·行皇帝事，同年九月即皇[註123]
帝位，〈石勒載記〉詳記其事云：

> 勒群臣議，以勒功業既隆，祥符并萃，宜時革徽號，以答乾坤之望。
> 於是石季龍等奉皇帝璽綬，上尊號于勒。勒弗許。群臣固請，勒乃
> 以咸和五年僭號趙天王·行皇帝事。尊其祖邪曰宣王，父周曰元王。
> 立其妻劉氏為王后，世子弘為太子。署其子宏為使持節·散騎常侍·
> 都督中外諸軍事·驃騎大將軍·大單于·封秦王；……侍中任播等
> 參議，以趙承金為水德，旗幟尚玄，牲牡尚白，子社丑臘，勒從之。……
> 群臣固請勒宜即尊號，勒仍僭即皇帝位，大赦境內，改元建平，自
> 襄國都臨漳。

按《通鑑》謂勒始稱「大趙天王，行皇帝事」，《考異》證實石勒雖欲遷都於臨
漳（鄴），其實至死未嘗實現，是石虎時代始正式遷都，[註124] 故姑名石勒此
時為後襄國體制，以別於石虎時的臨漳體制。

後襄國體制有多種問題與特色，第一即為元首位號。

石勒和石虎皆重視殷周制度，殷周天子稱王，而周亦被稱為天王，至秦漢

[註123] 漢晉之革易，除了引用五德終始論外，尚有其他關鍵因素，如血緣、地理、傳
國璽等，拙著《中古史學觀念史》這方面論之最詳，於此不贅。然而，晉的傳
國玉璽因永嘉之亂落入漢趙，復在劉聰死後，於兵亂中落入劉曜之手，劉曜因
此意識「使朕獲此神璽而成帝王」，遂徙都長安，即尊改號，宣佈「以水承晉
金行」（參《晉書·劉曜載記》，卷一○三，頁2684～2685）。石勒也因此而憤
怒，尋與劉曜破裂，不承認其趙朝，而自稱趙王，早有一別天命在誰之意。

[註124] 請詳《通鑑》晉成帝咸和五年二月及九月并胡註，卷九四，頁2974～2975、
2977。

始以皇帝為至尊位號，是則不論天王或皇帝皆可為元首稱號也。石勒既然公開宣佈「行皇帝事」，即是充分實行皇帝權；既然已行使皇帝權，當可得而逕稱為皇帝。今捨此不為，這和他與劉曜袂裂時，怒稱「帝王之起復何常邪！趙王、趙帝孤自取之，名號大小，豈其所節邪」的思想言行不符合，故必另有隱情或意義。

按石勒此前十二年，靳準于平陽兵變，或已創天王先例。這年（晉太興元帝、漢光初元年、318 年）七月漢皇帝劉聰死，翌月靳準兵變弒新帝粲，自號大將軍・漢天王，向晉稱臣，《通鑑》卷九〇是年八月條記云：

> 準自號大將軍・漢天王，稱制，置百官，謂安定胡嵩曰：「自古無胡人為天子者，今以傳國璽付汝，還如晉家。」嵩不敢受，準怒，殺之。遣使告（晉）司州刺史李矩曰：「劉淵，屠各小醜，因晉之亂，矯稱天命，使二帝幽沒，輒率眾扶持梓宮，請以上聞。」矩馳表于（元）帝。帝遣太常韓胤等奉迎梓宮。

這段記載與其他書傳略不同，《通鑑》謹慎，必有所本，今據之。〔註 125〕這段記載表示靳準此匈奴屠各人，雖已實行皇帝權以稱制置官，但仍不敢稱皇帝此一至尊位號，其理由即因民族正統觀念而來，頗有民（種）族自卑意識，是以寧願逕稱天王而稱藩於晉，并將傳國璽送還司馬家以示天命所歸。靳準此舉引致劉曜、石勒之來討，玉璽輾轉落入曜手，故劉曜遂以水德即尊改號，前已論之。石勒此時稱趙天王行皇帝事，應是在同樣的意識形態下，援引了靳準的先例。天王原為姬周元首非正式的位號，靳準用之，卻向晉皇帝稱藩，實即將天王貶了一級，因此後趙「群臣又固請勒以名位不正，宜即尊號」，〔註 126〕實表示了石勒君臣皆知天王位號相對於皇帝已貶值了的情況下，仍決定以趙天王行皇帝事，的確名位不正，內心不安，故當初的自卑心理可想而知。

復次，石勒稱皇帝至 333 年（趙建平四年，晉咸和八年）七月而卒，太子弘即位，尋被石虎挾持架空，至翌年十一月被弒，其間石虎以丞相・魏王・大

〔註 125〕 《十六國春秋輯補・前趙・劉粲附錄》（卷五，頁 41）與《晉書・劉聰載記・劉粲附記》（卷一〇一，頁 2679）皆稱靳準自稱大將軍・漢大王，向晉稱藩。「大王」為通俗稱法，故《通鑑》稱漢天王，及無胡人為天子等語文，雖不悉何所本；但中古史書佚失甚多，《通鑑》向以慎重嚴謹著稱，故據之。

〔註 126〕 《通鑑》及〈石勒載記〉皆無引文之句，今本《十六國春秋輯補・後趙錄・石勒》有之，卷一五，頁 110。

單于，加九錫執政。石弘是先被廢為海陽王，然後才被弒的，〈季龍載記上〉
云：

> 季龍廢勒子弘，群臣已下勸其稱尊號。季龍下書曰：「王室多難，海
> 陽自棄，四海業重，故俛從推逼。朕聞道合乾坤者稱皇，德協人神
> 者稱帝，皇帝之號非所敢聞，且可稱居攝趙天王，以副天人之望。

是則皇帝至尊的意識，仍是石虎膽敢廢弒皇帝而自身卻不敢即其位的主因。降
至 337 年（石虎建武三年）正月，石虎乃援石勒先例，由居攝趙天王改稱大趙
天王，〈季龍載記上〉復云：

> 太保夔安等文武五百九人勸李龍稱尊號，……於是依殷周之制，以
> （晉）咸康三年僭稱大趙天王，即位于南郊，……追尊祖邪為武
> 皇帝、父寇覓為太宗孝皇帝。立其鄭氏為天王皇后，以子邃為天王
> 皇太子。親王皆貶封郡公、藩王為縣侯，百官封署各有差。〔註127〕

按石勒稱大趙天王時，尊其父祖僅為王，立其妻為王后、子為太子——即天王
王后及天王王太子，有表示與已齊位之意。此的確反大映了石勒有將「天王」
貶為兩漢以來諸侯王或將天王之位界於皇帝與諸侯王間之意。今石虎亦稱大
趙天王，卻尊父祖為皇帝，妻、子為天王皇后及天王皇太子，乃是殷周秦漢以
來所無者。這些名銜照位號而論，應皆在大趙天王之上，與石虎名位不齊。大
約石虎用以反證自己實為皇帝，掩飾其篡奪心虛或種族自卑之心理意識耶？
既不是真皇帝，當然子弟也不能封為親王了。

筆者依靳準及石勒前例推之，疑石虎實兼有濃烈的篡奪心虛和種族自卑
兩種意識，所以後來雖有武鄉人獻上玄玉璽，群臣復以符瑞勸進，季龍仍不敢
即尊，竟下書說「過相褒美，猥見推逼，覽增惡然，非所望也，其亟止茲議」，
〔註128〕內心思想可證。筆者不認為這是石虎謙虛之辭，因為他直至 349 年正
月——死前三個月——始即皇帝位，可見其心虛自卑，自認「非所望也」的想
法，長期地影響了他的思想言行。

至此，後襄國體制及臨漳體制元首位號的問題和特色，可以作一小結，就
是從 330 至 350 年冉閔滅趙凡二十年間，石勒稱皇帝三年多，石虎則僅有三個
多月，合共約有四年之譜，其餘約十六年之間竟以天王自稱，這種情況是史無

〔註127〕《十六國春秋輯補‧後趙錄‧石虎》作五百九十人（卷一六，頁 125），《通
　　　　鑑》是年月作五百餘人（卷九五，頁 3010），蓋慎言其餘也。
〔註128〕《晉書‧石季龍載記上》及《十六國春秋輯補‧後趙錄‧石虎》所載相同。

前例的，此為後趙元首制度之特色。

石勒捨皇帝位號不用而以趙天王行皇帝事，有種族自卑之意。及至既已建立皇帝制度，石虎復長期自貶為天王，以攝行及代行皇帝事，則更有篡奪心虛及種族自卑的兩種意識。元首位號變動不居而又長期自貶，對政制的確立奠定，和人民的認同（正統）心理，實有重大影響。就以石勒死前猶「恐後之人將以吾為不應符籙」的意識恐懼來看，即會導致嚴重的趙、晉認同問題，影響及於國家安全。〔註129〕

為何有此特色及問題？根據筆者上面推論，當與石氏向劉琨自認「吾自夷」；向王浚承認「勒本小胡，出於戎裔」，并承認自古無胡人為帝王的思想意識有關。屠各是匈奴的豪族，然而劉淵也必須以繼漢號召晉人，石勒源出匈奴羌渠部──西域石國，既不承認劉曜以冒頓、劉淵作號召的匈奴正統政權，自己卻也無顯赫的民族歷史可以攀附，失去文化的根幹，這就是其民（種）族自卑感的來源。及至統治農業優勢區及漢文化核心區，接受漢人的經史學術，遂深受民族正統觀念的影響，不敢妄自居於正統天子，而游移於殷周秦漢間，往中國歷史文化裡找尋經驗，因而產生了上述的特色與問題。或許可以說，這是失根的羯族統治集團，移植到漢族的農業文化優勢區帶，所產生的政治文化失調現象吧。

石勒、石虎長期稱天王，則其置大單于此一名號於何角色地位？在這裡首先需表明的，是這方面的史料極少。前謂330年二月石勒稱趙天王時，即以世子弘為太子，而以另一兒子石宏為使持節‧散騎常侍‧都督中外諸軍事‧驃騎大將軍‧大單于‧秦王，也就是不以儲君領大單于，改以軍隊統帥兼為之，這表示繼承了漢趙的單于制度行政機關化，〔註130〕不再視之為全國元首的位號。

漢趙體制前後不同，基本上不以儲君領大單于，而以官拜最高級軍事指揮官的別子兼領之，庶收保衛及鞏固中央之效，同時亦有使胡系軍隊晉制統帥化之意。〔註131〕當319年石勒稱大將軍‧大單于‧趙王時，即以石虎為單于元

〔註129〕 例如邵續及鮮卑段匹磾為石勒所俘，皆保晉節始終不屈（分參《晉書》卷六三兩人本傳），而後趙東北、西北人民多分別流徙於慕容鮮卑及拓跋鮮卑，淮水流域塢壁人民則又常向趙、晉兩屬，成為兩者國防及政治上的問題。

〔註130〕 谷川道雄稱之為政廳化，參其〈南匈奴の國家前後兩趙政權の性格につい て〉，《名古屋大學文學部研究論集》35，頁1～38，1964年。

〔註131〕 劉淵河瑞體制以劉聰為大司馬‧大單于‧楚王‧劉曜光初體制以劉胤為大司馬‧大單于‧南陽王，皆非儲君，蓋以別子為全國軍事指揮官而兼領大單于，有收保衛儲君之意。劉聰改組嘉平體制之時，格於即位不正，而拜其嫡弟劉

輔・都督禁衛諸軍事，也就是輔助石勒鎮撫百蠻兼指揮禁軍。其後石勒令其子弘鎮鄴，奪去石虎的軍隊統率權，同時又命王陽專統六夷以輔弘，是則石虎的單于元輔即使不成為虛銜，也必然權力大削，元輔一稱從此不見於記載。

　　石虎長期為單于元輔，在胡系中居一人之下萬人之上，但是石虎之聲威卻非純由此而來，而是因其長年統兵征戰，屢立功勳，為漢系制度次於石勒的首席武官，漸積而成，所以石勒稱趙天王時，乃授虎太尉・守尚書令・中山王。這時的趙朝并無七公之制，唯一的公官即為太尉，石虎既以此官兼為首相，其於漢系制度中也是居一人之下萬人之上的。不過，石虎對此極不滿意，〈季龍載記上〉云：

> 季龍自以勳高一時，謂勒即位之後，大單于必在己，而更以授其子弘（按：應為宏之誤）。季龍深恨之，私謂其子邃曰：「主上自都襄國以來，端拱指授，而以吾躬當矢石。二十餘年……剋殄十有三州，成大趙之業者，我也！大單于之望實在于我，而授黃吻婢兒，每一憶此，令人不復能寢食！待主上晏駕之後，不足復留種也！」

按此年石虎三十六歲，石弘十八歲，身為大單于・秦王的石宏恐怕年紀亦輕，故鄙視之為黃吻婢兒。〔註132〕漢趙例授大單于予別子，劉聰授予儲君太弟為特例，是則石虎雖功高，依例也不應有此非分之想。他有此想，恐與他重視大單于的位號和他的身份特殊——既為勒弟亦為從子——有關。〔註133〕石勒分封諸子為王時，亦同時分封石虎父子為王，可見待遇之特別。

　　石虎以太尉・守尚書令時即未見兼領單于元輔之職，此時勒子宏為大單于，而且333年勒死前，石虎詐召石宏還襄國，則知大單于石宏不是駐在襄國的單于庭的，而是駐鎮於鄴。當年石虎以單于元輔・車騎大將軍鎮鄴，其後軍隊統率權和六夷統領權皆被奪，加上349年冉閔在鄴屠殺胡羯二十餘萬人，可證鄴城附近是胡人部落的重要聚集區，也是重兵屯駐區，故派元輔鎮撫之，而

　　　　又以皇太弟領大單于，改以其子劉粲為丞相・大將軍指揮軍隊，則造成了權力矛盾而影響政變。其詳請參註2拙文。

〔註132〕《通鑑》晉咸和九年十一月胡註稱石弘被弒時年二十一歲，今據〈石勒載記〉及《十六國春秋輯補・後趙錄・石虎》則為二十二歲，今從後者。石宏殆為石弘之弟，故年更輕也。

〔註133〕石虎究與石勒為何種關係，諸書頗異其說，說是從弟的有田融《趙書》、王度《二石傳》；《御覽・僭偽部・年號》則說是從子，同書〈恩宥〉又說是勒弟；〈季龍載記〉與《十六國春秋輯補》、《魏書・羯胡列傳》皆謂是勒從子，因勒父子之，故或稱勒弟云，今從之。

襄國府朝則是處理各地胡漢政務之中樞。石勒既以弘為太子還襄國，虎為尚書令也需在襄國，基於部落與軍隊的統率需要，故派石宏以都督中外諸軍事·驃騎大將軍·大單于身份來駐，是則大單于不是後趙元首尊稱，此時且駐在鄴城，可得以證實，而這時期的胡系政務仍應由襄國的趙天王朝廷處理。〈石勒載記下〉稱石虎詐石宏還襄國，勒見之，驚曰：「秦王何故來邪？使王藩鎮，正備今日。」是則大單于此時兼為藩鎮的角色以備石虎，可想而知。

333年石勒死，石虎挾持嗣主石弘，弘拜之為丞相·魏王·大單于，加九錫，這是非常之制，翌年終弒弘自為居攝趙天王，至337年改稱為大趙天王，此期間未見何人繼石虎出任為大單于。稍後石邃因欲兵變被誅，改立石宣為天王皇太子，兩年後始以宣為大單于，建天子旌旗，是則後趙由後襄國過渡至臨漳（335年遷都）時期，計約有五、六年無大單于。臨漳體制的行政大權在尚書臺，也未聞鄴城有單于庭或單于臺，不知為何此時重置大單于，而又令建天子旌旗？這時石宣只有十餘歲，又未被授權省可尚書奏事如前任石邃一般，〔註134〕是則推測石虎令他以皇太子領大單于而建天子旌旗，應與石虎重視大單于位號，欲以此加速樹立石宣威望的意圖有關。及至翌年四月石虎死，皆未聞再以太子領大單于。反倒是冉閔屠殺胡羯，改國號為魏後，率兵攻石祇于襄國前，亦以別子太原王胤「為大單于·驃騎大將軍，以降胡一千配為麾下」，是援石勒之例也。結果冉閔兵敗，「降胡栗特康等執冉胤及左僕射劉琦等于祇，盡殺之」。〔註135〕

石閔屠戮胡羯，恢復漢姓冉氏，為何反而援例以其子為大單于？據《十六國春秋輯補》卷二一〈後趙錄·韋謏附傳〉云：

> 時閔拜其子胤為大單于，而以降胡一千處之麾下。謏諫曰：「今降胡數千，接之如舊，誠是招誘之恩。然胡羯本為仇敵，今之款附，苟全性命耳；或有刺客，變起須臾，敗而悔之，何所及也。古人有言，一夫不可恟，而況千乎？願誅屏降胡，去單于之號，深思聖王苞桑之誡也。」閔志在綏撫，銳於澄定，聞其言大怒，遂誅之。

〔註134〕石虎以太子省可尚書奏事請見後論，要之據《通鑑》，石宣以太子領大單于事在晉成帝咸康五年七月，其省可奏事在六年十月以後。又據〈季龍載記〉348年石虎殺石宣後，罵他為凶子，「兒年二十餘便欲殺公」云（頁2785），以此推其此時為十餘歲而已。

〔註135〕〈季龍載記·冉閔附傳〉（頁2794～2795）與《十六國春秋輯補·後趙錄·石閔》（頁154～155）同。

按349年四月石虎死後，華北政局大亂，同年十二月當時當稱石閔的冉閔以
胡羯不為己用而下令屠殺之，主要針對高鼻多鬚的胡羯而殺，六夷其他種族
殆未波及，但已然引起騷動；至於那些分據諸州的石虎子弟及派駐各地的胡
羯，徹底反抗石閔更是可想而知。350年正月石閔自立為帝，改國號為魏時，
駐在枋頭有眾十餘萬的氐酋蒲洪，乃改姓為苻氏，自稱大都督·大將軍·大
單于·三秦王，以毛貴為單于輔相，對抗石閔。〔註136〕冉閔北有在襄國稱帝
的石祇威脅，南有枋頭苻洪以大單于相窺伺，六夷據州郡者皆響應石祇，冉
閔所謂綏撫、澄定的政策實基於此而策訂，而同年十一月以其子為大單于·
驃騎大將軍，即是此政策的施行。不過，由配降胡一千人為其麾下看，是指
配屬胡人給大單于統領，應非以軍隊性質配隸驃騎大將軍統率指揮。胡羯本
是冉閔屠殺的對象，故為仇敵，這時卻因政治因素接之如舊，復建大單于一
職以為部落統領官，這就是韋謏進諫，認為不妥，建議「誅屏降胡，去單于
之號」的原因。其實自漢趙、後趙正式稱帝，建立兩制統治以來，就未曾再
視單于為元首位號，而是將之比同親王公官，視為六夷百蠻的統領官而已。
冉閔於350年十一月以其子為大單于，翌年四月劉顯殺石祇，傳首鄴城，閔
又拜顯為上大將軍·大單于·冀州牧，〔註137〕則是一國之內有兩個大單于
也。此雖出於權宜，不過冉閔漢人，其視大單于猶如領民大酋長，而且一國
之內無妨也可有兩個以上，可以想見，這正是魏晉以來，中國政府一再封拜
各邊族大酋為大單于，如鮮卑大單于、烏桓大單于等是也。

胡漢對大單于位號看法頗有差異，漢人稱帝單行漢制，則以大單于俾各邊
族大酋，固視之為該族的領民大酋長；但匈奴傳統則不然，大單于是天子之意。
漢趙為屠各所建，後趙為羌渠所建，皆沿此傳統「以大單于鎮撫百蠻」，只是
已漸不視為天子，而使之機關化。漢趙大單于之下尚置左右二系王長諸屬官，
或左右二輔所轄都尉部落化；而後趙由於立國區位形勢不同，大單于之下即難
以保持此體制，遂直接以都督部司分統六夷，也就是更為漢化了。後起諸胡頗
受劉聰、石勒、石虎之影響，雖亦甚重大單于之號，但決不視之為元首至尊的
位號。苻雄在352年力勸苻健（洪子）不必效石氏之初稱天王·大單于，并在
健即皇帝位之同時，力言「單于所以統壹百蠻，非天子所宜領」，遂以授太子

〔註136〕《晉書·苻洪載記》僅作大將軍·大單于·三秦王（卷一一二，頁2867～2868）
今據《通鑑》晉穆帝永和六年正月條，卷九八，頁3100～3102。
〔註137〕參《通鑑》晉穆帝永和七年四月條，卷九九，頁3118。

蓑。〔註138〕這事正可觀察單于由胡族天子位號淪降為胡族鎮撫機關，向下擺盪的認知與矛盾。

　　大單于既如百蠻鎮撫司，後襄國時期又常駐鄴城，則可知其不真正處理六夷政務，與襄國體制下的單于元輔情況略相當。襄國體制是趙王透過其擴大并包容胡系機關的將軍幕府來治事，這種府朝在 330 年石勒稱天王時即加以改變，〈石勒載記下〉云：

> （勒）僭號趙天王，行皇帝事。……署左長史郭敖為尚書左僕射，右長史程遐為右僕射·領吏部尚書，左司馬夔安、右司馬郭殷、從事中郎李鳳、前郎中令裴憲為尚書；署參軍事徐光為中書令·領秘書監。論功封爵，……文武各有差。……勒下書曰：「自今有疑難大事，八坐及委丞郎齋詣東堂，詮詳平決。有其軍國要務須啟，有令、僕、尚書隨局入陳，勿避寒暑昏夜也。」

就行政體制言，石勒是將府朝正式化為朝廷組織，且不倣漢趙制度而採（曹）魏制，封建則多因於晉制。〔註139〕尚書臺平決軍國事務，八座皆由原府朝幕僚改任，石勒實倚之以行皇帝事。稍後稱帝即尊，石勒在人事上作了重要的修改，332 年正月，〈石勒載記〉記此人事變動云：

> 勒令其太子省可尚書奏事，使中常侍嚴震參綜可否，征伐刑斷大事乃呈之。自是震威權之盛，過于主相矣，季龍之門，可設雀羅。季龍愈怏怏不悅。

按尚書臺是行政中樞，由太尉·守尚書令的石虎主持。今八座平議大政，皇帝授權皇太子省可之，則是太子行使部份皇帝權；又使中常侍參決，則嚴震乃奪宰相權。石虎在六年前已被世子石弘奪去車騎大將軍的軍隊統率權，同時又被門臣祭酒王陽奪去元輔的六夷統領權，早已引以為恨，這時石勒又授權太子弘等壓在其上，致主相門可羅雀，焉能不怏怏。在這種情況下群臣皆知石虎「怏怏不可輔少主」，而石勒死前猶遺令「中山王深可三思周、霍（指周公、霍公）」，真是緣木求魚，至死無知。這次變動有兩個重大影響：一是

〔註138〕引文見《通鑑》晉穆帝永和八年正月辛卯條（卷九九，頁 3122），《晉書·符健載記》失載，《十六國春秋輯補·前趙錄·符健》則謂「雄等固請宜依漢晉兼皇王之美，不可過自謙沖，同趙之初號」云（卷三一，頁 242），語意頗同於《通鑑》，即稱帝後皇帝決不能兼大單于之謂也。

〔註139〕魏制無七公之多，且始置吏部尚書，而另有四尚書；中書監、令成為極重要之職。漢趙初期則採漢制較多，稍後則傾向晉制，註 2 拙文有論。

形成了後襄國及臨漳體制以太子省可尚書省奏書的慣例，二是人事上構成了石虎的積恨，埋下兵變的因子。

石虎於石勒死後掌權及成篡的方式，諸書記述相同，就是父子率兵挾持儲君即位；然後新君拜虎為丞相・魏王・大單于，總攝百揆，并以虎子石邃為魏太子加大都督中外諸軍事・大將軍・錄尚書事掌握全國軍、政大權，復以石虎府僚取代原來的臺省禁要；最後強逼新君命他建立魏臺，一如魏輔漢故事，以廢帝成篡。可見控制軍隊和尚書臺，是極其重要的關鍵。反觀石勒當年倚重右長史程遐總執朝政，建立正式體制後委遐以右僕射・領吏部尚書事掌握政府人事行政權，并以一再抑奪石虎造成積恨，是極為失策不智之舉。

中國王朝中，儲君慣例不實際參決朝政，他只是在東宮官僚輔導下學習，以備日後繼位為君。儲君參政及統兵，造成影響國家安全因素的，厥以劉聰、任劉粲為先例，而以後趙二石為著。石勒一再以石弘統兵參政，折奪石虎威權，雖與其臣下畏懼石虎，不斷進言有關，但是亦與石弘深受儒家教育造成個性文弱有關，〈石勒載記・石弘附記下〉云：

> （弘）幼有孝行，以恭謙自守，受經於杜嘏，誦律於續咸。勒曰：「今世非承平，不可專以文業教也。」於是使劉徵、任播授以兵書，王陽教之擊刺。……立為太子，虛襟愛士，好為文詠，其所親昵，莫非儒素。勒謂徐光曰：「大雅（弘字）愔愔，殊不似將家子。」……光因曰：「皇太子仁孝溫恭，中山王雄暴多詐，陛下一旦不諱，臣恐社稷必危！宜漸奪中山威權，使太子早參朝政。」勒納之。

按：石勒諸子包括都督中外諸軍事・大單于的石宏，皆輕易被石虎拘禁擺佈，最後被幽禁殺害，殆皆與重視經史教育的石勒及此教育的效果有關。石勒立國區位形勢既如前述，故偏重採用漢式體制，也亟欲真正作中國皇帝。不過，他努力重建經史教育，卻未普及於作為統治階層的羯胡，只是將一個儒素文雅的太子集團，置於雄暴粗虐的本族耆舊包圍之下，則其兵變政亂也就幾為必然之事，亦可說是文化失調的結果吧。

反之，石虎專政，以其子邃、宣、韜等分掌大權，他們當時皆只是青少年，又未受良好教育，故太子儲君及封王諸子過早參政領兵，無意中又造成了矯枉過正的效果。

據〈季龍載記〉的記述，石虎父子皆保持胡人勇武、殘暴、好色、貪利、酗酒、嗜獵之特色。石邃既為魏太子，加大都督中外諸軍事・大將軍・錄尚書

事以後，隨父親稱號而改變，由居攝趙天王太子至大趙天王皇太子，皆省可尚書奏事，以總百揆。最後由於皇帝與儲君政務裁決權之失調，導致父子反目相殺。〔註140〕

石邃被廢殺後，石虎以石宣為天王皇太子，尋領大單于，建天子旌旗。340年後又以他子石韜為太尉，與太子宣迭日省可尚書奏事，最後竟授之以皇帝全權，〈季龍載記上〉云：

> 命石宣、石韜生殺除拜迭日省決，不復啟也。司徒申鍾諫日：「慶賞刑威，后皇攸執，名器至重，不可以假人，……太子，國之儲貳，朝夕視膳而不及政也。庶人邃往以聞政致敗，殷鑒不遠，宜革而弗遵。且二政分權，尟不及禍。……」季龍不從。

按當年石邃雖因父子權力失調而致禍，但也與他妒忌宣、韜二弟得寵有關；這時宣、韜兄弟得寵競權，也是造成日後宣殺韜的原因。在此可以確定的是，石虎與邃、宣、韜父子兄弟相圖，是與不明漢式體制，濫用儲君及皇子裁決尚書省奏事的慣例有關。由此可推，石勒父子漢化頗深，又防石虎，故欲提早讓儲君參政，遂以漢化的儒雅置於西胡的雄暴環境中，因而招致政變。石虎則不盡然，他們父子保有胡風，漢化不深，援用不成熟的後襄國體制，亦因而導致父子兄弟相圖，終至於敗。基本上，蓋與後趙文化失調有關，而石虎父子之失調更明顯。

石勒死後的多次政變，成功與否與軍事的制度和兵權掌握有關，後趙這方面的制度如何，值得進一步討論。

前論石勒自起事至獨立建國，皆為漢趙封拜為某某大將軍，以開府治事，在劉聰時期實際握權的最高官職為陝東伯・驃騎大將軍・東單于，在劉曜初時則為大司馬・大將軍・趙公，這就是他獨立自稱大將軍・大單于・趙王，擴大為府朝治事的基礎。襄國體制中石勒以外最高的軍職為石虎的車騎將軍及世子弘的衛將軍。後襄國體制將石虎改為太尉・守尚書令，而以石宏為都督中外諸軍事・驃騎大將軍・大單于，實際就是在軍事制度上剝奪了石虎的兵權。降至臨漳體制，大將軍、大司馬及太尉等重要公級武官重新設置，表示後趙軍事制度有了新的變化。

前論石勒在獨立前可能擁有二十餘萬兵力，328年成皋會戰擊敗劉曜，

〔註140〕石邃從335年正月以儲君省可尚書奏事，至337年六月被廢殺，其權限及失調情況，請參〈季龍載記〉及《十六國春秋輯補・後趙錄・石虎》。

尋滅其國，前趙原有的二十八萬戎卒，大抵為氐、羌混合兵團，〔註141〕起碼其中的精銳部分會被吸收去。石勒初為將軍即有胡、漢兵力，至此其兵團成員應是華人與六夷的大混合。由於石勒統治區內已建立對華人的徵兵制度，所以後趙兵團組成，華人應佔頗大的比例，而且隨著石虎的上台與國家戰略的調整，日益擴大。例如338年第一次攻燕失敗後，石虎不久欲再討之，下「令司、冀、青、徐、幽、并、雍兼復之家五丁取三，四丁取二，合鄴城舊軍滿五十萬，具船萬艘，……以備征軍之調」。〔註142〕343年桓溫欲聯燕、涼合攻趙，是年七月北伐，翌年正月石虎動員「諸州兵至者百餘萬」，以謀迎戰。〔註143〕與成皋會戰時石勒僅投入步騎八萬七千人比較，十年之後，已因全面實行華人徵兵制度，後趙的動員能力和兵力膨脹，由此可見一斑。

後趙盛時統有號稱十六州之地，〔註144〕兵力可動員至百餘萬，華兵殆佔甚大比例；兵種則諸州兵和禁衛兵，分為步、騎、舟三種。〔註145〕這就是後趙採取漢式軍事制度，設置各種親王、將軍、都督領兵的原因，當然，這也和後趙的立國區位形勢，有密切的關係。

由於有上述的變化，兵力龐大，故難以採用漢趙因應匈奴王長胡式的十六大將軍制，而必須採用魏晉軍制以普置各種領兵將軍。根據石氏兩〈載記〉，各種雜號將軍不贅，即已有：公級的大司馬、大將軍和太尉；亞公級的驃騎、車騎、衛、征、鎮、安、平、中、鎮、撫等將軍大將軍。重號將軍若加（大）都督中外諸軍事，則常是全國武裝部隊的總指揮。至於軍政，則由尚書臺掌理，

〔註141〕通計曜以氐、羌豪酋為左、右賢王等王長，即因其兵團由氐、羌混合組成。兵力及批評，請詳《晉書・劉曜載記》（卷一○三，頁2694）及《通鑑》晉明帝太寧元年八月條（卷九二，頁2915）。

〔註142〕參〈季龍載記上〉，頁2770。

〔註143〕按〈季龍載記上〉謂「將討三方」，故動員兵力百餘萬云云（頁2774），實則是桓溫聯二方北伐之。《通鑑》晉康帝建元二年四月，記此役結果是趙敗于涼，攻燕不克，但卻擊敗了晉北伐軍。

〔註144〕《晉書・地理志上》，記淪入石氏者，計有司、兗、豫、冀、幽、并、雍、青、徐等九州，其中石虎分司州為洛州，故共有十州之地。洪亮吉《十六國疆域志・後趙》（收入《二十五史補》，台灣開明書店），計統有十五州，即加入晉、朔、秦、荊、揚五州。據〈季龍載記〉，曾命涼州刺史麻秋討張重華（頁2778），又謫東宮高力十餘萬戍涼州（頁2785），則是後趙置有涼州也，故合有十六州。

〔註145〕禁衛兵及諸州兵兩〈載記〉述之甚明，不贅。前文謂石勒在葛陂時曾課農造舟，故其水師淵源甚早。石虎討遼西段氏，置橫海將軍桃豹、渡遼將軍王華，統舟師十萬出征（〈季龍載記上〉，頁2767），兵敗，尋又令青州造船千艘，徵兵至五十萬時已具船萬艘，欲再討之（頁2768），可證一直保持有舟師的編組。

石虎甚至令「右僕射張離領五兵尚書，專總兵要」。〔註146〕其實石勒、石虎皆令太子省可尚書奏事，諸子又擁重兵，故無異人君父子兄弟共掌政軍也。

太子、親王各有宮府衛軍，尤以東宮衛軍編制獨大。〔註147〕太子既有親衛軍，又掌軍政，遇到石弘的儒素文弱尤可，若遇石虎諸子的勇暴，則不僅會兄弟相戮，抑且會「欲行冒頓之事」。〔註148〕後趙致敗，此為原因之一。羯族人口不多，後趙所轄者充其量約為冉閔屠殺羯族時的三數十萬而已，且殆非全部為兵。他們沒有用匈奴的王長部落制度組織起來，以部族武力方式駕御其龐大的華戎混合部隊，挾此以治天下，這就是因上述立國區位形勢不能如此之故，也可能與粟特的綠洲商業文化本俗原無部落制度有關。然而既用魏晉漢式建構軍事制度，則應吸收魏晉皇帝常因軍權旁落而致篡殺相仍的歷史教訓，皇帝牢牢掌握軍權才是。但是，後趙顯然對此未予重視，全國部隊的指揮權常假予諸子及六夷部司。

石勒即天王位時，以大單于‧驃騎大將軍石宏都督中外諸軍事，冀他藩衛儲君，結果在勒病篤時，石虎以計將他召至襄國軟禁，尋將此指揮權改授己子石邃。石虎疾甚，以石遵為大將軍鎮關右，石斌為丞相‧錄尚書事，張豺為鎮衛大將軍‧領軍將軍‧吏部尚書，三人并受遺輔政。三人皆無指揮全軍的大權，不過張豺卻有指揮中央禁衛軍及人事行政的大權，〔註149〕所以張豺能輕易將石斌軟禁及殺害，而劉后用之為太保‧都督中外諸軍‧錄尚書事。劉后為鞏固新君，預防石虎諸子反撲，付張豺以京畿內外全軍指揮權；張豺則以久任兵要

〔註146〕 石勒稱帝時尚書令是石虎，另依魏制有五尚書，而以右僕射程遐領吏部，大事委八座合議，前已論之，至石虎改以右僕射領五兵，事見〈季龍載記上〉，頁2773。

〔註147〕 前謂石勒以禁兵萬人配太子弘，又將石虎所屬五十四營移隸之，則石弘所統當有六、七萬兵力或以上。及至張離專總兵要，以「諸公侯吏兵過限，宜漸削弱，以盛儲威」（同上註），而奪石虎諸子各三分之二兵力，將餘兵力五萬悉配東宮。後來東宮高力貶謫涼州者竟有十餘萬之多，致怨恨造反，終致亡趙。

〔註148〕 石邃恨石宣、石韜有寵於石虎，欲行冒頓之事。其後石宣亦恨韜爭寵，終至殺韜并欲圖虎，〈季龍載記〉述之甚詳。

〔註149〕 349年正月，被謫涼州的東宮高力十餘萬兵變，石虎以石斌為大都督中外諸軍事討之，此實為征伐軍指揮權而已，四月疾甚而令斌入為丞相‧錄尚書事，而以遵為大將軍，顯然并未付予任何一人以全軍指揮實權。當時劉后所生太子石世方十歲，石虎信劉后，劉后信張豺，故委之以中央禁衛軍權。此前，石虎曾調整軍制，石韜仍為太尉，另以石斌為大司馬，置鎮衛將軍在車騎將軍之上（〈季龍載記〉，頁2775）。這時石韜已死，石斌改為丞相，石遵雖為大將軍卻出鎮關右，則中央自以張豺軍職為最高。

的張離為鎮軍大將軍‧監中外諸軍事‧司隸校尉為己副，付予京畿內外全軍總
監及首都地區行政監察權。及至石遵起兵攻鄴，張離背叛張豺，而劉后、張豺
集團遂瓦解，將全國軍隊指揮權交出，付予加黃鉞的大都督中外諸軍載石遵。
石遵廢弒劉后及新君等，卻以石閔為加黃鉞金鉦的中外諸軍事‧輔國大將軍‧
錄尚書事，則全軍指揮權在石閔。按晉制都督中外加黃鉞即可殺節將以下，故
是實際的全軍統帥，非復人臣之任，而當時的太保石沖、大司馬石苞、大將軍
石琨顯然僅是居高位而已。石閔能輕易廢弒諸石，發軍領各地屠殺羯人，滅亡
後趙，力量的基礎在此。

八、結　論

　　石氏祖先是匈奴別部羌渠之胄。羌渠即是成為匈奴別部的康居人，很早
就與匈奴有密切關係。石城或石國——粟特語作 C'c，波斯語作 Čac（Chach），
魏晉人於《晉書》及《十六國春秋》均音譯為羯，《北魏書》譯為羯室，《北
史》譯為者舌，《隋書》開始才將之音、義合譯作為「石」。以國命氏乃中國
舊例，汲桑既知其夥伴阿䔲源出康居石國，故命其姓石氏名勒，乃是很自然
合理的事。

　　石氏為羌渠別部中的羯人——石國人，他們的祖先是廣義的粟特人，屬亞
利安種，深目高鼻多鬚和形容偉大是其形貌體格的特徵，後來遂成為冉閔實行
種族屠殺的顯著特徵。羯族在中亞時是亞利安系農耕民族，屬綠洲城堡國家；
但也因位於絲路上，故亦成為著名的商業民族，并有行商所到之處即擇高地建
立僑居城堡的習慣。羯族何時入塞而居不可確定，不過他們雖被視為匈奴十九
種落之一，甚至被一些華人視作上黨雜胡，然其實是各有部落、不相雜錯的。
他們在血統上似未完全雜胡化，文化上也未完全匈奴化——匈奴是屬於蒙古
種的草原遊牧民族。就以石勒家族而言，他們仍有上述形貌體格，在上黨武鄉
邑居農耕，甚至行商，似保留了祖先們城堡耕作及行商的生活方式，且父祖的
世為部落小率恐即堡主之流。從石氏衣著、葬禮、尊右及祆教等宗教禮俗看，
他們在華仍對此類傳統文化風俗相當保持；不過因僑居已久，石氏家族似乎也
會華語，對漢式教育甚重視，對僑鄉極有感情，努力學習經史文化，欲作真正
的中國皇帝。

　　石氏對其民族文化尚有保持，民族情感上也承認源出邊裔小胡，故對漢文
化頗採學習和吸收、適應與調整的態度，這是他們統治中國雖採一國兩制方式

統治，但卻以漢制運作為主，胡制為隱性制度的原因。正惟其民族文化認同如此，故他們對匈奴復國運動支持不深，沒有承祧冒頓一劉淵脈統，單于體制鬆散，且日漸從漢趙中離析獨立，甚至在國號及正統繼承上也與漢趙一別苗頭。也正惟認同如此，他們鑑於沒有顯赫的歷史文化和大帝國統治經驗，所以也就不會偽託中華先聖之後，而頗有民（種）族自卑感，以致在政治意識上受制於漢族的民族正統論，長期不敢即真稱尊，缺乏當中國正統天子、建立正統王朝的自信。

上述思想意識影響了石氏長期自貶為天王的國體，同時也影響了胡、漢分治的政體；後來諸胡政治上的類似變化，多少也受到了後趙的影響。當然，石氏體制的建立和變化，也受到一些客觀因素的影響，如：空間區位、人口結構、軍隊成分、立國形勢等。

大抵石氏從起事以至獨立，皆以司、冀、兗、豫、幽、并諸州為主要活動空間，其後向東向南開拓，擁有號稱十六州之地，而區位大體皆坐落於農業優勢區及漢文化核心區，這種立國條件和形勢，即足以構成後趙與漢趙體制政策不同的背景，而形成了必須在採一君型一國兩制下，仍須以漢式為主、胡式為輔的形態；而且胡式單于體制呈不完整、六夷部司制度呈漢制化的強烈特色。

後趙將其國民分為國人和趙人（華人），因為臣民與軍隊皆以華人佔大多數，所以石氏偏重漢式中央和地方制度的運作、軍隊建制漢制化，推行文化教育、重農、整理戶口租賦等重大政策，也皆與此客觀條件有密切關係。不過，似因教育文化以及制度運作的失調，造成了石勒死後的宗室政變，也因政治權力的失調，導致了石虎父子兄弟的相圖、政制及軍制運作之失當的情事一再發生，最後招致了國家崩潰及羯族種族絕滅之禍，而使「羯胡」力量消失在中國歷史的舞台，成為日後稱呼胡人的泛稱。

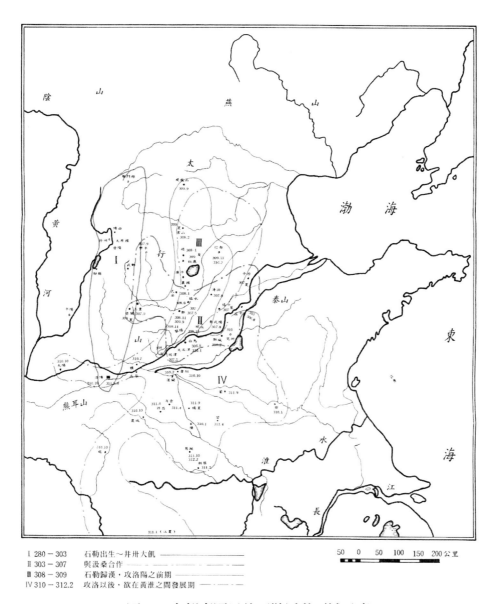

I 280－303　　石勒出生～并卅大飢　　━━━━━━
II 303－307　　與汲桑合作　　　　　　━━━━━
III 308－309　　石勒歸漢，攻洛陽之前期　━━━━━
IV 310－312.2　攻洛以後，欲在黃淮之間發展期 ━‧━‧━

圖一　定都襄國以前石勒活動區域示意

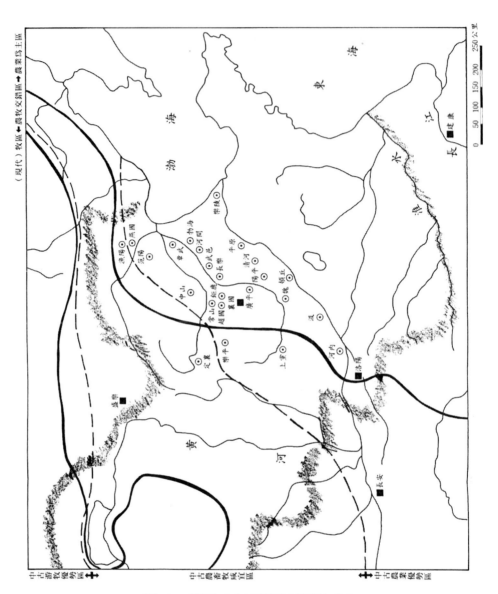

圖二　趙國二十四郡及其區位分布

本圖依據：（1）毛漢光先生〈從考古發現看魏晉南北朝生活型態〉（收入《高去
　　　尋先生八秩榮慶祝壽論文集》，台北，1991）；（2）地圖出版社編《中
　　　華人民共和國地圖集·中國畜牧業與漁業》（1983年重版）。

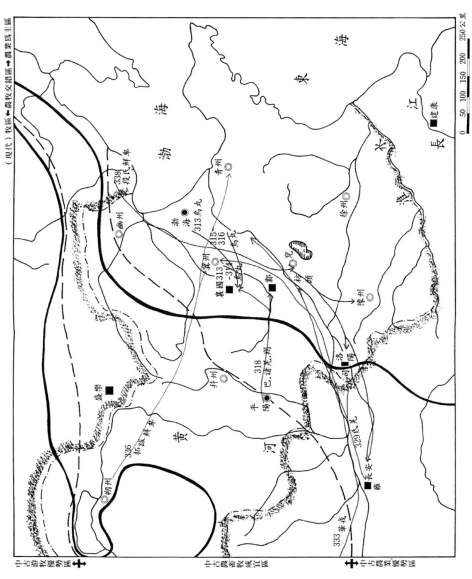

圖三　後趙六夷遷徙

註（1）本圖蓋據表一、二、三六夷明確遷徙之資料而作。
　　（2）其移民不詳者存疑不作。

《國立中正大學學報》第 5 卷第 1 期，1994 年。

慕容燕的漢化統治與適應

一、前　言

　　近年因時務刺激，對歷史上曾經發生「一國兩制」的經驗，懷有很大的興趣，「五胡亂華」時代就是焦點之一，筆者近年在研究所開設「五胡治華專題研究」，目標即是透過課程，與諸生研討五胡治亂之間的指導思想、文化調適、統治政策、政治體制及其效果諸問題，以對「一國兩制」的歷史經驗作分析檢討。

　　由於研究心得頗有累積，促使筆者作系列發表的興趣，于是先從胡羯族系開始，發表了〈從漢匈關係的演變略論劉淵屠各集團復國的問題〉和〈漢趙國策及其一國兩制下的單于體制〉兩文，〔註1〕最近發表〈後趙的文化適應及其兩制統治〉一文，〔註2〕乃是此系列的第三篇文章。發現胡羯族系不見得只是為亂而亂，而是各有民族文化背景及主觀意志的，因此他們的文化調適、統治政策、體制及效果，皆各有差異，這就碰觸到了民族問題，文化接觸問題和滲透、征服王朝學說等問題。若僅以胡羯族系作五胡代表，顯然難以對五胡作全窺，這就是本文從慕容氏入手，擴大非胡羯族系研究的原因。

　　根據讀史料的初步瞭解，慕容鮮卑崛起與入主中原的思念與觀念，與胡、羯兩趙不相同，其文化調適和兩制統治尤與胡、羯差異甚大。其差異特徵

〔註1〕前文原載於《東吳文史學報》第八號，民國79年3月；後文原載於《國立中正大學學報》第三卷第一期，民國81年10月。今已收入本書。

〔註2〕原載於《國立中正大學學報》第五卷第一，民國83年10月出版。今已收入本書。

何在？為何如此？與其族系文化、發展過程之間的關係如何？在歷史上有何意義？此皆本文所欲檢討的問題。慕容氏自三世紀中葉始進入中國歷史的舞台，此前鮮卑的史跡，可概見於《後漢書》及《三國志》的〈鮮卑傳〉，後書裴注所引的王沈《魏書》，內容與《後漢書》大同，可能皆以《東觀漢記》為史源，小異之處可能是王沈所知，可補范、陳二書之不足。

五胡十六國大體上各置官，而多各有國史，《五代史志·經籍二·史·霸史序》已有述之，并臚列有關慕容氏史料如下：

1.《燕書》二十卷，記慕容儁（又作儁，前燕烈祖）事，燕尚書范亨撰。
2.《南燕錄》五卷，記慕容德（南燕世宗）事，燕尚書張詮撰。
3.《南燕錄》六卷，記事同上，燕中書郎王景暉撰。
4.《南燕書》七卷，遊覽先生撰，不詳。
5.《燕志》十卷，記馮跋（北燕太祖）事，北魏侍中高閭撰。
6.《吐谷渾記》二卷，宋新亭侯段國撰。〔註3〕
7.《南燕起居注》一卷。〔註4〕

《史通·古今正史》對諸燕史官亦略有所述云：

> 前燕有起居注，杜輔全錄以為《燕記》。後燕建興元年，董統受詔草創後書，著本紀並佐命功臣、王公列傳，合三十卷，慕容垂稱其敘事富贍，足成一家之言；但褒述過美，有慚董、史之直。其後申秀、范亨各取前、後二燕，合成一史。南燕有趙郡王景暉，嘗事德、超，撰二主起居注，仕於馮氏（即北燕），官至中書令，仍撰《南燕錄》六卷。

是則前燕、南燕皆有起居注，上述編號第七本，可能即王景暉所撰之殘本。前燕原有前、後兩部燕史，為申、范所取，後來只剩下范亨《燕書》獨存。此書與張詮、王景暉兩本《南燕錄》，高閭《燕志》，可能就是崔鴻撰《十六國春秋》時所本。〔註5〕

《十六國春秋》今已佚，有輯補本在，其書為《晉書》諸燕〈載記〉所

〔註3〕 以上六書皆見〈霸史類〉，收入《隋書》（鼎文書局新校標點本，下引正史同）卷三三。吐谷渾族系出自鮮卑慕容氏，故亦列此參考。
〔註4〕 見《隋書·經籍二·史·起居注》，《隋書》卷三三，頁965。
〔註5〕 按《魏書·崔光列傳·鴻附傳》稱鴻撰《十六國春秋》，諸燕部分以慕容儁、慕容垂、慕容德、馮跋為主，皆因其舊記而增損之（卷六十七，頁1502），以是推知。王景暉一作中書郎，一作中書令，未知孰是。

本,《太平御覽》等類書所輯,這是本文的主要史料根據。值得注意的是,西
元 429 年(魏太武帝神䴥二年、宋文帝元嘉六年)崔浩召集文人撰北魏《國
書》,范亨是參與者之一,〔註6〕高閭也曾參與北魏史局。〔註7〕北魏前後國
史稿,即為後來魏收北《魏書》所本,是則北《魏書》卷九十五〈徒河慕容廆
列傳〉和卷九十七〈海夷馮跋列傳〉,史料價值當極高。

　　另外,尚值注意的是,《五代史志‧經籍一‧小學》收有東胡語文獻十二
種,即《國語》(指鮮卑語,下同)十五卷、另又十卷,《鮮卑語》五卷、另又
十卷,《國語物名》四卷,《國語真歌》十卷,《國語雜物名》三卷,《國語十八
傳》一卷,《國語御歌》十一卷,《國語號令》四卷,《國語雜文》十五卷,《鮮
卑號令》一卷,今皆失傳,否則可以推見鮮卑當時的語言、歌謠、風俗,乃至
軍容號令等文化。鮮卑人物的語言行為,常為漢人史官所鄙諱,夷音也譯為
華語,偶有存錄者,其書亦多被世所尤貶,遂使質文屢變、氓俗遞改難以究
明,劉知幾已於《史通‧言語》篇暢論之。近人林幹所著《東胡史》,認為上
述諸鮮卑語書是北魏時鮮卑人已有本族文字之證據,但尚不能說明創於何時,
呈何種形式。筆者以為鮮卑自三世紀初軻比能時代以來即已頗學文字,但殆
是從漢人中學習漢字,故最早漢化的慕容燕從未有自創文字的紀錄,北魏拓
跋氏也未見此類紀錄或遺物。據《五代史志》所記,其中《國語物名》及《國
語雜物名》二書,乃北魏侯伏侯可悉陵所撰,按《北朝胡姓考‧侯氏》條,謂
侯伏侯氏源出羯族,前引余之第三文曾論羯族原出中亞粟特族,是則侯伏侯
氏所書是從粟特字母拼鮮卑語,抑或用漢字,今亦不可考知,故此問題宜付
之闕疑。要之這些書文的散失,實有礙於對鮮卑種族文化及其適應統治等問
題的瞭解,殊為可惜。

　　今僅據上述主要史料,順著素所究心的問題,逐一分析推論,冀能獲得些
微答案而已。

二、慕容鮮卑早期發展的一些問題

　　三世紀末陳壽《三國志》於《魏書》末卷撰有烏桓、鮮卑二傳,聲言「烏
丸(即烏桓)、鮮卑,即古所謂東胡也。其習俗、前事,撰《漢記》者已錄而

〔註6〕 參《魏書‧崔浩列傳》,卷三十五,頁 815;《史通‧古今正史》,卷十二,頁
　　　　364,台北,里仁書局,民國 69 年 9 月版。
〔註7〕 《魏書‧本傳》無載,據《史通‧古今正史》卷十二,頁 364。

載之矣，故但舉漢末魏初以來，以備四夷之變云」。〔註8〕按陳壽死前十年間，正是匈奴劉淵為五部大都督，而慕容廆為鮮卑都督（289年），徙居大棘城（遼寧錦州市附近，294年）崛興的時期。這時（295）拓跋氏將其國分為三部，發展較慕容氏更壯大。壽書〈鮮卑傳〉對此皆不及備載了。

　　陳壽所稱《漢記》，殆指《東觀漢記》而言。此書自東漢初班固等人編修以來，歷經以後數次續修，魏晉已名列「三史」之列，亦為范曄《後漢書》等著作所本。《後漢書·烏桓鮮卑列傳》謂：「鮮卑者，亦東胡之支也，別依鮮卑山，故因號焉。」說法與「烏桓者，本東胡也」，似有正裔和支族之別。此說或有人據之，或有人認為不確而以壽書為準，〔註9〕要之今日烏桓、鮮卑地下發掘日多，且能證實拓跋氏和慕容氏為二支，前者所居大鮮卑山與後者所居鮮卑山亦有別，〔註10〕則鮮卑族系宜待日後有進一步的確定。不過，烏桓、鮮卑皆屬東胡系統，古今中外多無異詞。〔註11〕

　　東胡之名見於先秦文獻如《逸周書》、《山海經》等，至《史記》則記述始稍多。漢晉時人所稱東胡，如服虔所說是指「東胡，烏桓之先，後為鮮卑，在匈奴東，故曰東胡」。因為匈奴自稱為「胡」，故漢人稱在胡之東者為「東胡」，同理在胡之西者蓋亦可稱為「西胡」，〔註12〕原非其民族的自稱，至於

〔註8〕按：漢代有烏桓之名，至魏晉或作烏丸。陳壽乃魏晉人，卒於297年（晉惠帝元康七年），故稱之為烏丸。其言見《三國志》卷三十〈烏丸鮮卑東夷傳序〉，頁831。

〔註9〕《三國志》同上注傳注引王沈《魏書》即本此說，恐與《後漢書》同源於《東觀漢記》有關。是則漢魏史官皆以鮮卑為東胡別支，至陳壽以後史官以烏桓、鮮卑統列為東胡。馬長壽《烏桓與鮮卑》（上海人民出版社，1962年）反對正、別之說，而以陳壽為正確，但卻缺乏堅強證據（參頁173～174）。

〔註10〕1980年呼倫貝爾盟文物管理站發現大興安嶺北部的鮮卑石室，對拓跋氏先世及其所居大鮮卑山位置有了明確考訂，詳米文平〈鮮卑石室的發現與初步研究〉（《文物》1981年2月，頁1～7），及其〈鮮卑石室所關諸地理問題〉（《民族研究》1982年4月，頁34～47）。陳連開據此發現，考訂大鮮卑山的拓跋氏和鮮卑山的慕容氏為南北二支，詳其〈鮮卑山考〉（《社會科學戰線》1982年3月，頁205～209）及〈鮮卑史研究的一座丰碑〉（《民族研究》1982年6月，頁28～35）。此後這方面論文漸多，不贅引。

〔註11〕也有極少數人對鮮卑族源懷疑的，如孫進己認為鮮卑主源為東胡，但另一半卻起源于匈奴，論證雖然粗疏，然而匈奴有部份加入鮮卑是可信的。不過，匈奴餘部加入鮮卑是東漢以後的事，實不能說鮮卑族原始主源有一半源于匈奴。其說參〈鮮卑源流考〉，《黑龍江文物叢刊》1982年3月，頁8～14。

〔註12〕服虔乃東漢末人，其說見《史記·匈奴列傳》注引《索隱》。至於西胡一名，可參《晉書·四夷·西戎·焉耆國列傳》，該傳稱焉耆王會滅龜茲王，「遂霸西

其自稱則不明。東胡活動範圍在匈奴之東、燕國之北,《史記·匈奴列傳》陳述甚明。

　　春秋時代,東胡只是燕北部落之一而已,尚無部落聯盟的出現,《史記·匈奴列傳》云:

　　　　晉文公攘戎翟,……而晉北有林胡、樓煩之戎,燕北有東胡、山戎,
　　　　各分散居谿谷,自有君長,往往而聚者百有餘戎,然莫能相一。……
　　　　其後燕有賢將秦開,……襲破走東胡,東胡卻千餘里。……燕亦築
　　　　長城,自造陽(河北獨石口附近)至襄平(遼寧遼陽市),置上谷、
　　　　漁陽、右北平、遼西、遼東郡以拒胡。

是則西元前七世紀時,東胡為北邊部落之一,自晉文公尊王攘夷以來,諸部落先後為趙、魏、秦、燕所破走,大約遲至西元前三世紀初,秦開亦卻東胡,而燕遂築長城置五郡,〔註13〕是則五郡之地原也應是東胡活動地區之一。

　　東胡經此打擊而北卻,似於秦漢之間,因休養生息而復強,向匈奴需索不已,并西侵,乃引起二胡之戰。《史記·匈奴列傳》謂冒頓單于擊之,「大破滅東胡王,而虜其民人及畜產」;接著西破月氏,南并樓煩、白羊河南王,成為北方強國,控弦之士三十餘萬,此乃西元前三世紀之末矣。

　　據此,「東胡」在上古時代活躍了起碼五個世紀,為冒頓所破滅而名稱消失於歷史舞台。由其與匈奴爭戰和畜產被虜,可知曾一度是東北方之遊牧強權,最高領袖稱「東胡王」(可能是漢人的稱呼),而非如匈奴般稱為單于。

　　東胡破滅,但非全部民人及畜產都被匈奴虜獲,起碼有兩支殘部退卻保存,此即烏桓與鮮卑。《後漢書·烏桓鮮卑列傳》云:

　　　　烏桓者,本東胡也。漢初,匈奴冒頓滅其國,餘類保烏桓山,因以
　　　　為號焉。……鮮卑者,亦東胡之支也,別依鮮卑山,故因號焉。……
　　　　漢初,亦為冒頓所破,遠竄遼東塞外,與烏桓相接,未常通中國焉。

這種說法與王沈《魏書》相同。大體在漢魏人的瞭解中,東胡曾是一個強大的「王國」,被匈奴破滅後,殘部分兩支逃亡,一支退保烏桓山(內蒙赤峰市阿魯科爾沁旗西北),另一支退保鮮卑山(內蒙哲盟科爾沁左翼中旗西),隨後各

胡,葱嶺以東莫不率服」(卷九十七,頁2542),則西胡區位可徵。歐洲有些
　　學者認為東胡即通古斯族(Tunguse)之對音,為多數中、日學者所不採,故
　　筆者在此以漢晉當時人的區位概念證之。
〔註13〕《史記》同傳說秦開是與荊軻於西元前二二七年刺秦王的助手秦舞陽之祖,
　　故秦開卻東胡約是西元前三世紀初之事。

因山為號。〔註14〕，由於鮮卑在烏桓之北，與中國隔絕不通，故西漢只知有烏桓而未知有鮮卑。鮮卑自東漢三國始被知，筆者以為先後被知的時間差異，可能是造成漢魏時人以為烏桓是東胡正裔，而鮮卑則為支裔的原因。若是，前引服虔所謂「東胡，烏桓之先，後為鮮卑」的說法，即可得而解。要之，「鮮卑」一名出現在國史舞台，已是東漢光武帝西元後一世紀前期之事了，上距退保鮮卑山已二百餘年，這段時間其歷史記載是中空的。

由於烏桓與鮮卑有極密切的關係，故對烏桓的發展需先作概略性瞭解。〔註15〕

根據《後漢書·烏桓鮮卑列傳》，烏桓曾因孤弱，「常臣伏匈奴」，為匈奴左地王長所奴役。西元前二世紀末，霍去病破左地，因徙烏桓於上谷、漁陽、右北平、遼西、遼東五郡塞外，並置護烏桓校尉監領之，使不得與匈奴交通。這是烏桓回歸東胡故地的開始。「昭帝時（前86～至前74），烏桓漸強，乃發匈奴單于塚墓，以報冒頓之怨」，因烏、匈戰爭而令漢捲入，故漢亦懲擊烏桓，范明友斬首六千餘級，獲三王首而還，此役應在西元前78～77年發生。〔註16〕稍後漢、烏尚頗有交戰，而烏桓屢敗，乃稍保塞降附，以至於一世紀初的王莽時代。烏桓曾「報冒頓之怨」，而鮮卑未聞有此舉動，可能也是烏桓被漢魏視為東胡正裔的另一原因。

王莽時烏桓怨叛，附於匈奴而攻中國，但也於西元46年（光武建武二十二年）一度乘匈奴衰亂而擊之，使「匈奴轉北徙數千里，漠南地空」，這是烏桓為他自己及後來的鮮卑，向匈奴開拓了生存空間的要事。三年以後烏桓大人九百二十二人歸附，漢稍後復置護烏桓校尉於上谷寧城，並兼領鮮卑。這是烏桓、鮮卑同時接受護烏桓校尉監護之始。東漢盛時，明、章、和三世（58

〔註14〕 黃烈以為二族不是因山得名，而是以族名山；並謂烏桓可能源出赤夷，鮮卑則似與白夷有關。又說他們在東胡以前各以獨立部落存在，後加入東胡聯盟，東胡瓦解後又各自以族相聚，恢復了各自的族號（參其《中國古代民族史研究》，頁222～225，北京：人民出版社，1987年7月）。其說似推論過當，學者頗不取。至於烏桓、鮮卑二山，其位置亦有異說，近今林幹以為分在阿魯科爾沁旗西北，及哲盟科爾沁左翼中旗西（參其《東胡史》頁3，呼和浩特：內蒙古人民出版社，1989年），今據之。

〔註15〕 前引馬長壽《烏桓與鮮卑》、黃烈《中國古代民族史研究》、林幹《東胡史》等書，對烏桓史皆有詳細論述，本文重點在鮮卑，故於此僅論其發展概略，尤其與鮮卑史息相關者為然。

〔註16〕 據《漢書·昭帝紀》，范明友破烏桓而封侯，事在元鳳四年（前77）夏四月，其奉命討伐則在三年冬。

～105 年）皆保塞無事，以後烏桓與鮮卑、南匈奴或聯合攻漢，或相互攻擊，關係複雜，漢末且參與中國內戰，至 297 年（建安十二年）為曹操所破，諸部分散徙居中國，往往為州郡收編為突騎，甚至後來捲入八王之亂和五胡之亂，漸漸消失於中國歷史舞台。

烏桓接受護烏桓校尉監護後的四百餘年間，節節南移，並由五郡向西發展，分散於北方廣大地區，但卻始終沒有如匈奴般建立過統一國家。各地烏桓部落至漢靈帝初，相當於二世紀六、七十年代，始有強部互相稱王，且在 187 年（靈帝中平四年）因前中山太守張純叛入遼西烏桓，自號彌天安定王，成為諸郡烏桓元帥，烏桓首次出現統合之勢。不過，張純翌年被漢募斬，北州乃定。降至獻帝初平（190～193 年）中，遼西烏桓蹋頓崛起，「總攝三郡（上谷、右平北、遼東），眾皆從其號令」，協助袁紹割據河北，至 207 被曹操斬於柳城，此為烏桓史上唯一一次由烏桓人領導的部落聯盟，也就至此結束。蹋頓聯盟可能是因漢人張純的先前遺規而形成的。〔註 17〕

鮮卑的發展與烏桓頗不同。鮮卑遠竄遼東塞外，為烏桓所阻隔而未嘗通於中國。當烏桓節節南移時，鮮卑隨著其腳步也節節南移，漢魏史官記述他們的事跡時，已是活動於饒樂水（西拉木倫河）的時期了。〔註 18〕

大抵上，鮮卑在兩漢之間出現於歷史舞台，早期協同匈奴及赤山烏桓寇侵中國，累為遼東太守祭肜所敗。48 年（光武建武二十四年）匈奴分裂，南匈奴內附，祭肜乃以財利招撫鮮卑「大都護」偏何歸附，49 年鮮卑始通驛使。其後偏何等乃以擊匈奴自效，尋亦助漢擊烏桓。明、章時諸部鮮卑保塞無事，似自 58 年（明帝永平元年）起，諸部大人並詣遼東受賞賜，漢歲給錢二億七千萬為常。〔註 19〕

其後，鮮卑據有匈奴之地，吸收其餘部，壯大後漸成漢朝邊患。《後漢書・鮮卑列傳》云：

〔註 17〕 張純叛入遼西依附烏桓領袖丘力居，統合諸郡烏桓入寇。丘力居死後，從子蹋頓代總三郡烏桓，可見三人對聯盟的發展應有一定的關係，而蹋頓乃是繼承張純、丘力居原有的整合而已。參《後漢書・烏桓列傳》（卷九〇，頁 2984），《三國志・烏丸列傳》（卷三〇，頁 834）文字全同，顯然皆本於同一史源，後傳注引《英雄記》證實蹋頓對其他諸王有「節度」關係（頁 834），應為聯盟長。
〔註 18〕 參見上注所引《後漢書》、《三國志・鮮卑傳》因《漢記》已載，故略不述，然裝注引王沈《魏書》則頗述鮮卑早期事，且稱饒樂水為作樂水（頁 836）。
〔註 19〕 除了同上注所引《後漢書》及《魏書》外，祭肜之功及大都護偏何之事，可參《後漢書・祭遵列傳・肜附傳》，卷二〇，頁 744～746。

和帝永元（89～104 年）中，……北單于逃走，鮮卑因此轉徙，據其地。匈奴餘種留者尚有十餘萬落，皆自號鮮卑，鮮卑由此漸盛。……安帝永初（107～113 年）中，鮮卑大人燕荔陽詣闕朝賀，鄧太后賜燕荔陽王印綬，赤車參駕，令止（護）烏桓校尉所居寧城下，通胡市，因築南、北兩部質館，鮮卑邑落百二十部各遣入質。是後或降或畔，與匈奴、烏桓更相攻擊。〔註20〕

此時鮮卑各部是以所在地命名的，如遼東鮮卑、遼西鮮卑、代郡鮮卑等，與烏桓情況略同，殆無聯盟組織。鮮卑成立大聯盟，第一次是在桓、靈時代。《後漢書·鮮卑列傳》云：

桓帝（147～167 年）時，鮮卑檀石槐者，……年十四、五，勇健有智略。異部人抄取其外家牛羊，檀石塊單騎追擊之，所向無前，悉還得所亡者，由是部落畏服。乃施法禁，平曲直，無敢犯者，遂推以為大人。檀石槐乃立庭於彈汗山歠仇水上，去高柳北三百餘里，兵馬甚盛，東、西部大人皆歸焉。因南抄緣邊，北拒丁令，東卻夫餘，西擊烏孫，盡據匈奴故地，東西萬四千餘里，南北七千餘里，網羅山川水澤鹽池。……朝廷積患之，而不能制，遂遣使持印綬封檀石槐為王，欲與和親。檀石槐不肯受，而寇抄滋甚。乃自分其地為三部：從右北平以東至遼東，接夫餘、濊貊，二十餘邑為東部；從右北平以西至上谷，十餘邑為中部；從上谷以西至敦煌、烏孫，二十餘邑為西部。各置大人主領之，皆屬檀石槐。

亦即檀石槐以勇敢公平被選為部落大人，四征外敵而強大，統一了東、西各部落，建庭於彈汗山，劃分全國為三部份。檀石槐領土廣大，與漢相當，〔註21〕故不得不摹倣匈奴於單于庭之外，另置左、右二地的體制。檀石槐與漢並大相峙，於 181 年（靈帝光和四年）死。子和連代立，以貪淫不公，國內叛亂，尋中箭死。其後內爭，眾遂離散，聯盟維持了約三四十年。

鮮卑第二次聯盟由軻比能領導，規模較小，約當三國時代。大抵在第一

〔註20〕 上引《魏書》質館作質宮，入質作二十，又謂匈奴餘種自號鮮卑兵云云，與《後漢書》略異。按：北單于逃走事在和帝永元初，餘種加入鮮卑應繫於此時為是，且他們自號鮮卑，應無自號鮮卑兵之理。築館受質也不應稱質宮。至於部落數目之異則待考。

〔註21〕 《續漢書·郡國志序》引《帝王世記》，謂漢朝領土東西九千三百二里，南北萬三千三百六十八里（參《後漢書》志十九註，頁3388），故曰相當。

次聯盟國亂眾離過程中，中部本部以步度根（檀石槐兄子）與小種鮮卑軻比
能為內爭主力，而漸漸併於後者；東部鮮卑諸部大人分散出來，一度參與中部
內爭，後來直接與魏交通；西部鮮卑也曾一度助魏將田豫征討軻比能集團。是
則軻比能所統合者，其實以中部諸部落為主。《三國志・鮮卑傳》對此時期
有概略記述：〔註 22〕

> 軻比能本小種鮮卑，以勇健，斷法平端，不貪財物，眾推以為大人。
> 部落近塞，自袁紹據河北，中國人多亡叛歸之，教作兵器鎧楯，頗
> 學文字，故其部勒部眾，擬則中國。……比能眾遂強盛，控弦十餘
> 萬騎。每鈔略得財物，均平分付，一決目前，終無所私，故得眾死
> 力，餘部大人皆敬憚之，然猶未能及檀石槐也。……（青龍）三年
> 中，（幽州刺史・護烏丸校尉王）雄遣勇士韓龍刺殺比能，更立其弟。

按軻比能如同檀石槐般，以勇敢公平被推為大人，至於組織部勒，更明顯受到
漢人及漢文化的影響。軻比能強大時間約在建安、黃初間，即西元三世紀十至
三十年代之事，而被刺客殺於 235 年，亦即於檀石槐死後約三十年間強大的。
軻比能事業之結束與魏朝刺殺有關，其實他的不能統一三部，復振檀石槐事
業，也與王雄前任田豫的策略成功有關。《三國志・田豫傳》云：

> 文帝（220～226 年）初，北狄強盛，侵擾邊塞，乃使豫持節護烏丸
> 校尉，牽招、解儁並護鮮卑。自高柳以東，濊貊以西，鮮卑數十部，
> 比能、彌加、素利割地統御，各有分界；乃共要誓，皆不得以馬與
> 中國市。豫以戎狄為一，非中國之利，乃先構離之，使自為讎敵，
> 互相攻伐。……為校尉九年，其御夷狄，恆摧抑兼并，乖散強猾。

高柳是代郡郡治，在彈汗山南，由此以東至濊貊，即包括了中部及東部鮮卑，
這裡在檀石槐時代約有三十餘部。彌加、素利等皆為東部大人，種類多於軻比
能。此時烏桓校尉屯燕國之昌平，田豫在此實施主動的離間分化和聯合軍事行
動，〔註 23〕使鮮卑不能統一，而且互相仇伐，收到了「御夷狄」的效果。王雄
只是採取更劇烈的手段，瓦解了軻比能的威脅而已。值得注意的是，根據《三
國志》卷二六〈牽招傳〉及卷三五〈諸葛亮傳〉注引《漢晉春秋》，蜀漢數出

〔註 22〕　《後漢書・鮮卑列傳》與王沈《魏書》只述至步度根立，《三國志》所記即是
　　　　記此以後至 235 年（魏明帝青龍三年）軻比能被刺為止。此段本文述軻比能
　　　　時期之事即據於《三國志》。
〔註 23〕　東部種類多於軻比能，及魏對之分化，可詳《三國志・鮮卑傳》，卷三〇，頁
　　　　836～840。

兵北伐，皆曾連結軻比能。是則軻比能對魏為患，遠大於檀石槐之對東漢，這可能是其被刺死的原因。

另外值得注意的是，慕容氏見諸歷史的第一個領袖莫護跋，已於魏初率部落入居遼西，軻比能被刺後三年——景初二年（238），從司馬懿討平遼東公孫淵有功，拜為率義王，始建國於棘城（遼寧義陽縣西）之北，自此展開了慕容氏自己的歷史。是則莫護跋可能也曾是魏朝分化聯合對象之一，並且收到了預期的效果。

大體而言，鮮卑慕容氏早期發展不明，他的先世東胡在秦以前有五百年以上的歷史，其後一支烏桓繼起出現，中經兩漢魏晉，也有五百年左右的發展，及至鮮卑在一世紀出現，經兩百年而有慕容氏。《史記・匈奴列傳》稱匈奴在冒頓以前千有餘歲，「時大時小，別散分離」，而世傳不可得而次云，其實這是早期遊牧民族的正常現象，鮮卑史也是如此發展的。慕容氏之進入中國歷史，除了鮮卑本身因素外，與魏晉政策也有著極大的關係。

三、慕容氏的獨立部落時期

三世紀三十年代慕容氏出現在中國歷史舞台，當時已入居遼西。慕容氏從何而來？為何以慕容為號？《晉書・慕容廆載記》（以下諸慕容載記各以姓名簡稱之，如〈慕容廆載記〉）對此有說明：

> 慕容廆字奕洛瓌，昌黎棘城鮮卑人也。其先有熊氏之苗裔，世居北夷，邑于紫蒙之野，號曰東胡。……為匈奴所破，分保鮮卑山，因以為號。曾祖莫護跋，魏初率其部落入居遼西，從宣帝（司馬懿）伐公孫氏有功，拜率義王，始建國於棘城之北。時燕代多冠步搖冠，莫護跋見而好之，乃斂髮襲冠，諸部因呼之為步搖，其後音訛，遂為慕容焉。或云慕二儀之德，繼三光之容，遂以慕容為氏。

此段記載與《十六國春秋輯補・前燕錄一・慕容廆》（以下簡稱《十六國春秋・廆錄》，諸慕容引法同此）大抵同，殆皆出於燕史官所追述。不過亦有所異，《十六國春秋・廆錄》謂出於高辛氏，又謂「邑於紫濛之野，世居遼左」。按五胡自稱中國聖王之後，或出於政治需要，殆未可盡信。〔註24〕王沈《魏書》

〔註24〕 曹仕邦〈史稱「五胡源出中國聖王之後」的來源〉一文，說出於唐太宗重修《晉書》的政治要求，尤以鮮卑族系為然（《食貨月刊》復刊 4~9，頁 28~31，民國 63 年 12 月）。筆者以《十六國春秋》本於燕史官所述，原本即有出於先聖（帝嚳高辛氏）之說，《晉書》只是改為有熊氏（黃帝）而已。或許北《魏書》

與前引《後漢書‧鮮卑列傳》同，皆謂被冒頓所破而遠竄遼東塞外，此即遼左是也，紫蒙之野殆即在此地區，而非在今遼寧朝陽西北。〔註25〕至於慕容之號與二儀三光的學說有關，則恐是附會之談，因為沒有證據證實莫護跋以前漢化程度已至於認識此學說。不過步搖之說似不見得完全是附會之談，因為上述《後漢書》及《魏書》都說鮮卑「言語習俗與烏桓同」，烏桓「以髡頭為輕便，婦女至嫁時乃養髮，分為髻，著句決，飾以金碧，猶中國有簂步搖（《魏書》作冠步搖）」。近年遼寧西丰西岔沟古墓群出土中，有許多金銀珠飾，可以證明東胡族系極可能有步搖冠飾之事。西丰位漢遼東郡東北角，是遼東烏桓及遼東鮮卑的活動區，故二族有冠步搖的習慣乃屬可能之事。因而，莫護跋斂髮襲冠，諸部音訛為慕容，應有可能。〔註26〕

不過，研究者多主慕容源出檀石槐聯盟中部大人之說，此說蓋本於王沈《魏書》。王沈系出太原王氏，祖柔曾任漢之護匈奴中郎將，沈子即八王之亂時割據幽州，與鮮卑烏桓關係極密，乃至以女妻段氏鮮卑的王浚。〔註27〕王沈於正元（254～255）中撰《魏書》，此時正是莫護跋的時代，由於其家與匈奴、烏桓、鮮卑關係密切，故記述檀石槐聯盟亦較詳細。他說檀石槐：

> 分其地為中、東、西三部，從右北平以東至遼，扶夫餘、濊貊為東部，二十餘邑，其大人曰彌加、闕機、素利、槐頭。從右北平以西至上谷為中部，十餘邑，其大人曰柯最、闕居、慕容等，為大帥。從上谷以西至燉煌，西接烏孫為西部，二十餘邑，其大人曰置鞬落

稱拓跋鮮卑源出黃帝，故《晉書》援此而改邑。要之五胡為政治號召而附會先聖之後，殆不可盡信。

〔註25〕林幹《東胡史》據《讀史方輿紀要》謂紫蒙川在朝陽西北（頁84），則紫蒙川在遼西了。余意烏桓以赤山為祖山，故本部所至之處常名其附近大山為赤山。鮮卑山在遼東，紫蒙之野當在附近，故疑此處紫蒙川應如烏桓例是後來命名。

〔註26〕西岔沟文化有數以萬計漢代文物，在1856年出土，文化特徵兼有東胡及匈奴色彩，一般認為屬於烏桓文化，參孫守道〈匈奴西岔沟文化古墓群的發現〉（《文物》1960年8，9期合刊），曾庸〈遼寧西丰西岔沟古墓群為烏桓文化遺跡論〉（《考古》1961年，6期）及林幹（東胡史）（頁8～9及17）。按：曾庸據地理位置論定西岔沟文化為遼東烏桓所有，認為與東漢晚期鮮卑文化不同，判斷西丰屬于鮮卑人的可能性很少。筆者以為鮮卑山在西丰西北，位近漢代遼東郡，鮮卑遠竄遼東塞外後南移，故此地區也極有可能是遼東鮮卑活動地區。至於慕容訛為步搖，白鳥庫吉認為與慕容之同名異譯——慕輿或莫輿之音聲有關，詳其《東胡民族考》（四）（《史學雜誌》22-1，明治四十四年），頁68。

〔註27〕浚附於沈傳，王沈列於《晉書》卷三九。

羅、日律、推演、宴荔游，皆為大帥，而制屬檀石槐。

據此，慕容乃中部大人中之大帥級領袖。按東胡有「氏姓無常，以大人健者名字為姓」，或謂「以父之名字為姓」的習慣，〔註28〕慕容氏亦有此俗例，如慕容廆的庶兄吐谷渾──莫護跋的庶曾孫──別部分離，西遷河隴，至其曾孫時遂以吐谷渾為號，建國於青海一帶。〔註29〕《後漢書‧鮮卑列傳》及王沈《魏書》皆說自檀石槐死後，「諸大人遂世相傳襲」，是則以大人或父名為姓，乃是二而一、一而二之事，慕容氏獨立部落時代仍保存此風。《資治通鑑》（以下簡稱《通鑑》）本諸後漢、魏二書，而持「莫護跋自塞外入居遼西棘城之北，號曰慕容部」之說，而未採二儀三光和步搖兩說，表示了存疑的態度。胡三省據此解釋，說中部大帥慕容乃「慕容部之始」，即是援此習慣以為據。〔註30〕

胡三省同時又謂「步搖之說誕」，根據上面推論，是尚不能遽斷。筆者以為，漢以前鮮卑各部常以地名冠之，如遼東鮮卑、漁陽鮮卑是也，而晉世則常以氏命名，也常逕稱之為「國」，故拓跋部、段部、宇文部、慕容部，《晉書》亦稱之拓跋國、段國、宇文國及慕容國，其人民自稱亦有「本國」之名，這應是聯盟解體、檀石槐死後部落分化，及由選舉制變為世襲制，常以大人之名為姓的結果。莫護跋始「建國」於棘城之北，必須有以為號，由於原屬中部部落，故乃以半世紀前大帥之名為部國之號，稱為慕容氏。司馬光並無明顯否定莫護跋斂髮襲冠之說，筆者以為慕容部在遼東鮮卑時代可能漸有冠步搖之風氣，至是連莫護跋亦冠之，成為其全部落特色，故諸部訛音以為慕輿或至慕容，遂以為氏，宜待確考。〔註31〕

慕容氏由遼東塞外紫蒙之野，漸漸向西遊牧遷徙，而於二世紀中期來至中部為大帥。東漢漁陽、右北平二郡之對北，正值饒樂水之上源，所以能每年季春大會於此水也。檀石槐聯盟解散後，他們從中部組織離析出來，漸漸

〔註28〕 前說《後漢書‧烏桓列傳》（卷九○，頁2979）與王沈《魏書》（《三國志》卷三○，頁832）同，《史記‧匈奴列傳》注引《續漢書》（卷一一○，頁2885）則主後說。

〔註29〕 參《宋書》卷九六〈鮮卑吐谷渾列傳〉，吐谷渾在北《魏書》及《北史》亦有傳。

〔註30〕 參《通鑑》（台北：宏業書局新校本，1983年）卷八一晉武帝太康二年三月條並注，頁2576。

〔註31〕 與慕容氏關係密切諸部，如拓跋氏源出大鮮卑山，以辮髮為主而稱索頭，宇文氏為匈奴與鮮卑合成的部落，段氏混合成份更明顯，皆未有冠步搖之記錄，慕容氏此特色可見。至於音訛之解釋見註26白鳥前揭文。

向東南，移入長城塞內，於三世紀三十年代建國於遼西棘城之北。遼西郡在魏晉改稱昌黎郡，故〈慕容廆載記〉稱為昌黎棘城人。揆諸拓跋氏由大興安嶺北段的大鮮卑山，向西南移牧至陰山、河套一帶，成為西部大帥的發展，則慕容氏之移牧並非不可能之事。至於慕容氏為何向東南移入塞內？是否因軻比能中部內爭的壓力？抑或因軻比能與東部諸大人爭鬥的壓力？更抑或純為了牧地的尋求，或者接受了魏朝的安撫？此皆不易作答？要之，慕容氏降至 318 年（東晉元帝太興元年），仍然一再遷都，以行國形式呈現，〈慕容廆載記〉記莫護跋以後的發展略云：

> 祖（莫護跋之子，廆之祖）木延，左賢王。父涉歸，以全柳城之功，進拜鮮卑單于，遷邑於遼東北，於是漸慕諸夏之風矣。……涉歸死，其弟耐篡位，……後國人殺耐，迎廆立之。……遣使來降，帝喜之，拜為鮮卑都督。……太康十年（289），廆又遷于徙河之青山。廆以大棘城即帝顓頊墟也，元康四年（294）乃移居之。

是則慕容氏四世，自建國棘城之北後，凡三次遷都，終仍還於大棘城，遊牧所至大抵以魏晉昌黎郡範圍為主（參圖一）。

　　由「世居北夷，邑于紫蒙之野」，後為中部十餘邑其中之大帥，以及涉歸時「遷邑於遼東北」，顯示其部族始終以邑落形式生活，與其他烏桓、鮮卑部落大抵相同。〔註32〕王沈《魏書》記烏桓邑落政治云：

> 常推募勇健能理決鬥訟相侵犯者為大人，邑落各有小帥，不世繼也。
> 數百千落自為一部，大人有所召呼，刻木為信、邑落傳行，無文字，而部落莫敢違犯。……大人已下，各自畜牧治產，不相徭役。

《後漢書。烏桓列傳》略同而簡，使邑落組織的解釋有異說，〔註33〕王沈與鮮卑關係密切，所記應是魏世尚可知之事，故據之。根據引文顯示，東胡部落原無階級分化，無稅政徭役制度，社會組織應分部—邑—落三級，身份依次為大人——小帥——部民，領袖一職是推選的而非世襲。

〔註32〕東胡系的烏桓、鮮卑皆邑落而居，其詳參馬長壽《烏桓與鮮卑》頁 120～127，171～179，黃烈《中國古代民族史研究》頁 240～251，林幹《東胡史》頁 18～23。

〔註33〕產生問題的關鍵地方一為邑或邑落的名稱，一為落與戶的關係，一為落的人口，上注所引黃著及林著即有辯論。筆者以為落即帳落，邑為落之上的單位，「邑落」連稱猶如漢魏之連稱郡縣而已。故《後漢書》、《魏書》所稱「邑落」，應可標點為「邑、落」，文意將更明顯。

　　上引《通鑑》謂莫護跋建國棘城之北而稱「慕容部」，是則莫護跋顯然是慕容部大人，只是此時世襲制已形成了。他們稍後遷邑遼東北，即表示仍實行邑落組織，其手下應有若干小帥，每小帥又統領若干帳落，每落約有七、八人。〔註34〕至於部落大小，有數百落至數萬落者，所謂數百千落自為一部可能是一般情況。慕容部有多少邑落不詳，要之當時不是最強大部之一，也比不上宇文及段氏兩部，則〈虜載記〉可證之。

　　莫護跋初拜率義王，木延為左賢王，涉歸為鮮卑單于，慕容廆初拜鮮卑都督，永嘉初（307年）自稱鮮卑大單于。率義王與鮮卑都督為魏晉官爵，左賢王、單于、大單于則是匈奴君長，〔註35〕顯示這時慕容氏部落長似已不稱大人（鮮卑本稱可汗）。

　　按東漢制度：「四夷國王、率眾王、歸義侯、邑君、邑長，皆有丞，比郡、縣」。〔註36〕晉、宋官志無載，殆比照漢制。是則莫護跋之率義王不過比郡，其屬下的小帥（邑君、邑長）不過比縣罷了。漢封內附的鮮卑君長為王侯是慣例，檀石槐強大時，漢亦不過遣使持印綬封為王，而檀石槐不肯受，《後漢書・鮮卑列傳》已言之。《三國志・鮮卑傳》則謂魏時封與軻比能競爭的步度根為王，歸泥為歸義王，至於軻比能來貢獻時亦不過立為附義王而已。是則漢魏對鮮卑盟主、部酋，一概封以率義、附義、歸義諸王號，魏末始以匈奴君長封木延。

　　木延的左賢王與廆的初拜鮮卑都督，皆非匈奴元首稱號，僅屬王長部酋等級，亦即表示魏晉政府視慕容氏只是這種等級的領袖，涉歸的鮮卑單于是以軍功進拜的，廆的大單于更是自稱的。事實上，慕容廆雖自稱鮮卑大單于，也決非泛指統領全鮮卑族。在東胡系統中，漢末早已封烏桓蹋頓等三個部落長為單于，且有左、右單于之官稱，〔註37〕是則單于位號已官職化，用以處強部大

〔註34〕按遊牧部落多行收繼婚制，其家庭多為複合家庭，但人口卻不見得非要有二十餘人不可，南匈奴內附時每戶約七人，鮮卑慕容氏為前秦滅亡前後每戶亦約七、八人左右（參黃烈前引書頁242），應是值得參考的數據。

〔註35〕魏晉時匈奴有都督之官，如咸寧五年三月有匈奴都督，十月有匈奴餘渠都督，分率部落歸化（見《晉書・武帝紀》，卷三，頁70），這時正是涉歸時代。莫護跋時烏桓也有都督（《三國志・明帝紀》景初元年七月，卷三，頁109），故可能是魏晉授予部落大人的官號。

〔註36〕見《後漢書・百官五》，志卷二八，頁3632。

〔註37〕《三國志・烏桓傳》稱袁紹曾矯制賜遼西烏桓蹋頓、遼東屬國烏桓峭王、右北平烏桓魯皆為單于，三領袖原皆為率眾王。注引《英雄記》錄三單于版文，稱「烏桓單于（應指蹋頓）都護部眾，左、右單于受其節度」（參卷三〇，頁834）。

酋，比率義、率眾王較為尊貴而已。鮮卑族中，涉歸在魏晉之間進拜單于是較早的一個例子。拓跋氏這時已強大，拓跋祿官於 295 年（惠帝元康五年）將其國分為三部，頗有恢復檀石槐規模之勢，305（永興二年）其中部領袖拓跋猗㐌助司馬騰擊退劉淵軍隊，晉朝即假以大單于印綬。猗㐌同年死亡，不知與此有關否？因為祿官才是拓跋氏全部落領袖，不拜祿官為大單于是奇怪的事。猗㐌死後兩年，慕容廆自稱鮮卑大單于，是年（懷帝永嘉元年，307 年）北《魏書・序紀》亦記有「徒河大單于慕容廆遣使朝貢」之事，﹝註 38﹞表示拓跋氏不承認其「鮮卑大單于」之名位，而視他為徒河鮮卑的領袖而已。至 310 年（永嘉四年），晉朝拜拓跋猗盧為大單于・代公，另又拜鮮卑段務勿塵為大單于，﹝註 39﹞是則晉朝政策是以大單于位號授予鮮卑親晉的強大部落長，決不表示視之為當年匈奴帝國統領百蠻的天子。慕容廆之大單于是自號的，拓跋氏的東部大人宇文莫槐，約與慕容廆同時代，因部眾強盛，也曾自稱單于。﹝註 40﹞晉朝皆未重視之如同拓跋氏和段氏一般，《十六國春秋・廆錄・裴嶷附傳》謂西晉時，「朝廷以廆僻在荒遠，猶以邊裔之豪處之」，正可見其部族獨立地位及與晉的關係。

　　又《十六國春秋・廆錄》及〈慕容廆載記〉皆謂東胡時代，風俗官號與匈奴略同。筆者頗有懷疑，例如漢、魏、晉諸史書皆稱東胡部酋為大人，很可能是鮮卑語的漢文意譯，〈前言〉所列諸鮮卑語書今已失傳，莫可考釋，殊為憾事。今《南齊書・魏虜列傳》略記拓跋氏的官稱，可供旁參：

> 國中呼內左右為直真，外左右為烏矮真，曹局文書吏為比德真，檐衣人為樸大真，帶仗人為胡洛真，通事人為乞萬真，守門人為可薄真，偽台乘驛賤人為拂竹真，諸州乘驛人為咸真，殺人者為契害真，為主出受辭人為折潰真，貴人作食人為附真，三公貴人通謂之羊真。……

此即鮮卑語官稱，時在什翼犍時代。北《魏書・官氏志》云：

莫護跋參與征伐公孫淵時，亦有「右北平烏丸單于寇婁敦」參戰（參同註 35 明帝條）。

﹝註 38﹞其事皆見〈序紀・昭皇帝〉，北《魏書》卷一，頁 5～7。又昭帝祿官死於廆使來朝之年，兩年之後晉封其繼承人猗盧為大單于・代公（見〈穆皇帝〉，頁 7），此後拓跋部有代國之稱。

﹝註 39﹞詳《通鑑》晉懷帝永嘉四年十月，卷八七，頁 2752～2754。

﹝註 40﹞宇文氏後來被慕容滅亡時，一部份遠遁漠北，餘部五千餘落被徒於昌黎，其數字可供參考。詳《北史・匈奴宇文莫槐列傳》，卷九八，頁 3267～3268。

> 建國二年（339），初置左右、近侍之職，無常員，或至百數，侍直
> 禁中，傳宣詔命，皆取諸部大人及豪族良家子弟。……又置內侍長
> 四人，……若今之侍中、散騎常侍也。

是則直真、烏矮真諸官殆即左右近侍，皆鮮卑貴族子弟任之，而無需譯成漢式官稱。這些官稱，與《史》、《漢》〈匈奴傳〉所記匈奴官號顯然不同。慕容廆於 317 年被東晉正式拜為大單于，其子皝被拜為左賢王，則是慕容氏在獨立部落時期確曾封拜過匈奴官號，而且可能是魏末慕容木延為左賢王以後之事。

〈官氏志〉同時又謂「其諸方雜人來附者，總謂之烏丸，各以多少稱酋、庶長，分為南、北部，復置二部大人以統攝之」。史稱高琳為高麗人，六世祖欽為質於慕容廆而仕於燕，五世祖宗「率眾歸魏（拓跋），拜第一領民酋長，賜姓羽真氏」。〔註41〕高欽仕於廆，其子率部落歸拓跋氏而為酋長，則高欽父子仕廆也可能是酋長級領袖，拓跋氏對帶部落來附者各因其組織人眾而授予酋長、庶長的稱號罷了。

周一良根據〈魏劉玉墓志〉所述匈奴裔劉玉之曾祖，在拓跋氏拓定恆代時，率眾從駕，遂「依地置官為何渾地汗，爾時此班例亞州牧」云。周一良乃解釋說：「率其部落從駕，遂因其地立何渾地汗之官號以命之。汗乃王侯貴人之尊稱，當時此類當復不少。領民酋長之稱雖是漢名，實亦給與此種部落酋帥之稱號，猶何渾地汗是也。」〔註42〕嚴歸田師對其說有補充，指出部落所居，因地拜封，本因舊俗稱之為「汗」，子孫世襲之，其後乃用漢名「酋長」，汗或酋長封地一百至三百里，大小不一，部民多者近萬家。〔註43〕

部酋稱汗是東胡風習而非匈奴官號，北魏太武帝拓跋燾太平真君四年（443），遣使回大鮮卑山祝祭其祖先，祝文即有「皇祖先可寒」、「皇妣先可敦」、之號〔註44〕可汗即可寒，可敦乃可汗妻之號，可見由來已久。北《魏書·序紀》稱拓跋魏第一個皇帝為成皇帝毛，當時已「統國三十六，大姓九十九，威振北方，莫不率服」。降至宣帝推寅，開始遷離大鮮卑山。降至獻帝鄰，以衰老而傳位其子聖武帝詰汾，再行南遷。詰汾子始祖神元皇帝力微時已強大，控弦二十餘萬，於三世紀中葉遷都盛樂，與魏晉和親通好。按拓跋

〔註41〕參北《周書》本傳，卷二九，頁 495。
〔註42〕參其〈領民酋長與六州都督〉，《史語所集刊》20（上），頁 76～77，1948 年。
〔註43〕參其《魏晉南北朝地方行政制度》（台北：中研院史語所，民國 79 年，三版），頁 847～848。
〔註44〕參前引米文平文，頁 2。

氏先君之帝號乃後來追尊者，《通鑑》魏元帝景元二年（261）是歲條，即稱
為可汗毛、可汗推寅、可汗鄰，而稱拓跋力微則為「索頭部大人」。可汗鄰據
考就是第二推寅，也就是檀石槐的西部大人推寅。〔註45〕鮮卑語稱其部落長
為可汗，漢人稱之為大人，由此可證。是則拓跋氏遷至盛樂以前，領袖稱號
殆皆為可汗。

　　慕容氏降至四世紀初仍有稱可汗之舊俗，如北《魏書・吐谷渾列傳》載吐
谷渾分得七百戶為異部，與慕容廆所部因牧馬打鬥而衝突，乃於 317 年（東晉
元帝建武元年）西遷向河隴。廆遣使追謝之，不肯留。廆使乃跪曰：「可汗，
此非復人事！」遂自還。《宋書》同傳作「處可寒」，並解釋說：「處可寒，宋
言（即中國語）爾官家也。」〔註46〕這實是七百戶部落而領袖稱可汗，有一定
牧地之佳例。

　　拓跋氏在二世紀遷至陰山河套的匈奴故地，成為檀石槐的西部「大人」
之一，此時其領袖應稱為可汗無疑。同理，中部「大人」之一的慕容，也應
稱為可汗的。如推論成立，則稍後向東南遷徙的慕護跋、木延、涉歸以至慕
容廆，殆皆以可汗為稱號，否則拓跋部屬稱別部領袖的廆兄吐谷渾為可汗，
即不可解。

　　《通鑑》稱拓跋力微為索頭部大人，與中國漢、魏諸史通稱東胡部落長為
大人是一樣的，應是酋長、庶長官稱制度出現前的漢譯稱號，若有中國官爵者
有時也稱官爵。如《三國志・魏明帝紀》太和五年（231）四月，記述「鮮卑
附義王軻比能」來貢，卻於青龍元年（233）元月，稱之為「叛鮮卑大人軻比
能」，表示已削其王號。由拓跋氏原稱可汗，而被中國稱為大人，很可能大人
一名即是鮮卑語可汗的漢譯。除非為漢魏政府所拜，否則未見有鮮卑部落長或
盟主自稱單于之例。

　　大部落長稱為可汗，小部落長如吐谷渾也稱為可汗，是則可汗一名殆為
鮮卑大小部落長之通稱。約至四世紀中期，拓跋氏略作改革整理，始以大、
小部落長稱為酋長、庶長，於其上更置大人以統之。及至四世紀末柔然崛起
為大國，其領袖社崙「於是自號豆代可汗。豆代，猶魏（拓跋）言駕馭開張

〔註45〕詳馬長壽前引書，頁 241～242；林幹前引書，頁 90～91。
〔註46〕參《北魏書・吐谷渾列傳》，卷一〇一，頁 2233；《北史》同傳同，卷九六，
　　　　頁 3178～3179。《宋書》同傳可汗則作可寒（卷九六，頁 2369～2370），與祝
　　　　文同。《通鑑》繫於元帝建武元年，作一千七百戶，卻無可汗之稱（卷九〇，
　　　　頁 2852～2853）。

也；可汗，猶魏言皇帝也」。〔註47〕此即《宋書》所謂「官家」之意。此言若確，則道武帝時，北魏從前秦復國，釐革官稱，自此以皇帝為可汗的官稱，部落長改為酋長庶長，這時諸燕已為道武帝所亡。後來突厥有各種大、小可汗，殆即保存了原先東胡系的習慣。

若上述推論不謬，則慕容氏獨立部落時期，大小部落長對內殆皆本舊俗稱為可汗，莫護跋接受魏朝率義王的封爵，稍後接受左賢王、單于等稱號，始是匈奴制度，也就是一種匈奴化，以此接受東夷校尉監護。慕容廆在 294 年遷於大棘城後，即開始採用中國法制，302 年擊破宇文氏，乃以其臣慕與句掌府庫，慕興河典獄訟，〔註48〕強大起來。慕興氏是慕容氏貴族，戰爭、理財、獄訟是東胡族系內政之大要，當年選舉大人如檀石槐和軻比能，即以勇健、不貪、公平為要件，今慕容廆自當戰鬥，以財刑分付貴臣，則是其部落統治開始分工也。

四、從稱藩至建國的漢化統治及體制

所謂稱藩，是指 318 年（東晉武帝太興二年）慕容廆接受東晉官爵，擺脫「邊裔之豪」的部落屬國國格之事。所謂建國，是指 342 年（成帝咸康八年）慕容皝拜燕王遷都龍城，建立燕王國（前燕）之事。時間上是介於東晉前期，漢趙分裂為前、後趙，以漸至皆亡的時期。

從莫護跋率領諸部入居遼西，尋於 238 年助曹魏滅遼東自稱燕王的公孫淵，被拜率義王始，以至於慕容廆正式接受東晉官爵而稱藩，凡八十年間，不論是被封鮮卑單于、鮮卑都督，抑或自稱鮮卑大單于，慕容氏實是以獨立部落的姿態存在的。在中國政府來看，其國落充其量也只是一個邊郡上的「屬國」而已。東漢在遼東、遼西兩郡之間即置有遼東屬國，屬國都尉治昌遼，即魏晉時昌黎郡治的昌黎縣所在。正始五年（244）九月，《三國志·齊王芳紀》謂「鮮卑內附，置遼東屬國，立昌黎縣以居之」，恐與慕容鮮卑之來附有關，故慕容廆自稱昌黎郡人是也。屬國是指部落各依本俗而屬於漢朝之意，是接受領兵監護他們的屬國都尉監視的部落國。慕容氏遊居於棘城、昌黎、徒河之間，多在漢遼東屬國管轄範圍之內。〔註49〕兩晉無遼東屬國都尉建置，據〈慕容廆載

〔註47〕參《北史·蠕蠕列傳》，卷九八，頁 3251。
〔註48〕詳《通鑑》晉惠帝太安元年是歲條並注，卷八四，頁 2678。又慕興氏亦作莫興氏，是慕容氏之同名異譯，後分為二氏，詳白鳥庫吉前引文，頁 66～67。
〔註49〕詳嚴歸田師《秦漢地方行政制度》（中研院史語所，七十九年五月三版），頁 157～167。遼東屬國治昌遼，轄六縣，見《續漢書·郡國五·幽州刺史部》（《後

記〉，慕容氏等東北各部落國，皆歸受東夷校尉府監護。

　　慕容廆居於遼東北時，曾因欲攻打宇文鮮卑以報父怨，為晉武帝不許，遂入寇遼西、昌黎之間。屬國反叛歸附，在漢魏是常見之事，這時晉武帝已統一中國，在東夷校尉何龕督軍之下，廆作戰亦無大利可言，與部眾商議結果復降，〈慕容廆載記〉云：

> 廆謀於其眾曰：「吾先公以來世奉中國，且華、裔理殊，強弱固別，豈能與晉競乎？何為不和，以害吾百姓邪！」乃遣使來降。帝嘉之，拜為鮮卑都督。廆致敬於東夷府，巾衣詣門，抗士大夫之禮。何龕嚴兵引見，廆乃改服戎衣而入。

《晉書·武帝紀》太康三年（282）謂廆部為晉軍殺傷數萬人，降至太康十年（289）五月，廆與東夷諸國降者甚眾。據此可見，廆與部下是覺得民族不同、強弱有別——華人民族優越與國力強大，而求和請降的。晉拜之為部落都督，何龕以軍禮接見廆，應是有乘此機會將之中國官廳化，以其部落為軍，編隸於東夷府之意圖的，這年晉朝也拜匈奴劉淵為北部都尉，意圖正同。〔註50〕

　　按廆父涉歸遷邑遼東北後，已「漸慕諸夏之風」，故這時廆對何龕欲抗士大之禮。稍後於294年移居大棘城，乃「教以農桑，法制同于上國」，又於301年，燕地大水而「廆開倉振給，幽方獲濟」，惠帝因而嘉褒之。是則慕容廆漢化改革的傾向和成效，是相當明顯的。也就是說，作為晉的屬國，自覺文化、國力不如人而屈服，復又不見禮重於東夷校尉，使廆興起了圖強之心，遂順著其父漸慕華風的方向，加速發展。

　　涉歸為何遷邑遼東北乃漸慕華夏文化？廆為何能在遼西推行農業及中國法制，而有成效？〈慕容廆載記〉不易明。或許與大量漢人移入有關。

　　馬長壽《烏桓與鮮卑》認為幽州遼河流域自漢以來，漢人以四種方式先後大規模移入：

　　第一種方式是中國地方官員在失意或失敗後，率領部眾流民移入，如前述張純等於二世紀八十年代率流民十多萬投奔遼西烏桓，袁紹之子率部眾人民十多萬戶投奔遼西烏桓蹋頓是也。

　　第二種方式是北方州郡因災荒避役，或二世紀八十年代以後因黃巾之亂，士民大量遷入，幽州地區多至百餘萬人以上。

漢書》志二三，頁3530）。

〔註50〕詳本書〈從漢匈關係的演變略論劉淵屠各集團復國的問題〉篇。

　　第三種方式是因五胡之亂胡羯崛起，士民不願屈服及負擔稅役而大量遷入，這時正是廆的時期，廆之治下人口漸多，乃至增加十倍以上。

　　第四種方式乃是烏桓、鮮卑各部掠奪人口，或漢人的移民開拓，如曹操時代僅三郡烏桓即掠奪了幽州人口十餘萬戶。

　　這些漢人促進了東胡族系的改革，影響其政經文化。〔註51〕即以鮮卑而論，二世紀中期檀石槐聯盟建立，不斷寇掠，177 年朝議和戰，蔡邕即認為鮮卑強大，「加以關塞不嚴，禁網多漏，精金良鐵，皆為賊有。漢人逋逃，為之謀主」云云而主張守勢。〔註52〕東胡族系基本上在漢朝是處於銅器時代，〔註53〕中國因人民逋逃而促進其人才，因走私貿易而增強其戰術武器，使其聯盟因而更強大鞏固。二、三世紀間，軻比能崛起，史謂「自袁紹據河北，中國人多亡叛歸之，教作兵器鎧楯，頗學文字，故其勒御部眾，擬則中國，出入戈獵，建立旌麾，以鼓節為進退」。〔註54〕是則約半個世紀後，新來的漢人更教導了鮮卑武器製造技術、軍隊組織及指揮，以至學習文字。

　　軻比能末年就是慕容氏遷入遼西的時期，他們接觸中國文化而仰慕之，是極為可能的事。238 年莫護跋因從征遼東公孫淵之功而建國之年，這年單以遼東郡而言，即收得戶四萬，口三十餘萬，較 140 年（漢順帝永和五年）時該郡之六萬四千一百五十戶、八萬一千七十四口，〔註55〕人口多達四倍之眾。根據《三國志・管寧傳》，這個數字猶且是三國初期約三世紀二十年代，因中國少安而戶口多還後的數字，是則此前遼東戶口之盛，概可想見。這時魏昌黎郡（遼西地區）的實際戶口不詳，觀馬氏所述第一種移入方式計，遼西地區戶口也決不會太少。是則慕容廆服士大夫服裝推動農政及法制，其背景與基礎可想而知。

　　慕容廆初期活動地區仍以遼西昌黎郡北部為主，根據〈慕容廆載記〉太安（302～303）初宇文部以十萬兵圍棘城，廆部眾即已甚懼，可證慕容氏漢化初期的確未強，難怪其對宇文、段部兩國「卑辭厚幣」保持低姿態。此役戰勝而稍強，乃於懷帝永嘉初年（307）自稱鮮卑大單于。此時遼東太守龐本與東

〔註51〕參馬長壽前引書，頁 36～40。
〔註52〕詳《後漢書・鮮卑列傳》，卷九〇，頁 2990～2993。
〔註53〕詳林幹《東胡史》，頁 4～12。
〔註54〕詳《三國志・鮮卑傳》，卷三〇，頁 838。
〔註55〕漢遼東郡戶口見《續漢書》（同註49），魏景初二年收得戶口數見《晉書・宣帝紀》，卷一，頁 12。

夷校尉李臻內訌，附塞鮮卑素連、木津二部乘機作亂寇掠，新太守與校尉不能制，向廆歸附者相繼，廆納其子翰之言而採取行動，勢力乃擴及遼東、西。〈慕容廆載記〉云：

> 翰言於廆曰：「求諸侯莫如勤王，自古有為之君，靡不杖此以成事業者也。……單于宜明九伐之威，救倒懸之命，數連、津之罪，合義兵以誅之。上則興復遼邦，下則吞併二部，忠義彰於本朝（指晉），私利歸于我國（指慕容部），此則吾鴻漸之始也，終可以得志於諸侯。」廆從之。……二部悉降，徙之棘城，立遼東郡而歸。

慕容廆父子殆受經史之學影響甚深，故有此陽為尊王攘夷、陰實吞併稱霸的國策設定，的確是其政權鴻漸之始。這時為八王之亂末期，五胡亂華方始。311 年懷帝被劉淵俘至平陽，幽州軍閥王浚（王沉子）承制拜廆為散騎常侍‧冠軍將軍‧前鋒大都督‧大單于，稍後愍帝拜他為鎮軍將軍‧昌黎、遼東二國公，317 年琅邪王司馬睿在江東即晉王位，承制拜他為假節‧散騎常侍‧都督遼左雜夷流人諸軍事‧龍驤將軍‧大單于‧昌黎公，他都不接受。318 年（太興元年）因魯昌之言，乃順著先前的政策，做了國策性的決定，展開了表面稱藩，實則圖霸的真正發展，〈廆載記〉云：

> 魯昌說廆曰：「今兩京傾沒，天子蒙塵，琅邪承制江東，實人命所係。明公雄據海朔，跨總一方，而諸部猶恃眾稱兵，未遵道化者，蓋以官非王命，又自以為強。今宜通使琅邪，勸承大統，然後敷宣帝命，以伐有罪，誰敢不從！」廆善之，乃遣其長史王濟浮海勸進。及帝即尊位，遣謁者陶遼重申前命，授廆將軍‧單于，廆固辭公封。

魏晉政府一直只是將慕容部視為屬國而已，領袖不論怎樣也不過僅是鮮卑都督，依照魯昌的意思，在這種情況下自稱大單于，自以為強，也沒有什麼用處，比不上得王命任官的政治號召和影響力。這時兩京傾沒、二帝蒙塵，以推戴江東政權的方式邀獲王命，正是大好機會。不過，318 年三月琅邪王睿即皇帝位後，卻只是重申前命而已，實在令廆失望，不得不以辭公封表達不滿。因為魏晉官制，假節的份量比不上使持節，龍驤將軍不是重號將軍，郡公僅如小國王，〔註56〕猶不脫中央政府「以邊裔之豪處之」的色彩。

　　及至 320 年（太興三年）裴嶷奉使至建業，盛稱廆之德威，朝廷始重之，東晉乃遷拜廆為監平州諸軍事‧安北將軍‧平州刺史，算是中級的方面大員了。

〔註56〕詳《晉書‧職官志》卷二四，頁 726、729 及 744。

翌年十二月，東晉更遷拜廆為使持節‧都督幽平東夷諸軍事‧車騎將軍‧平州牧‧遼東郡公，食邑一萬戶，常侍、單于如故，「丹書鐵券，承制海東，命備官司，置平州守宰」。〔註57〕幽州軍閥王浚這時已亡於石勒，黃河以北已無晉朝大員，故東晉干脆以廆都督幽、平二州及東夷軍事，升為第三重號將軍，封萬戶大國，授予承制建置權，慕容廆至此乃成為晉朝在北方唯一方面大員。

從 318 年至 321 年，凡三年之間，慕容廆已由屬國外臣而內臣化，并在原有部落體制外建立漢式府朝，推行胡、漢二元統治。

其犖犖大者首在建立府朝。《通鑑》晉元帝太興元年三月，謂廆接受龍驤將軍一職後，「廆以游邃為龍驤長史，劉翔為主簿，命邃創定府朝儀法」。慕容廆的府朝建制殆應遵照晉制的將軍府，但情況不詳。太興四年已為北方唯一方面大員，有承制建置權，《通鑑》乃說他「備置僚屬，以裴嶷、游邃為長史，裴開為司馬，韓壽為別駕，陽耽為軍諮祭酒，崔燾為主簿，黃泓、鄭林參軍事」；另以其子皝為世子，作學舍名東庠，以劉讚為祭酒，使皝與諸生同受業，暇時亦親臨聽之。據此，慕容廆不僅以重號將軍加都督開府治事，兼且也建立了遼東國府朝。

事實上，慕容廆受任龍驤將軍開府以前，其政治人才即起用漢人，故〈慕容廆載記〉稱：

> 以河東裴嶷、代郡魯昌、北平陽耽為謀主，北海逢羨、廣平游邃、北平西方虔、渤海封抽、西河宋奭、河東裴開為股肱，渤海封奕、平原宋該、安定黃甫岌、蘭陵繆愷以文章才雋任居樞要，會稽朱左車、太山胡毋翼、魯國孔纂以舊德清重引為賓友。……於是路有頌聲，禮讓興矣。

三謀主、六股肱、四樞要其實都是他的重要政治顧問，三賓友及一祭酒則是他的文化與教育顧問，隱然已有朝廷架勢。至於太興四年重用他們為長史、司馬、別駕等，則是將之依制列入車騎將軍府為實作幕僚，〔註58〕已非顧問參議的閒職，所謂「委以庶政」是也。

建立府朝體制，確立文化教育政策與制度，起用漢人委以事權，是實施漢

〔註57〕〈慕容廆載記〉僅作都督幽州東夷諸軍事，時幽州王浚亡於石勒，故據他書應作幽、平二州，《通鑑》繫於十二月。

〔註58〕晉南朝制度，地方行政長官帶將軍加都督者，皆置將軍府，不必另置都督府，詳參嚴歸田師《魏晉南北朝地方行政制度》，頁 114～118。至於謀主、股肱等人物，《通鑑》繫於建興元年（312）四月。

化統治的首要，與此期間前趙主劉曜廢棄胡漢二元，國家專採單一漢式體制，民族認同則強調匈奴脉統頗異，也和石勒的胡、漢雜用而諱胡尤甚的國策極為不同〔註59〕。這是慕容氏較二趙對北方晉人更具政治號召力的原因。

其次，在建立地方政府，以安撫流民。蓋自四世紀初胡羯在河北寇掠戰亂，士民大量逃亡，因為石勒等發展方向指向山東、淮南，故以地緣關係，河北士民多流向正北（并州劉琨及拓跋鮮卑）及東北（幽州王浚、段部及慕容部），〔註60〕尤以後者為多。《通鑑》晉愍帝建興元年（312）四月條云：

> 初，中國士民避亂者多北依王浚，浚不能存撫，又政法不立，士民
> 往往復去之。段氏兄弟專尚武勇，不禮士大夫，唯慕容廆政事脩明，
> 愛重人物，故士民多歸之。

上述謀主、股肱諸人物如何離棄王浚、段氏及東夷校尉崔毖，《通鑑》同月多有敘述。要之，慕容廆長期吸納晉人在前，建立龍驤府朝後為之更易，這是元帝第一次任命時，拜廆為都督遼左雜夷流人諸軍事的原因。〈慕容廆載記〉謂廆任龍驤後，「乃立郡以統流人：冀州人為冀陽郡，豫州人為成周郡，青州人為營丘郡，并州人為唐國郡。於是舉賢才，委以庶政」。亦即建置僑郡以安置流民，並起用其中的賢才，付以事權。因地僑置、用漢治漢，這種僑置政策與東晉相似，而與漢趙在并州強逼移民、部司管理，及石勒初期在河北流寇掠奪的方式，大有差異。

慕容廆的推行漢化統治，對其吸納晉人，增強國力，大有裨益。這時劉琨、王浚已先後敗亡，拓跋氏落後，士民流向慕容氏者更多。晉平州刺史·東夷校尉崔毖因此而疑忌，乃結合高句麗、宇文氏和段氏，謀滅廆以分其他。319年，三國聯軍失敗，廆盡有遼東，這就是321年元帝在其部落基礎上拜廆為都督幽平東夷諸軍事·車騎將軍·平州牧，進封遼東郡公的原因。亦即承認其遼河勢力，假以方面大員，以控制北方夷漢。慕容翰所謂「興復遼邦」，使「忠義彰於本朝，私利歸于我國」的建議，至此可以說已獲得成功。

此下至333年廆死，據〈慕容廆載記〉其內政方針是以儒家思想為指導，政策要點有四：慎刑、敬賢、重農、修德，並著為《家令》以申其旨。對外方

〔註59〕劉淵起事，並託漢室及匈奴以作號召，319年劉曜都長安改國號，直以冒頓、劉淵配祀。同時石勒以大將軍治漢，以大單于鎮撫百蠻，國內諱胡尤甚。皆與慕容廆不同。其詳請參注1及2所引三拙文。

〔註60〕詳易毅成《中古分裂時期山東的戰爭空間分布與都城選擇歷程》（台大地理所博士論文未刊本，1994年），頁161～172。

面，由於國際政局有了變化：東晉先後有王敦、蘇峻的叛亂，形勢危弱；中原方面二趙大戰，329 年前趙亡於後趙，後趙石勒翌年稱皇帝。當此之時，廆一面加緊攻擊段氏及宇文氏，一面拒絕石勒通和的要求，反而向晉再申滅羯寇、雪國恥的心意。這是基於原先的開國戰略而進一步實施安內攘外、遠交近攻的策略施展。

東北高句麗、宇文氏和段氏三國，事實上與慕容氏為敵，部份晉人也未全服，令他「深不平之」。〔註61〕此內外情勢促使他進一步向東晉要求更高的政治位望，俾能更順利推行漢制化政策。當其僚屬討論此問題時，參軍韓恆表示反對，認為齊桓、晉文是功成之後名位才至的，〔註62〕韓恆為此貶出為新昌令。於是廆之東夷校尉封抽、行遼東相韓矯等三十餘人，聯名疏上晉長江中游統帥陶侃，請求轉上朝廷：「進封廆為燕王‧行大將軍事，上以總統諸部，下以割損賊境（後趙），使冀州之人望風向北，廆得祇承詔命，率合諸國，奉辭夷逆，以成桓、文之功」云。朝議未定，慕容廆等不及而卒。〔註63〕

慕容廆死時，世子皝為平北將軍‧左賢王‧朝鮮公，翌月嗣位，以平北將軍行平州刺史督攝部內。其兄弟慕容翰、仁、昭懼皝繼續推行漢制化嚴峻，尋反，最後慕容仁盡據遼左，與宇文氏、段氏及鮮卑諸部聯軍聲援，交戰大起。翌年（334）東晉遣使拜皝為鎮軍大將軍‧平州刺史‧大單于‧遼東公，持節、都督、承制封拜——如廆故事，確認皝的地位。

慕容皝首先滅遼東慕容仁，回討國內鮮卑諸部。僚屬封奕等人以為皝任重位輕，不足以威懾諸部，建議皝稱燕王，這是慕容氏自 331 年要求封燕王不果，政權又有危機的情況下，決定自稱燕王了。337 年（東晉成帝咸康三年，後趙石虎建武三年），慕容皝遂即燕王位，至此「燕」之國號乃創立。〈慕容皝載記〉云：

> （皝）以封奕為國相，韓壽為司馬，裴開、陽騖、王寓、李洪、杜群、宋該、劉瞻、石琮、皇甫真、陽協、宋晃、平熙、張泓等並為列卿將帥。起文昌殿，乘金根車，駕六馬，出入稱警蹕，……皆如魏

〔註61〕 如〈慕容廆載記‧高瞻附傳〉謂瞻與家族鄉里在永嘉之亂時投奔王浚，因王浚政令無恆，改投崔毖。毖為廆所敗，乃降于廆，不肯出任廆之將。廆數臨候之，撫其心說：「君之疾在此，……奈何以華夷之異，有懷介然。……豈以殊俗不可降心乎？」瞻仍辭，「廆深不平之」。參卷一〇八，頁 2812～2813。
〔註62〕 見《通鑑》晉成帝咸和六年（331）條，卷九四，頁 2980。
〔註63〕 事詳《慕容廆載記》（卷一〇八，頁 2810～2811）。《通鑑》繫廆死於成帝咸和八年五月。

武、晉文輔政故事。

按《晉書·職官志》王國條，以太守為內史，省相及僕，有郎中令、中尉、太農三卿。今慕容皝有國相、司馬，《通鑑》咸康三年九月條更記有奉常、太僕、大理三卿，是則燕王國誠為晉朝的超級王國，的確仿效曹操、司馬昭的故事也。強化中央組織之外，其政府要官皆起用漢人，〈慕容皝載記〉敘其勸課農桑、輕徭減稅、抑制工商、興修水利的財經政策，務農習戰的國防政策，興學習禮的文教政策，事實上皆是本於其父的漢化統治指導方針而作強化普及。稍後他更罷去「成周、冀陽、營丘等郡，以渤海人為興集縣，河間人為寧集縣，廣平、魏郡人為興平縣，東萊、北海人為育黎縣，吳人為吳縣，悉隸燕國」，實具本土化的意義，與東晉擾漾不安的土斷政策有異曲同工之妙，而行之更早。

慕容皝當年與諸生受學於東庠，是其能接受漢化觀念及擴大施行的原因，因而他對繼起人才的加強教育和培養，較其父更為重視。〈慕容皝載記〉復云：

> （皝）賜其大臣子弟為官學生者號高門生，立東庠於舊宮，以行鄉
> 射之禮，每月臨觀，考試優劣。雅好文籍，勤於講授，學徒甚盛，
> 至千餘人。親造《太上章》以代《急就》，又著《典誡》十五篇，以
> 教冑子。……親臨東庠考試學生，其經通秀異者，擢充近侍。

教育、培訓、起用顯然是一貫的，胡、漢共治也是一體的，難怪慕容燕人才濟濟，胡、漢擁戴，雖一度滅亡而猶能復國的原因。

慕容皝有此學識、人才及國家規模，自稱燕王而效法曹操、司馬昭故事，顯然志在不少，奮鬥目標較其父之志在桓、文功業以尊王，大為不同。曹、馬輔政終成帝業，則慕容氏的帝業關鍵，顯然在皝。

不過，皝的燕王國之確立也不很順利。他在 337 年九月稱王不久，為了報復段氏，乃遣使稱藩於趙，乞師以討段遼。338 年五月，石虎以趙、燕聯合攻段氏時，燕軍不依約會師，故決定討伐燕國，慕容皝為此嚴兵戒嚴，「罷六卿、納言、常伯、冗騎常侍官」，[註64] 隱然有解散去年所建的中央政府，降低國家姿態以免成出頭鳥之意。這是因為慕容皝與段氏、高句麗、後趙交戰連年，趙且一度全國總動員以攻燕之故。在此情勢下，於是以向東晉解釋其權假燕王的理由，在 339 年冬，遣使東晉，請求大舉以平中原，亦即要晉北伐以牽制趙。這次交涉值庾亮死，弟冰、翼繼為將相，而無結果。

340 年冬燕攻趙至薊城，乃於翌年復遣使至晉，要求大將軍、燕王章璽，

皝亦上表責備庾氏兄弟外戚擅權，庾冰等懼其絕遠不能制，乃奏請同意，遂於 341 年（咸康七年）二月決定增拜皝為侍中・大都督河北諸軍事・大將軍・燕王，大單于等官。〔註 65〕授河北作其都督區，實有以夷制夷，用燕滅趙之意，故翌年皝遷都龍城（遼寧朝陽），燕王國正式確立。

慕容皝在此次國家危機中，除了確立燕王國的政治地位外，另有兩種收穫：一是從與趙戰鬥中培養出不怕羯胡強大的勇氣，成為日後南進政策以滅趙的契機。一是與晉交涉中瞭解晉朝的無能，厭惡江南士大夫的驕奢，種下日後棄晉而完全獨立的因子。《通鑑》咸和四年至七年，對此發展記述頗詳。

五、帝國的建立及其特色

342 年十月燕王皝遷都龍城，尋採納庶長兄建威將軍慕容翰之策，定立先平高句麗，還取宇文氏，使無後顧之憂，然後南進以圖中原的戰略。年底大破高句麗而臣服之。342 年又大敗宇文氏，復於翌年攻破之，開地千餘里，宇文歸率殘部遠遁漠北。此期間石虎興兵百餘萬欲平東晉，晉乃聯燕、涼（張駿）合攻趙，至 344 年四月庾翼北伐失敗，戰局暫時停住。

燕這時前線已抵薊北，領土日廣、人口日增，王國內政問題已經出現，基本上從 344 年起，以至於 348 年皝卒，慕容皝以解決內政問題為首要目標，未遑南進。按照 345 年（晉穆帝永和元年）封裕因稅重上諫的說法，略可窺見燕王國的內政與特色。他指出：

第一，人口壓力增加：自從慕容廆招納流民以來，華人、殊類大至，「流人之多舊土十倍有餘，人殷地狹」。近年皝又「南摧強趙，東滅句麗，開境三千，戶增十萬」。尤其「句麗、百濟、宇文及段部之人，皆兵勢所徙，……今戶垂十萬，狹湊都城」。按漢晉間華人大量移入遼河流域，前已言之，但晉初似乎曾因統一而有倒流情況，故遼東、昌黎、遼西三郡當太康元年（280）時，是戶密度低地區，三郡總戶數為 9100 戶。〔註 66〕即以一萬戶計，舊土十餘倍，即有漢戶約二十萬戶左右。若不考慮軍封蔭戶，每戶保守的約以五人計，人口在百萬左右。至於集中於龍城的各少數民族十萬戶，不包括華人，亦垂七十萬

〔註 65〕《載記》、《十六國春秋・皝錄》皆詳載此兩表，《通鑑》是年二月條（卷九六，頁 3042～3045）則詳載交涉過程，至於皝之官銜則據〈慕容皝載記〉。

〔註 66〕楊遠統計三郡密度皆為 0.1，是西晉戶密度較低的二十七郡國之一，其高密度者可達河南郡之 9.3。詳其《西漢至北宋中國經濟文化之向南發展》，頁 256～260，台北：台灣商務印書館，民國 80 年初版。

人左右，也就是由 280 年約五萬人，經六十年發展成百餘二百萬人，人口約增加了三十倍，壓力當然大了。

第二，生產力未充份發展：慕容廆以來即以重農政策為本，但在流民多至舊土十倍有餘時，已發生「無田者十有四」的現象。及至戶再增十萬，則更是「游食不少」。無田的原因似與苑囿牧畜有關，此問題牽涉到部落統治，容下面再論。要之，勞動力閒置，田地、溝瀆、牧羊的生產資源未充分利用，已構成燕王國的社會和財經問題。

第三，政治與國家危機：這時「官司猥多」，官方的工商員數充斥，造成財政的負擔。人民游食失業者眾，沒有落實習戰務農的政策，成為政治的贅疣。首都垂十萬戶各國被武力移來的人口，人心不定，「有思歸之心」，「恐方將為國深害」。

鮮卑慕容氏由一個部落國，發展成民族結構複雜的王國，如何處理部落及其牧地，如何分配田地等生產資源以落實重農政策等，如何精簡官司，如何有效組織及利用人力資源於農戰，這都是慕容氏政權所必須面對，及學習調整解決的。慕容皝為此下令地方首長切實勸農、興造水利、罷苑囿以給無田業者、賜耕牛以給貧乏者、精簡工商學生以使還農，以至「依魏晉舊法」徵稅，皆是重農務本的措施，可以收到穩定政權及培養國力的效果。只有在政府編組方面，由於因應未來戰爭的需要，故不改革，下令說「中州未平，兵難不息，勳誠既多，官僚不可以減也。待克平凶醜，徐更議之」。〔註 67〕則堅持習戰務農的國策，應極為明顯。

慕容皝在石虎強盛時，暫停南進政策的執行，反躬全力治理內政，徐圖機會，實是明智之舉。同年十二月，皝即不用東晉年號，自稱十二年。慕容皝是「雅好文籍」之鮮卑人，他所持的理由是「古者諸侯即位各稱元年」，顯然是其「每觀史傳」的結果。表面上是效法春秋戰國故事，實則是曹操、司馬昭故事的具體落實，胡三省說「燕自是不復稟命於晉矣」，應是正確的解釋。〔註 68〕大抵慕容皝正在一步一步向以農戰為本，依魏晉舊法建立中國式政府的方式推進。

慕容皝於 348 年九月死，子儁以安北將軍・東夷校尉・左賢王・燕王世子身份嗣位，乃依春秋列國故事稱元年，不過為了表面的形式，卻也遣使向

〔註67〕封裕及皝的言論命令，皆詳〈慕容皝載記〉，卷一〇九，頁 2822～2825。

〔註68〕自稱十二年之事及胡注，見《通鑑》是年月條（卷九七，頁 3068）。文籍史傳之事，見〈慕容皝載記〉，頁 2820 及 2826。

東晉告喪。穆帝拜儁為使持節‧侍中‧大都督‧都督河北諸軍事‧幽平二州牧‧大將軍‧大單于‧燕王，承制封拜一如廆、皝故事。這時趙天王石虎始即皇帝位。〔註69〕

　　石虎年號太寧，其實並不寧。他即位之同月——349 年正月初一，即因政亂而有東宮高力十萬兵變，亂未平而虎亦病死，後趙陷於大亂，子弟部屬割據稱帝王凡數起，至十二月石閔實行種族屠殺，篡國改稱大魏。此後上有割據力量之爭戰，下有胡漢人民大量流亡，正是進取中原的契機。這時，東晉桓溫已於 347 年平定四川的成漢，而褚裒則於 349 年北伐失敗，晉改以殷浩統籌北伐，但殷浩與桓溫不和，是東晉喪失戎機的原因。燕則相反，南進是既定國策，故於 349 年十二月石閔種族屠殺時，燕遣使至涼，約共擊後趙，並於 350 年二月分三道南攻，翌月即攻克薊而入都之。352 年四月，燕再南攻，破執冉閔（即石閔），指向鄴，八月攻之。慕容儁乃於十一月即皇帝位，正式建立王朝，并在 357 年遷都於鄴。

　　慕容儁在 352 年將王國擴升帝國，其帝國仍然推行南進的擴張政策，向黃河以南推進，因而其立國重心亦南移至華北。360 年儁死，十一歲之幼子暐嗣位，帝國實際主持人是儁弟慕容恪。恪繼續擴充政策至 367 年死，掌握朝廷大權的是慕容評，政策基本上已不推行，其原因可從慕容評否決支援前秦叛將苻瘦的意見中窺見。〈慕容暐載記〉云：

> 苻堅將苻瘦據陝降于暐，……下議欲遣兵救瘦，因圖關右，慕容評素無經略，又受苻堅間貨，沮議曰：「秦雖有難，宋易可圖。朝廷雖明，豈如先帝，吾等經略，又非太宰（慕容恪）之匹，終不能平秦也。但可閉關憩旅，保寧疆場足矣。」暐魏尹慕容德上疏曰：「先帝……方以文德懷遠，以一六合，……伏惟陛下則天比德，……纂成先志！……今秦土四分，可謂弱矣，……大同之舉，今其時也。願陛下獨斷聖慮，無訪仁人。」暐覽表大悅，將從之。評固執不許，乃止。

慕容評是燕亡的主要負責人，其為人才淺貪貨是致使政策大壞的原因。他中止傳統的擴張國策，實施閉關保境，與其性格有關。秦、燕表面上維持東國西國、東朝西朝的和好關係，其實苻堅謀燕甚急，苻瘦在 368 年降燕失敗，

〔註69〕按〈慕容儁載記〉作幽、冀、并四州牧，《通鑑考異》辯其誤。據《通鑑》穆帝永和四年（348）九月皝死，十一月儁即位告喪，翌年正月石虎稱皇帝，四月晉使至，策拜儁為二州牧等，可參卷九八，頁 3084～3087 并注。

符堅即因燕政不脩，於兩年後——370年（太和五年），進兵亡燕。〔註70〕

　　若以稱帝遷鄴開始計算，慕容帝國在短短十餘年之間就滅亡了，理由何在？

　　馬長壽認為前、後、西、南、北五個燕國，即前燕及其復國政權，國祚有多者三十餘年，少則十年，故可稱為臨時政權，而祚短主要有兩大原因：一是軍封過多形成財政問題；二是戰馬日少，軍士凋弊，加上統治階級腐化，民生窮苦。〔註71〕這種分析失之過簡，而且可能有問題。〈慕容暐載記〉記述燕、秦交侵，暐母亂政，慕容評的貪冒及其領導下的政風敗壞，使左丞申紹上疏諫諍，諫疏中另外指出人事政策及行政不當，機關過多、賦役失宜、高層腐化等問題，實皆為前燕敗亡的原因。〔註72〕

　　筆者以為，上述不論哪一點原因，似乎皆與軍隊足而戰力不足、制度冗贅而運作不適應、政府控制之戶口不充的因素無關。燕朝的失敗，因素複雜之背後，殆與其國策、統治體制及文化適應有關。

　　有關者留待下節討論，這裡先論其關鍵不大者。首先就戰力言，當石趙以聯軍攻段而慕容皝不會師為藉口，總軍數十萬圍攻棘城時，「郡縣諸部叛應季龍（石虎）者三十六城，相持旬餘，左右勸皝降」，顯然由於戰力不及石趙之故。〔註73〕及至燕敗趙，先後吞併段氏及宇文氏，遂致力於務農教戰，修書與庾冰說，「一時務農，三時用武，而猶師徒不頓，倉有餘粟，敵人日畏，我境日廣。」〔註74〕尋遷都龍城以圖石趙，開始計劃南進，可見其在戰力上此時已不畏懼強大的石虎。及至石虎死，慕容儁即動員精卒二十餘萬分三軍南攻，352年四月在中山與冉閔會戰。「閔以所將多步卒，而燕皆騎兵」，欲利用林地會戰而終被擒。〔註75〕可證燕有強大騎兵。五年之後，儁命慕容垂等率步騎八萬討伐塞北的丁零、敕勒，大破之，俘斬十餘萬級，獲馬十三萬匹，牛羊億餘萬。〔註76〕以原有馬匹加上新獲馬匹估計，下及燕亡約僅十三

〔註70〕符堅在慕容恪死後即陰有圖燕之計，只是表面上維持和好的邦交形式，互相尊稱東、西朝而已，事詳《通鑑》海西公太和二年四月（卷一〇一，頁3205～3206），太和四年四月（卷一〇二，頁3218～3220）條。

〔註71〕參馬氏前揭書，頁231～236。

〔註72〕詳參〈慕容暐載記〉，卷一一一，頁2855～2857。

〔註73〕參〈慕容皝載記〉，卷一〇九，頁2818。

〔註74〕參〈慕容皝載記〉，卷一〇九，頁2820～2821。

〔註75〕參《通鑑》晉穆帝永和八年四月條，卷九九，頁3124～3126。

〔註76〕參〈慕容儁載記〉（卷一一〇，頁2838），《通鑑》繫于穆帝升平元年二月戊寅。

年之間，戰馬理應不致太少。翌年十二月，儁加速擴張政策，欲經略秦晉二國，令州郡率戶留一丁，餘丁徵召為步兵，計劃使步兵擴充至一百五十萬人，後來接受諫諍，乃改為三五占兵，這是學後趙的徵兵制，漢人步兵應徵約有九十萬左右。〔註77〕是則亡趙之後，燕全國總兵力理應不弱，步騎不致少於百萬。故369年桓溫統兵五萬北伐，慕容垂率眾五萬會戰，猶能大敗桓溫于枋頭。然而〈慕容暐載記〉記秦軍攻晉陽時，慕容評「率中外精卒四十餘萬距之」，而「三軍莫有鬥志」，遂造成戰力不足的情況；稍前左丞申紹上疏，猶稱「中州豐實，戶兼二寇（指秦、晉），弓馬之勁，秦、晉所憚，雲騎風馳，國之常也」，應是事實之言。起碼前燕之亡，與士馬凋寡此一因素關係不大，至於復國諸燕則確有馬少之紀錄。

相對的，根據〈苻堅載記上〉，堅首先令王猛率步騎六萬來攻燕，降斬慕容評軍十五萬有餘，而進軍圍鄴，是則此役秦、燕軍力比較約略是1：7。稍後苻堅親統精銳十萬圍鄴，其實應是以寡圍眾的形勢。燕亡，苻堅獲得「郡百七十五，縣一千五百七十九，戶二百四十五萬八千九百六十九，口九百九十八萬七千七百九十三十五」。申紹所謂「戶兼二寇」理應也不致太誇張，而燕非亡於戶口寡弱，只是相當大比例的戶口落入軍封營戶罷了。

自從318年慕容廆接受東晉元帝龍驤將軍‧大單于官職，建立府朝儀法以來，慕容氏即傾向任用漢人及建立漢化制度。321年廆已為東晉方面大員，獲得承制置官司守宰之權，應為前燕廣置官司的起點。至337年慕容皝稱燕王，依魏武、晉文故事建立王國，遂備置群司，有國相、司馬、六卿諸官。前面引述封裕的諫疏，稱戶口以十倍增，而今「官司猥多」，建議澄汰。皝的答示是「中州未平，兵難不息，勳誠既多，官僚不可減也。待克平凶醜，徐更議之」。這時慕容皝在農政方面實行「魏晉舊法」，王國體制也應如之，從現今的文獻史料，固然可以窺見燕王國的政府制度，但是燕主同時兼為鮮卑大單于，其貴族多為將軍，此方面不可得而詳，可能是官司猥多的主因。事涉部落，容於下節論之。不過無論如何，其部落領袖以將軍、城主形式出現，顯然是一漢化整合的結果，寓胡制於漢制之中，其王國體制規劃的方向

〔註77〕石虎常緊急徵漢人為兵，見〈石季龍載記上〉，慕容儁顯然是學他的。所謂三五占兵，應即340年石虎令司、冀七州兼復之家五丁取三的方式（參季龍上述載記頁2770，《通鑑》繫於咸康六年九月）。若石虎每戶五丁取三，即每戶的徵兵3/5，以此推算，慕容儁之三五占兵約為九十萬人。儁徵兵事詳〈慕容儁載記〉（頁2840），《通鑑》繫於升平二年十二月。

和特色應是相當明顯的。一個「遊牧騎馬王國型」的政權，由部落形態經廆、
皝父子兩代二十年的學習適應，變成一個漢式王國，不論是否可以成為「中
國征服王朝的祖型」，要之其成就是相當驚人的。〔註78〕

在上述基礎上，慕容儁於352年稱皇帝，〈慕容儁載記〉記述云：

> 建元曰元璽，署置百官，以封奕為太尉，慕容恪為侍中，陽鶩為尚
> 書令，皇甫真為尚書左僕射，張希為尚書右僕射，宋活為中書監，
> 韓恆為中書令，其餘封授各有差。

此年以後，根據儁、暐兩父子的載記，尚見有如下的官職：

一、中央：太宰、太師、太傅、大司馬、太尉、司徒、司空、錄尚書事、
尚書令、左右僕射、侍中、中書監、中書令、左丞、尚書、尚書郎、散騎常侍、
黃門侍郎、給事黃門侍郎、中書侍郎、御史中尉、大鴻臚、廷尉、將作大將、
秘書監、太子太保、鍾律郎等。

二、地方：司隸校尉、幽州刺史、兗州牧（或刺史）、荊州牧（或刺史）、
豫州刺史、并州刺史、魏尹、高平太守等。按燕每拓境皆署置守宰，秦收其總
數是百五十七郡、一千五百九十七縣，洪亮吉〈十六國疆域志・前燕〉謂分統
於平、幽、中（即司州）、洛、豫、兗、青、冀、并、荊、徐十一州。〔註79〕

三、軍職：除上述中央之大司馬、太尉外，另一重要軍職大將軍在儁稱帝
前一直擔任，故稱帝後未見以此職除人，其餘可見者有驃騎、撫軍、護軍、中
軍、領軍、左右前後、四征、四鎮、四安、四寧等，雜號有伏順、征虜等，另
有左中郎將、南中郎將、護匈奴中郎將、護南蠻校尉等。

四、外國：如拜高句麗王釗營州諸軍事、征東大將軍・營州刺史・樂浪公・
高句麗王，匈奴單于賀賴頭率部落降，拜為寧西將軍・雲中郡公等，形式與中
國傳統同。

上述官職，大抵皆可與《晉書・職官志》相案，顯見廷尉監常煒上言所
稱：「大燕雖革命創制，至於朝廷詮謨，亦多因循魏晉。」〔註80〕實為不虛
之言。

〔註78〕田村實造分北亞遊牧政權為遊牧騎馬王國型和征服王朝型兩類，而將鮮卑列
　　　　入前者，並稱其體制之中國化是中國征服王朝的祖型，對後來的北魏、遼、
　　　　金、元有影響，詳其《中國史上の民族移動期》（東京，創文社，昭和六〇年）
　　　　第四章〈慕容王國の成立とその性格〉，頁121～143。
〔註79〕收入《二十五史補編》（開明書店版），頁4118～4130。
〔註80〕見〈慕容儁載記〉，卷一一〇，頁2838。

　　若就人事結構論，都督州牧等方面大員多由慕容鮮卑貴族擔任，其他附屬部落領袖及漢人仕之者不多，王爵更主要是授予慕容氏王室子弟。在中央，據萬斯同〈偽燕將相大臣年表〉，〔註81〕則慕容儁朝三公、尚書、中書官多由漢人充任，大司馬、侍中、重號將軍多由慕容氏子弟充任，慕容暐朝則太宰、太傅、太師，亦由慕容氏貴族充任了。分析言之，地方守宰由漢人出任，以充親民官，而大員則以慕容貴族控制之。中央則行政權付與漢人，軍權則由子弟當之。是一種制度而胡、漢共治之局面，與兩趙的二元體制、胡漢分治頗異，所謂中國征服王朝的祖型，蓋指此而言；但此論說可能有問題。

　　至於元首位號方面，燕與後趙有所不同，319 年石勒脫離劉曜的領導，自後以大將軍・大單于・趙王為基本稱號，建立王國，死前三年（330 年）始稱大趙天王，尋即皇帝位，不再兼大單于。石虎篡位，自稱大趙天王，不兼大單于，降至 349 年正月始即皇帝位，四月遂死，此月正是東晉拜儁為大將軍・大單于・燕王之時。後趙內亂，以都督將軍兼大單于者起碼有三起，〔註82〕可證以某將軍、某王兼大單于決非元首的稱號，五胡皆知之。石勒、石虎受制於中國的民族正統觀，不以此為元首位號，但也不敢遽即皇帝位，故有大趙天王此一稱號。〔註83〕這是中國姬周天子非正式的元首位號，秦漢以後即不用以稱天子。351 年（永和七年）苻健還關中即大秦天王・大單于位，蓋是採後趙故事，但翌年其丞相苻雄等請求正名，《通鑑》晉穆帝永和八年正月辛卯條云：

　　　　秦丞相雄等請秦王健正尊號，依漢晉之舊，不必效石氏之初。健從之，
　　　　即皇帝位，……且言單于所以統壹百蠻，非天子所宜領，以受太子萇。
可證羯、氐皆知元首正名為皇帝，雖天王大單于亦不足以當之。這是同年十一月，慕容儁跳過趙、秦故事，不先稱天王，而遽即燕皇帝位的原因。

　　根據〈慕容儁載記〉，即尊前燕國就有符瑞出現，群臣勸進，并偽稱獲得傳國璽等，故其即尊的確摹倣了魏晉的故事形式。同時，燕朝宣稱以水德代金行，行夏之時，服周之冕，旗幟尚黑，牲牡尚玄，實是採用三統五行學說，為

〔註81〕參同註 79，頁 4041～4043。

〔註82〕350 年（永和六年）正月氐酋苻洪自稱大都督・大將軍・大單于・三秦王，351 年（七年）再閔拜劉顯為上大將軍・大單于・冀州牧，同年十月晉以羌酋姚弋仲為六夷大都督・車騎大將軍・大單于・高陵郡公，參《通鑑》卷九八，頁 3102；卷九九，頁 3118 及 3119。

〔註83〕參註 2 拙文。

其建立王朝奠定了理論的基礎。〔註84〕慕容儁深受漢儒經學的影響，採用魏晉禪讓理論與故事，是明顯易見的，前引常煒所謂的「因循魏晉」是也。

燕朝以魏晉中國形式建立，肥水之戰後復國諸燕，制度上與前燕無大差異，且國祚普遍短促，更難以確立其典章經制。至於人事上，大抵前燕慕容氏子弟多出鎮方面而在中央任官者相對較少；後燕則在京為官者增多，尤其取回了尚書系統漢人掌握的行政權。又由於復國多得力於其他胡部，故復國諸燕政權起用諸胡也較前燕比例大得多。〔註85〕此為其大異之處。

六、燕的胡部情況與漢化南遷

慕容氏原是檀石槐聯盟的中部大帥，後來游離出來，漸漸移入遼東，238年莫護跋被魏拜為率義王，始建國於棘城之北，而被稱為慕容氏。三世傳至慕容廆，不論他們被魏晉政府如何封拜，其實皆被視為邊裔之豪而已。事實上，慕容廆在昌黎一帶，持久與東夷系的夫餘、高句麗侵戰，又與東胡系的宇文氏、段氏及其他附塞鮮卑交侵，故其存在是呈不斷征戰的獨立部落狀態，只是中國政府在他們來附時視之為屬國罷了。

在三、四世紀間，慕容廆曾大敗宇文莫圭，又吞併了遼東附塞鮮卑素連、木津兩部，乃為其鴻漸之始。尋經永嘉之亂，二帝淪亡，甫即晉王位的東晉司馬睿政府對他開始重視，317年拜廆為都督遼左雜夷流人諸軍事‧龍驤將軍‧大單于等官，正式內臣化而成為東晉的官員，而以都督將軍身份委以遼東撫輯之任。漢人大量湧入，廆啟用漢人，設置僑郡，且自294年（晉元康四年）起，「教以農桑，法制同於上國」，這時慕容氏已逐漸變成一個成分頗複雜的集團，種族包括慕容氏、其他附塞鮮卑、少部份宇文氏及夫餘人，眾多的漢人，并往務農及中國法制化方向發展。故都督遼左雜夷流人此一官職，應是現實的反映。此下漢人流入不論，至慕容儁遷都稱帝為止，其實仍有雜夷諸胡加入其集團，已非單純的一個慕容氏族了。（請參表二）

根據表二所示，自285年起至359年止，凡七十五年之間，非慕容氏及非漢族系之東夷、東胡人，被以俘獲、虜掠、驅徙方式移動者，即有夫餘、高

〔註84〕以水德承晉金行，是排斥了後趙的正統性。韓恆反對之，主張趙水承晉金，而生燕之木德。當時難改，後在暐朝終被採。詳〈慕容儁載記‧韓恆附傳〉，卷一一〇，頁2843。

〔註85〕參小林聰〈慕容政權の支配構造の特質〉，九州大學《東洋史論集》16，1988年，頁58～60，及其表二。

句麗（以上東夷），匈奴、羯、丁零、敕勒等諸胡及雜胡。根據可見明確的戶口數字，被移動的人口最起碼有十三萬人，另有九萬餘戶以上。本表所收二十三次紀錄，估計被移動各族總人口應有百萬之譜，故其都督雜夷的概況可見。

342 年慕容皝遷都龍城，這年他征服高句麗，掠其人口五萬餘以還，344 年征服宇文部，又徙其部民五萬餘落於昌黎近畿（參表二（13）、（15）條），單單此兩役即征服遷徙人口約四十萬。前述封裕於 345 年疏諫，說「流人之多舊土十倍有餘，人殷地狹，……南摧強趙，東滅高麗，開境三千，戶增十萬」。是則至 345 年為止，漢族流人人口增加達十餘倍，征服羯趙、高句麗、宇文部戶數亦有十萬。晉朝對他及慕容氏自己一直保持著大單于稱號，實是有「統壹百蠻」的現實需要。

若將複雜後的慕容氏視作一個部族聯合體，它是以慕容氏為核心的若干集團結合而成，包括：慕容氏、慕輿氏、可足渾氏等結成的慕容部核心集團，烏桓及其他鮮卑諸部的東胡系集團，夫餘和高句麗的東夷系集團，匈奴、羯及丁零、敕勒等的北胡集團，與及漢人集團。〔註86〕

對於這個聯合體，除了東胡系的鮮卑其他諸部外，慕容氏的統治處理方式似因對象不同而有異。

對漢族集團，他們全採中國法制統治管理，前者已論。對於東夷集團，他們採用不斷征服遷徙的政策，但事實上他們的國家戰略為南進，無意徹底侵併其國家，故對其君民復國頗施以羈縻安撫。〔註87〕對於北胡集團基本上也是掠奪遷徙的，尤其對後趙所屬最是如此，所以慕容儁稱帝後，「自和龍至薊城，幽、冀之人以為東遷，互相驚擾，所在屯結」，使儁為之下令內外戒嚴。〔註88〕

對於一些塞北來降的胡部，慕容氏大抵上採取維持其部落，假以名義就近安置的政策。例如表二之（19）封丁零翟鼠為歸義王，（22）拜匈奴單于賀賴頭為寧西將軍·雲中郡公，處之於代郡平舒城。其他如（18）之烏桓庫傉官偉，（23）之塞北七國，情況雖不詳，可能也是援此政策。（20）之段龕，與慕容儁是中表親，在後趙冉閔之亂時擁段氏殘部及胡羯，據廣固自稱齊王，儁命慕容恪平之，以龕為伏順將軍，徙其鮮卑胡羯三千餘戶于薊。龕尋被殺，且部眾

〔註86〕參小林聰前引文（頁 57～69），按此文沒有將胡、羯、丁零、敕勒區分為一個集團，筆者認為就族系言，可以別為北胡集團。
〔註87〕高句麗持久與慕容氏爭奪遼東即為一例，參池內宏〈晉代の遼東〉，《帝國學士院紀事》1-1，昭和十七年二月。
〔註88〕參〈慕容儁載記〉，卷一一〇，頁 2835。

有三千餘人被坑，段氏作為種族、政治之實體至此不復存在。〔註89〕

慕容氏以降附部落的領袖為將軍，這是值得注意的，因為關係到其核心部落的制度。沒有資料顯示自廆推動中國法制化以來，以慕容氏為首的鮮卑貴族有任何廣泛而強烈的反對。那麼，其核心集團及東胡集團是如何組織部署，以致他們不反對中國法制化？

首先，根據本文前面的論證，鮮卑部落長起碼降至四世紀時都稱為可汗，拓跋鮮卑更有各種國語官名，以見其政治的分化分工。這些官名極少見於慕容鮮卑，不知是否與其很早中國法制化有關。不過，根據蛛絲馬跡，慕容鮮卑似乎也有些與部落有關的官稱及制度，似仍維持部落制的存在。例如：

1. 城郎城大：《通鑑》晉成帝咸和九年二月，記慕容皝時段蘭攻柳城，「柳城都尉石琮、城大慕輿涅并力拒守」。胡注：「城大，猶城主也；一城之長，故曰城大。」按築城防禦，諸載記頗有所記，〈慕容皝載記〉記皝遣將軍宋回使石虎，請聯軍討段遼，後石虎以皝不會師，戎卒數十萬圍攻棘城，「郡縣諸部叛應季龍（石虎）者三十六城」云。此為以胡部守城之例，城主稱為城大，而慕輿氏乃慕容氏之核心氏族。《通鑑》於咸康五年二月又稱蕩寇將軍慕輿涅襲遼西，是則涅已由城大升為將軍。城大地位固在將軍之下，涵化於漢式軍之中。又《通鑑》穆帝永和六年三月記儁以弟宜為代郡城郎，胡注：「城郎、城大皆鮮卑所置，付以城郭之任。郎，主也。」蓋城郎為王室子弟任城大之尊稱。

燕也有率部落降附者逕為將軍、太守之例。如表二之（22）匈奴單于賀賴頭率部落三萬五千降於儁，拜寧西將軍・雲中郡公，處之于代郡平舒城。又如鐵弗匈奴劉亢涅為後燕廣寧太守，為拓跋氏所攻殺，部落被徙于平城。〔註90〕殆皆是部落制涵化於漢式體制之例。

2. 中部俟釐：《通鑑》穆帝永和六年三月，儁入都薊，尋「使中部俟釐慕輿句督薊中留事」。胡注云：「俟釐，蓋亦鮮卑部落帥之稱。」按此慕輿句即前述廆時掌府庫之要員，這時以中部俟釐調薊總督留台事務。又按契丹族源於東胡，有夷離堇一官，《遼史・國語解》謂是「統軍馬大官」，後稱大王，俟釐或許與之有古今譯音的相關。

〔註89〕按段氏與慕容氏為婚姻，廆、皝二后皆出段氏，故龕與儁為中表，詳邱久榮〈鮮卑段部世系考略〉（《社會科學戰線》頁159～164，1985年1月）及本文表一。

〔註90〕劉庫仁為拓跋部大酋，匈奴族系，其二子劉顯和劉亢涅皆有部落，後顯投西燕，亢涅投南燕，事詳北《魏書》卷二三〈莫含列傳〉及〈劉庫仁列傳〉，卷一三〈獻明皇后賀氏列傳〉。

3. 左右等諸部：上條俟釐既稱為中部，則慕容氏殆另有左右諸部名稱。今見諸史料者有左部、右部、北部和司隸部。﹝註91﹞既有北部，也就應有南部。疑司隸部即中部，是則左右中南北共為五部也。中部有俟釐一官，則五部殆皆各有俟釐。至於〈慕容廆載記〉謂廆遣覿會戰宇文乞得龜，「以裴嶷為右部都督，率索頭為右翼，命其少子仁……為左翼」，殆是戰鬥序列，但也許直接以右部部兵為作戰右翼。後燕復國，重建大單于制，〈慕容熙載記〉有「單于八部」之名。顯示此諸部皆應是慕容鮮卑之舊制。

4. 護軍：〈慕容皝載記〉記慕容仁反，「襄平令王冰、將軍孫機以遼東叛于皝，東夷校尉封抽、護軍乙逸、遼東相韓矯、玄菟太守高詡等棄城奔還。仁於是盡有遼左之地，……鮮卑諸部並為之援」。按333年戰事發生在遼東，護軍乙逸排名在東夷校尉之後、遼東相之前，則此護軍應置於遼東地區，且應是遼東治理胡夷的重要官職。燕曾有「遼東護軍」一官，領戶三千，疑乙逸之護軍即此遼東護軍。此外前燕尚有烏丸護軍，後燕有離石護軍。﹝註92﹞又《通鑑》孝武帝太元二十一年七月條，記述後燕慕容農在并州，「遣諸部護軍分監諸胡，由是民夷俱怨」，可知後燕在并州有諸部護軍以監護諸胡也。根據嚴歸田師研究，大抵魏晉護軍之制本為統治胡夷而設，五胡諸國因之，凡非己族、又非漢人者，亦置護軍以統治之。護軍統領以戶落為主，品位與郡略均，為地方官之一種，且得如將軍般開府領兵治民。

據《通鑑》成帝咸康七年（341）七月，劉翔奉使赴東晉求燕王璽綬還，皝以翔為「東夷護軍領大將軍長史」，是則前燕尚有此一護軍，劉翔蓋在龍城兼領大將軍慕僚長工作。筆者以為遼東護軍殆置在遼東地區，畢竟慕容廆曾任遼左雜夷流人都督，故此地置有護軍殆不意外。或許又因國內有烏桓部眾而置烏丸護軍，有夫餘、高句麗之眾而置東夷護軍。〈慕容皝載記〉謂334年（咸和九年）曾攻烏丸於平壃，推測烏丸護軍殆置於平壃附近，而東夷護軍

﹝註91﹞ 范亨《燕書‧昭文皇帝紀》兩見「左部民」（收入今本《晉書》第六冊《三十國春秋輯本》頁38），右部見高閭《燕志》（收入同上書頁71），北部見〈苻堅載記下〉（頁2925）、〈馮跋載記〉（頁3127、3130）、《十六國春秋‧北燕‧馮跋》，（見同上冊頁六八三）、「司隸部民」見《十六國春秋‧後燕‧慕容熙》（同上冊頁三六六）。

﹝註92﹞ 詳嚴師《魏晉南北朝地方行政制度》，頁817～835。又按：《通鑑》成帝咸康四年五月，石虎以皝不會師而攻之，「虎遣使四出，招誘民夷，……東夷校尉封抽、護軍宋晃等皆應之，凡得三十六城」（卷九六，頁3018～3019），是亦可作護軍治理民夷之參考。

殆置於龍城一帶，故劉翔能就近領大將軍長史也。大抵雜夷、雜胡則置護軍監護其部，寓部落統治於魏晉制度之中。

根據上述的瞭解，決不能說已經充分知道了慕容氏的胡部情況和組織，但是有些事情仍然可以略作推定的：

第一，漢魏時期鮮卑以部──邑──落／可汗（或大人）──小帥（或邑長）──部民的部落狀態生活，但莫護跋自三世紀初「率其諸部入居遼西」以來，慕容氏「諸部」的共同領袖稱號就因魏、晉冊拜而匈奴化，稱為左賢王、鮮卑單于，用以鎮撫百蠻部落、鮮卑都督和鮮卑大單于等。四世紀十年代以後，遂以大單于保持其胡國特色，同時兼任晉朝的方面大員官爵。領袖的繼承人常為世子，亦常被拜為左賢王兼晉朝官爵，自352年稱帝後，皇帝與皇太子更不兼為大單于。〔註93〕

第二，最高領稱大單于，繼承人稱左賢王，但并不表示其他諸部部落大人也一律改用匈奴官號。如其核心集團貴族以城郎城大在地方戍守，以俟釐統領直系部落軍馬為部帥，皆為慕容鮮卑之官號。而直系部落且有左、右、中、南、北諸劃分，復國後更有「單于八部」之稱呼。

第三，對於東胡之烏桓及東夷族系部落，慕容氏採用護軍制度，以實行軍事監護。對於匈奴及雜胡等北胡族系，則是逕直任命其領袖為將軍、太守，令其率部駐牧於指定地區；這種方式早期有時也用於降附漢人，如302年慕容廆大破宇文氏十萬兵時，「遼東孟暉，先沒於宇文部，帥其眾數千家降於廆，廆以為建威將軍」。〔註94〕

第四，早期慕容廆為雜夷都督，俘虜所得胡夷人口多徙於棘城；342年遷都龍城後，部落人口似亦多集於此地附近。棘城和龍城皆在昌黎郡農牧交錯區內，故苑囿與農地可以供胡、漢生產之用，前引慕容皝與庾冰書所稱「一時務農，三時用武，而猶師徒不頓，倉有餘粟」，可見其概況。及至流人及掠口大增，耕地始感不足，前述344年封裕請求罷苑囿、賜牧牛的情況乃發生。封裕更針對胡夷部落集中於龍城，提出警告與建議說：

〔註93〕據〈慕容皝載記〉，廆死時皝為世子，任平北將軍‧左賢王‧朝鮮公。〈慕容儁載記〉謂皝為燕王時，晉拜儁為安北將軍‧東夷校尉‧左賢王‧燕王世子；儁稱帝，以子曄為皇太子，後死，以第三子暐繼為皇太子。儁於348年即燕王位時，不以世子為左賢王，而以弟恪為左賢王，見《通鑑》晉穆帝永和四年十一月甲辰條（卷九八，頁3085）。

〔註94〕參《通鑑》晉惠帝太安元年是歲條，卷八四，頁2676。

句麗、百濟及宇文、段部之人，皆兵勢所徙，非如中國慕義而至，
咸有思歸之心。今戶垂十萬，狹湊都城，恐方將為國家深害，宜分
其兄弟宗屬，徙于西境諸城，撫之以恩，檢之以法，使不得散在居
人，知國之虛實。

表二之（15）以前諸條，可證以武力掠徙而來垂十萬戶之說并未誇張，他們與
中國流人「慕義」投靠的性質不同。他們集中龍城，維持部落狀態存在，生活
空間狹湊，有思歸之心，對國家安全構成威脅。苻堅後來敗亡，也與掠徙異族
集居都城此一因素有關。〈慕容皝載記〉沒有記述封裕此一建議曾否被採納，
要之前燕之亡，實與胡夷在京有關。〈慕容暐載記〉述苻堅圍攻鄴都時說：

散騎侍郎徐蔚等率扶餘、高句麗及上黨質子五百餘人，夜開城門以
納堅軍。……堅徙暐及其王公已下，并鮮卑四萬餘戶于長安。

徐蔚，《通鑑》晉海西公太和五年十一月條作餘蔚，胡注說他是「扶餘王子」。
上黨質子，殆指後趙亡時其部將張平等據上黨諸地，「壘壁三百餘，胡晉十餘
萬戶」，及其來降時所送來的質子。〔註95〕亦即開城迎納苻堅的人，是以夫餘
王子為首的東夷及北胡在京人物，他們的部落恐怕也在附近的州縣。

　　據此，值得注意的是胡夷部落湊居鄴京的可能性是不大的，否則似乎不會
只有五百人行動了。《通鑑》同條又謂「諸州牧守及六夷渠帥盡降於秦」，六夷
渠帥與牧守并列，當指在京以外者也。翌年正月條又云：「秦王堅徙關東豪傑
及雜夷十五萬戶于關中，處烏桓於馮翊、北地，丁零翟斌于新安、澠池。」大
抵燕亡前，上黨等地胡晉仍以壘壁或部落的形態留在并州，烏桓丁零可能是隨
燕軍南下之胡部，則分駐於他地。是則封裕的建議似乎曾被採納，即分徙胡部
至西境諸城戍守而不解散之，但留其領袖或子弟於京師作人質也。

　　第五，337年慕容皝自稱燕王，五年之後東晉正拜之而遷都龍城，稍後
封裕疏諫問題之一即為「官司猥多」。皝答以「中州未平，兵難不息，勳誠既
多，官僚不可減也。待克平凶醜，徐更圖之」。前面已論及。不過，慕容氏平
定後趙，官僚似乎也未稍減。〈苻堅載記上〉列其370年亡時，「凡郡百五十
七，縣一千五百七十九」。按西晉武帝太康元年（280），考訂其全國共有一百
七十二郡國，一千二百三十一縣。〔註96〕燕所據不過是西晉平、幽、冀、并、
司、青及豫、徐部份之地，而其所置郡、縣數目卻與晉全盛時相當，官長猥

〔註95〕參〈慕容儁載記〉，卷一一○，頁2839~2840。
〔註96〕詳楊遠前引書，頁76~77。

多即可見一斑。

　　官司猥多與酬庸勳誠，獎勵戰功有關。前燕曾試圖徵集諸州漢兵至一百五十萬，兵多則將廣，酬以將軍、守宰是常見之事，前燕亡前，左丞申紹上疏批評朝政，至謂「今者守宰或擢自匹夫兵將之間」，可見其概；上述城大、俟釐、護軍等與胡部有關之官，尚於漢官之外，則更見其猥多的情況。其中將軍之多，殆是慕容氏的特色。

　　慕容氏以馬上戰鬥為國，實行征服政策，後來漢化始兼用懷柔，隨著帝國的日益擴張，其最高領袖也由慕容部大人（可汗）變成鮮卑大單于、燕王及燕皇帝。燕王代表向君權普遍性的追求，大單于代表胡系各部族權力的緊密結合，燕王與大單于相兼的體制，田村實造稱之為二重性，而筆者一直從法制角度上稱之為雙兼君主型一國兩制，直至稱皇帝後，始在體制上表示兩者的合一，完成終極追求的目標。

　　由於慕容氏崛起時仍是比較弱小，文化相對落後的小部落，亟需向大國學習，故在發展的過程中，慕容氏大人對其屬部，尤其是核心集團，始終是保持著部落長與其戰士密切結合的形態，谷川稱之為「戰士共同體」。〔註97〕此由他們在匈奴化及中國化過程中，保持了城大、俟釐等鮮卑制度即可推知之。將軍，殆是慕容氏貴族實際統領部落兵，而採用漢官名稱的一種建制形式，而且自慕容廆以來即是如此。谷川粗略計算，前燕出身慕容部的活躍武將，約四十名之中佔了半數。〔註98〕將軍眾多，會令廆、皝父子感到「高下齊班，進無統攝之權，退無等差之降」的壓逼，這就是他們一再要求東晉封拜「為燕王·行大將軍事，上以總統諸部，下以割損賊境」的原因之一和藉口，這是推行大國法制的經驗與學知的結果。〔註99〕

　　第六，慕容氏在棘城、龍城時代，因位處農牧交錯區而從事農、牧業，其實他們的工商也頗有規模，政府對從業人員置有一定的組織編制，以供軍國所須，封裕諫疏論諍甚明，認為是「游食不少」的因素之一，有違農戰政策，而請求精簡澄汰。商人之活躍，除此之外，尚由慕容皝派遣商人王車赴宇文部，策動慕容翰還國一事，可得而印證。〔註100〕

〔註97〕谷川道雄〈慕容燕の權力構造〉，《名古屋大學文學部研究論集》29，頁63，1963年。
〔註98〕同上註引文，頁63。
〔註99〕詳〈慕容廆載記〉（卷一〇八，頁2810～2811），尤請注意陶侃的〈報封抽書〉。
〔註100〕慕容翰是皝庶長兄，因威聲震主而遭忌，故先亡命於段部，再投宇文氏。皝

　　當 350 年慕容儁簡精士卒二十餘萬，分三軍南進攻趙時，「留世子曄守龍
城，以內史劉斌為大司農，與典書令皇甫真留統後事」。〔註101〕這是戰鬥力南
征，農業生產力留置的措施，可證其對根據地的重視。同年三月攻入薊城，至
352 年十一月於此即皇帝位，并尋於翌年二月自龍城遷都於此。薊城（今北京
市）位於農業區內而接近農牧交錯線，是鄴城與龍城之間的樞紐，不但附近有
胡市，是中原與塞北交易的場所；而且周圍原野廣闊，是入塞各族從游牧生活
過渡到定居農耕的良好場所。〔註102〕350 年至 352 年之間，儁常常往返於薊
城和龍城之間，而「使中部俟釐慕與句督薊中留事」。

　　任命此精於財計的大臣來薊督留守事務，除了因薊城具有上述胡漢交流
的特色外，恐怕還與儁計劃將之作為部落南移，及再次南進的基地有關。《通
鑑》晉穆帝永和七年（351）十二月條說「燕王儁如龍城」，翌年三月乙丑條
則說「燕王儁還薊，稍徙軍中文武兵民家屬於薊」。胡注云：「自北徙其家屬
而南，又恐其懷居而無樂遷之心，故稍徙之。」慕容儁選擇此胡漢交流樞紐
地區，逐漸將二十餘萬軍人家屬南遷於此，使之漸漸適應新生活，故命慕輿
句來此調度處理，應可推知。燕軍不立刻進攻鄴城的原因，於此也可瞭解。
這顯示了慕容儁決心進取中原，完成終極目標的意志。慕容部落接近農業核
心地帶而作中間調適後，乃於 357 年繼續南進，攻克及徙都於鄴。《通鑑》晉
哀帝興寧二年（364）七月，謂曄嗣位後，命「待中慕輿龍詣龍城，徙宗廟及
所留百官皆詣鄴」，是則連根據地的人員也悉數南遷了，終於故國日已遠，長
作中原人。除了法制易於完全中國化外，其種族與文化亦因此漸漸融入中華。

七、胡俗與中國法制化的一些問題

　　《後漢書・烏桓鮮卑列傳》及王沈《魏書》皆說鮮卑與烏桓的言語習俗同，
而對烏桓社會風習有概略的記述。不過這些社會風習的特徵，似乎於《晉書》
諸慕容君主的載記中，了無痕跡可見，值得奇怪。是否他們推行漢化非常徹底
與成功之故？抑或轉變為另一種形式而寓於漢制之中？燕史上有幾次因用法嚴
峻而致亂，是否與文化制度的變動和適應有關？筆者認為有深入探究的必要。

　　　　知其深悉宇文部虛實，故策動他歸國。詳〈慕容皝載記〉，卷一〇九，頁 2821
　　　　及 2827。唐長孺前揭文也指出商人在拓跋氏早期對交易及政治有影響力，可
　　　　作旁參。
〔註101〕見《通鑑》晉穆帝永和六年二月條，卷九八，頁 3102～3103。
〔註102〕詳趙國印〈魏晉和北朝時期的幽州薊城〉，《文博》第 4 期，頁 26～28，1986 年。

慕容氏自三世紀三十年代進入遼西，建國於棘城之北開始，即漸慕華風。
第一次內亂是在慕容涉歸死後，其弟耐篡位，謀殺涉歸之子廆。廆逃亡至遼東
徐郁家，284 年（晉武帝太康五年）國人殺耐迎立廆。〔註103〕333 年廆死，第
三子皝嗣位，其庶兄建威將軍翰、母弟征虜將軍仁、廣武將軍昭等尋兵變欲廢
皝，仁甚至盡據遼左，宇文、段氏及鮮卑諸部并為之援，誠是一危機時期。兩
次兵變國危皆與慕容氏子弟有關，前燕及復國諸燕亦常見此類內爭兵變一再
發生（參附表一），復國諸燕甚至因此不能統一力量復國，而且亡於自我相殺，
是則此事必非偶然事件，應有更深層的社會文化結構問題。

《通鑑》對慕容皝危機有所解釋，并略述其原因，晉成帝咸和八年十月條
云：

> 慕容皝初嗣位，用法嚴峻，國人多不自安，主簿皇甫真切諫，不聽。
> ……翰……仁有勇略，屢立戰功，得士心；季弟昭，有才藝，皆有
> 寵於廆。皝忌之。翰歎曰：「……人謂吾之所辦，以為雄才難制，吾
> 豈可坐而待禍邪！」乃與其子出奔段氏。……仁自平郭來奔喪，謂
> 昭曰：「吾等素驕，多無禮於嗣君，嗣君剛嚴，無罪猶可畏，況有罪
> 乎！」昭曰：「吾輩皆體正嫡，於國有分，……事成之日，與我遼東，
> 男子舉事，不克則死，不能效建威偷生異域也。」仁曰：「善！」

按此次危機，司馬光明指皝「用法嚴峻，國人多不自安」所致，究竟用了甚麼
峻法則不之知。但是，他敘述慕容翰三兄弟之反因，似乎又直指因皝之性格剛
嚴所造成。

慕容皝性格剛嚴而用法嚴峻，很可能是逼使其兄弟造反的原因，但是背後
是否仍有些看不見的因素？例如其同母弟為何對他素驕而無禮，為何說「於國
有分」，是否與鮮卑系社會的習俗有關？慕容廆部屬曾疏請陶侃轉稟晉朝，謂
「東方官號，高下齊班，進無統攝之權，退無等差之降」，欲進位燕王。小林
聰即說皝用法嚴峻與此有關，〔註104〕也就表示支配機構不成熟的原因，使皝
加強控制部屬所致；而翰則因功高震主，所任建威將軍與當時的平北將軍皝僅
有一線之差，故不自安而逃亡出國。若是，則意謂國內有人認為以平北將軍‧
行平州刺史‧朝鮮公「督攝部內」的慕容皝，在中國體制上不足以督攝部內其

〔註103〕〈慕容廆載記〉不及《十六國春秋‧廆錄》（卷二三，頁 175～176）詳，茲
　　　　據後者。
〔註104〕詳小林聰前引文，頁 40～41。

他將軍也。這是否與學習和適應「上國法制」的不良有關。

根據此例，疑竇甚多，有必要從鮮卑社會風習對其君權性質、繼承制度、母系遺跡、部落體制等問題，在漢化過程中的適應作一分析，以見慕容氏之胡風漢化，以及與興亡的關係。

（一）君權性質的變化

鮮卑與東漢的關係前面已有略論，他們有時助漢征伐匈奴和烏桓，有時也常侵略中國。自二世紀檀石槐建立聯盟以來，對漢寇侵更甚，威脅更大。〔註105〕《後漢書・應奉列傳・應劭附傳》記述，「鮮卑越溢，多為不法，裁以軍令，則恣戾作亂；制御小緩，則陸掠殘害，劫居人，鈔商旅，噉人牛羊，略人兵馬」，可見這些部落自由民因原始生活及其寇掠特色，很難適應漢式軍制的部勒。這是此前他們採用選舉制，推選勇敢公正的人為大人的原因。

慕容氏原出檀石檀聯盟的中部大帥，其領導寇掠戰鬥的部落長角色是可想而知的。揆諸前燕及復國諸燕君主，似乎除了前燕末主慕容暐較文弱外，其他諸主皆扮演了這個角色。這在漢制稱為君主親征，是極為罕見之事，亦即慕容氏諸主，始終帶有領導寇掠戰鬥的部落長性質，其最基本的君權也就是不含家父長權的部落長權。慕容廆在獨立部落時代早期，每歲寇掠遼西、昌黎不絕，難怪西晉始終「以邊裔之豪處之」，僅授予鮮卑單于等稱號了。

慕容廆乘西晉永嘉之亂，遼東紛戰之時，採納其子翰的建議——假借勤王之名，「上則興復遼邦，下則吞併二部，忠義彰於本朝，私利歸于我國，此則吾鴻漸之始也，終可以得志於諸侯」。事實上即在表面臣屬於晉朝之下，進行兼併征服戰爭，使其國家進入兼具晉朝藩屬與獨立部落雙重性質的發展階段，因而其立國體制開始即兼具了胡、漢兩重性，直至被東晉拜為大單于・大將軍・燕王時期仍保有此特色。甚至可以說，晉朝為了因應其二重性特色而如此授予官爵，使與二趙起局時不同。

慕容氏對所屬胡部的政策措置，前面已論之。不過，其君主隨著國家力量的發展，及所受文化教育的結果，思想觀念上漸由胡人認同變化為漢人認同。例如廆來降附被拜為鮮卑都督前，曾謀於部眾說：「吾先公以來世奉中國，且華裔理殊，強弱固別，豈能與晉競乎？何為不和，以害吾百姓邪！」這就是胡人的自我認同。他是首位定居於棘城，「教以農桑，法制同于上國」，使其部族

〔註105〕詳船木勝馬〈後漢後朝の鮮卑について——檀石槐時代さ中心として——〉收入《東洋大學紀要》19 號，1966 年。

定著農耕化，并法制中國化的鮮卑君主，故上述的觀念隨著漢化而產生變化，後來致書陶侃，一再批評二趙為虜庭、羯寇，略可窺知。然而尚未完全脫離邊裔之豪的自我意識，故降至其子皝自稱燕王，向東晉要求正拜，上表時猶自稱「臣被髮殊俗，位為上將」。其孫儁被推為皇帝時，亦謂「吾本幽漠射獵之鄉，被髮左衽之俗，曆數之籙寧有分邪？！」〔註106〕

　　事實上，廆既領導其部族漢化，即有追求作中國王者的志向，他曾對懷有夷夏觀念、不願屈就作其部屬的晉人高瞻說：「……奈何以華夷之異，有懷介然。且大禹出于西羌，文王生于東夷，但問志略何如耳，豈以殊俗不可降心乎！」〔註107〕他努力消融國內夷夏之分的用心，顯然可知。慕容氏君主欲作一個真正的中國皇帝，是其傳統國策，故降至儁被群臣推尊後不久，即以漢儒所尚的陰陽災異、三統五行學說，兼詐稱得到傳國玉璽，克服了漢人的民族正統觀念，毅然即皇帝位，建元「元璽」，宣佈以水德代替晉朝之金德。儁揚棄繼統於羯趙，宣佈直承晉朝，是表示了晉朝已亡，東晉和後趙皆不是正統政權，而將自己正式列入華夏的正統系列，作一個完全的華夏天子。所以他對東晉的使臣說：「汝還白汝天子，我承人乏，為中國所推，已為帝矣。」〔註108〕既是華夏正統王朝，前引常煒所謂「朝廷銓謨，亦多因循魏晉」，乃是必然的發展。

　　《後漢書‧烏桓鮮卑列傳序》述東胡部落情況云：

> 有勇健能理決鬥訟者，推為大人，無世業相繼。……大人有所傳呼，則刻木為信，雖無文字，而部眾不敢違犯。……大人以下，各自畜牧營產，不相徭役。……其約法：違大人言者，罪至死；若相賊殺者，令部落自相報，不止，詣大人告之，聽出馬牛羊以贖死；其自殺父兄則無罪；若亡畔為大人所捕者，邑落不得受之。……

按約法中殺父兄無罪，與慕容氏經常兄弟相殺極可能有關，容下討論，自二世紀檀石槐以後部落長已世襲，於此亦不贅。要之，根據上文，鮮卑部落長以戰爭及理訟為主要職責，其命令有權威性，但內部行政簡而不煩，部落間相爭時

〔註106〕分詳〈慕容皝載記〉（卷一〇九，頁2820）及〈慕容儁載記〉（卷一一〇，頁2834），可見祖孫三代仍有此意識。

〔註107〕參〈慕容廆載記‧高瞻附傳〉，卷一〇八，頁2812～2813。

〔註108〕參〈慕容廆載記〉，卷一一〇，頁2833～2835。又按其《韓恆附傳》，恆反對以水承晉金，提議承認後趙的中原統緒，此議後來在慕容暐朝被採用，參頁2843。

也常由大人可汗調停。這種部落長權,是適應鮮卑戰爭——掠奪——分配的部落形式演變而來。當慕容廆改變形式由寇掠而征服、由游牧而定耕、由無稅而抽稅、採用上國法制以統治管理,則其部落自由民因社會文化的變動與適應而引起不安是可想知的。

及至慕容氏兼為晉朝方面大員,其軍政權力的複雜顯然非部落長權可比;至於成為皇帝,權力絕對,更是胡部酋長所必須學習與適應的。根據前述應劭之言,鮮卑部落裁以軍令則忿戾作亂,是則漸漸納入官僚體制的酋長與部民們,尤其將軍城主之類武職,更是應該克己學習適應;不過,這種文化制度的學習和適應需宜緩慢進行,且調適不易,若君主過急而用法嚴峻則適足以致亂。諸燕常有用法嚴峻而致亂之事,應從這裡觀察瞭解。畢竟慕容氏由部落可汗急速改變其國家型態,朝完全中國天子及上國法制化推進,那種原來大人對部屬不相徭役的型態,對朝儀嚴肅、層級節制和威權體制,是一下子不能適應的,慕容翰三兄弟之造反或逃亡,致國家於危機,正是明顯的例子之一。

谷川道雄批評田村實造以二重性解釋稱帝以前的慕容氏發展,認為慕容氏保持戰士共同體的形態,而朝皇帝制度一元化發展,始是問題的根源。〔註109〕其實二人論點各有所長,亦各有所非。慕容鮮卑的問題,在於不倣效二趙的一國兩制,保持匈奴王長體制以緩和胡部的不安。〔註110〕鮮卑君主對胡部依族系集團不同而使之異處,基本上往消解原部落體制的方向設計,朝全盤漢化大方向發展,追求中國絕對君權的皇帝制度為終極目標,這才是問題的真正根源所在。亦即追求皇帝權,并以此急促推展中國法制化始是問題關鍵之所在。慕容暐是繼承儁的第二代皇帝,而二世即亡。此下及於復國諸燕,常有皇帝侈奢,宗室作亂,母后、外戚干政等事發生,這些皇帝及王室附屬制度之混亂宛如西晉翻版而更甚之,殆可以漢化或漢制化適應不良解釋之。

肥水之戰後北方喪亂,諸燕先後并起,而多賴丁零、烏丸等胡部支持。正由於此緣故,當諸燕先後消滅,復國主力的後燕亦漸向東北原根據地撤退時,其君主陸續撤去帝號,漸復其部落君長的本色,實有不得不爾之勢。

這種轉變是有其社會及地緣基礎的,因為慕容氏當初南進時,極重視其龍城根據地的留守和建設,雖前秦統一北方亦未破壞之。即使380年前秦幽州刺史苻洛造反,「分遣使者徵兵於鮮卑、烏丸、高句麗、百濟及薛羅、休忍等諸

〔註109〕谷川道雄前揭文,頁59~64。
〔註110〕二趙體制請詳註1及2所引拙文。

國，并不從」，〔註111〕故遼河流域元氣仍得保存。〈慕容垂載記〉說垂復國，定都中山，躬自征伐，而令慕容農恢復遼東，駐屯龍城。尋令太子寶領大單于，建留臺於龍城，別令慕容隆領留臺事，此即是單于留臺性質的北燕臺，以此統領兩遼諸胡的國部也。

後燕既然率殘部退回原根據地，就必須適應離開中原的胡部社會政情，這些胡部不願協助後燕收復中原，常產生兵變內亂，最後外戚蘭汗弒慕容寶等宗王卿士，乃降稱為大都督・大將軍・大單于・昌黎王。後來寶子盛反兵變成功，最終仍是去皇帝之號，自貶為「庶人大王」。〔註112〕及至慕容熙在兵變及丁后支持下嗣位，乃「改北燕臺為大單于臺，置左、右輔，位次尚書」，并引見「單于八部耆舊」。〔註113〕慕容熙的稱號雖是皇帝，但是如同二趙一般建立單于臺體制是值得注意的，蓋欲用以統壹鮮卑、烏丸、高句麗等諸國部也。立國形勢既然如此，所以慕容雲兵變篡位，立即降稱為天王。〔註114〕尋而胡化漢人馮跋兵變，國號及天王位號仍舊，而以其太子永領大單于，置四輔，此即史所稱的北燕；史見有單于前輔萬陵、單于右輔古泥之名，所用殆多是胡人。〔註115〕

是則退回遼河後，慕容氏因應當地部落形勢，漸漸恢復鮮卑大單于稱號及其體制，胡部本色日濃，蓋入華以前鮮卑向無大國統治經驗，故參考備用二趙的匈奴胡體制，以統理遼東西根本之地，此情勢實可推見。慕容鮮卑君權性質的前後變化竟然如此，可說是一種文化回復（對胡制言）與退縮（對漢制言）也。

（二）外戚干政與母系遺跡

慕容翰三兄弟之反，背後另有些共同因素。蓋慕容翰身為將軍有戰功才藝，獲得父寵，驕貴而令嗣君感到難制或無禮，而慕容昭更認為「吾輩皆體正嫡，於國有分」，協議事成之後分得遼東，竊疑皆與鮮卑部落母系社會尊母及兄弟平等的風習有關。

《後漢書・烏桓鮮卑列傳序》明述東胡有收繼婚及勞役婚制度；社會上

〔註111〕詳《晉書・苻堅載記》，卷一一二，頁 2902～2903。

〔註112〕參〈慕容寶載記〉（卷一二四，頁 3097）及〈慕容盛載記〉（同卷，頁 3098～3104）。寶為後燕第二主，盛為第三主，詳附表一。

〔註113〕參〈慕容熙載記〉，卷一二四，頁 3105。

〔註114〕雲原為高句麗支庶，即天王位後復姓高氏，詳〈慕容雲載記〉，卷一二四，頁 3180。

〔註115〕詳〈馮跋載記〉，卷一二五，頁 3123～3133。

婦女織繡、男子工藝并事戰爭狩獵,「計謀從用婦人,唯戰鬥之事乃自決之」;父母兄弟之間,則「父子男女相對踞蹲」而無等差之禮,「怒則殺父兄而終不害其母,以母有族類,父兄無相仇報故也」,甚至對「妻家無尊卑,旦旦拜之,而不拜其父母」,其約法兼且規定「自殺父兄則無罪」。充滿了母系社會的色彩。

中國是一個父系社會,慕容廆以來推行中國法制化,其社會規約也必然朝父系中心調整。慕容氏母妻族系以鮮卑其他部族的女子為多,為族外婚。茲以皇后為例,則計有鮮卑、匈奴及氐族人,如:

1. 段氏:廆、皝、垂、德、寶,祖孫四世五君皆娶段氏鮮卑女為后。

2. 可足渾:原出遼東附塞鮮卑,為核心集團貴族,前燕儁、暐父子二主皆妻可足渾氏女為后。

3. 苻氏:後燕主熙之后,殆為氐族。

4. 呼延氏:南燕主超之后,源出匈奴婚姻貴族。

5. 蘭氏:南燕第三主盛為蘭汗之婿。首君垂之生母亦蘭氏。殆出匈奴姻貴〔註116〕。

諸燕可知十后,凡五出遼西鮮卑段氏,兩出遼東鮮卑可足渾氏,匈奴姻貴二人,氐族一人。其詳細可參附表一〈慕容氏世系〉。

大抵慕容廆早期之宿敵為宇文氏,故聯婚於段氏以牽制之,至皝與段遼相攻時,陽裕曾力諫段遼,謂「慕容與國世為婚姻,……願兩追前失,通款如初」。〔註117〕及至慕容皝壯大起來,其子儁、孫暐始娶核心集團的可足渾氏為后;至於後燕慕容熙、南燕慕容超分娶苻氏與呼延,已是被苻堅滅亡、逼遷關中以後的事了。慕容氏諸后的婚娶,與其戰略政局的發展是有關係的。

慕容氏推行中國法制化則必然向父系社會發展,故廆、皝、儁三祖孫基本上并不特別倚用外戚,其母妻族類在政軍上無顯赫的權勢地位。慕容皝尤其對中國母后外戚之禍特別注意,340年晉外戚重臣庾亮死,弟冰、翼繼為將相,他乃上表給成帝說:

〔註116〕 姚薇元考證蘭氏,謂源出北方烏洛蘭氏,北魏時改為蘭氏,末又謂燕之蘭氏皆鮮卑族人,而匈奴姻貴亦有蘭氏(參《北朝胡姓考》,頁230~232)。按烏洛蘭改姓乃北魏事,此前之蘭氏一見於燕,而最早見於匈奴,疑後燕之蘭原為匈奴之蘭,是匈奴殘留投入鮮卑者。慕容盛為蘭汗之婿,見〈慕容寶載記〉,卷一二四,頁3097。慕容超皇后姓呼延氏,與蘭氏原皆為匈奴姻貴,殆可為證。

〔註117〕 參〈慕容皝載記・陽裕附傳〉,卷一〇九,頁2828~2829。

臣究觀前代昏明之主，若能親賢并建，則功致升平；若親黨后族，
必有傾辱之禍。是以周之申伯號稱賢舅，以其身藩于外，不握朝權。
降至秦昭，足為令主，委信二舅，幾至亂國。逮于漢……，卒令王
莽坐取帝位。每覽斯事，孰不痛惋！設使舅氏……不才，則有竇憲、
梁冀之禍。凡此成敗，亦既然矣。苟能易軌，可無覆墜。陛下……
遭國多難，……跡其所由，實因故司空亮居元舅之尊，勢業之重，
執政裁下，輕侮邊將，……遂致敗國。……臣常謂世主若欲崇顯舅
氏，何不封以藩國，豐其祿賜，限其勢利，使上無偏愛，下無私論。

又另與庾冰書說：

君……總據樞機，出內王命，兼擁列將州司之位，昆弟網羅，顯布
畿甸。……每睹史傳，未嘗不寵恣母族，使執權亂朝，先有殊世之
榮，尋有負乘之累，所謂愛之適足以為害。吾常忿歷代之主，不盡
防萌終寵之術，何不業以一土之封，令藩國相承！……

此一表一書〔註118〕的意旨，正足以解釋廆、皝、儁三祖孫何以無母妻外戚之
患的原因，蓋鮮卑母系社會習慣被漢化政策及制度所抑壓也。

　　前燕君主極重太子教育，慕容儁的太子曄，甚有令譽而早夭，繼太子暐
則幼喜遊田絲竹，甚令儁擔心，且曾為此而有禪讓帝位於其弟恪的念頭。
〔註119〕遊獵音樂是否胡風不確，但暐以幼沖即位，雖有諸叔父輔政，然而可
足渾氏亦以母后干政，一度謀誅輔政的慕容恪及評。及至恪死，又欲誅英傑次
於恪的慕容垂，導致垂懼而投奔苻堅，自壞干城。「暐母亂政，評等貪冒」，同
為「群下切齒」，後被視為前燕亡國的原因。〔註120〕

　　慕容垂與弟德皆甚英傑，均立下枋頭大捷之功，前者為後燕、後者為南燕
之復國君主，兄弟二人其實皆為可足渾后所忌憚，而后尤素惡垂。垂被素惡，
可能與女人之間有關。因為吳王垂之原妃是段末杯之女，「才高性烈，自以為
貴姓，不尊事可足渾后，可足渾氏銜之」。其後向儁誣段妃巫蠱而下之獄，竟
死獄中。「垂以段氏女弟為繼室；可足渾氏黜之，以其妹長安君妻垂。垂不悅，
由是益惡之」。〔註121〕後來慕容垂於關東復國，與弟德又分娶段儀二女元妃和

〔註118〕均收入於〈慕容皝載記〉，卷一○九，頁2819～2821。
〔註119〕詳〈慕容儁載記〉，卷一一○，頁2840～2842。
〔註120〕詳〈慕容暐載記〉，卷一一一，頁2847～2848、2853、2855。
〔註121〕參《通鑑》晉穆帝升平二年（358）十二月條，卷一○○，頁3172～3173。按：

季妃為妻，及至垂立子寶為太子，元妃以皇后身份認為其性格不宜為君主，一再言之，不被採納。寶嗣位後，遂逼其自殺。〔註122〕

觀慕容儁、垂兄弟英傑一時，垂且身曾受害，而竟容許皇后進言及至干政，恪、德、垂兄弟等對其嫂太后干政亦無反對之舉，似乎鮮卑「計謀從用婦人」之舊俗，在絕對君權的皇帝制度下漸漸抬頭。婦人比身份貴賤、比誰作主，可能是可足渾氏妯娌間紛爭的原因。這裡再舉復國政權的一些例子：

1. 〈慕容垂載記〉述垂386年稱皇帝，都中山，「追尊母蘭氏為文明皇石，遷皝后段氏，以蘭氏配饗。博士劉詳、董謐議以堯母妃位第三，不以貴陵姜嫄，明聖王之道以至公為先。垂不從」。後垂用蘭氏族人，終成蘭汗之篡弑。這殆是鮮卑尊生母重母族的遺習。

2. 垂崩，太子寶嗣位。寶被弑，庶長子盛殺蘭汗嗣位。據〈慕容寶載記〉，蘭汗為垂之季舅，輩份高於盛三輩，但卻是盛之岳父，婚姻狀況甚為奇怪，可能是鮮卑之風。盛被宗人及段氏率禁軍兵變所弑，〈慕容熙載記〉謂「其太后丁氏以國多難，宜立長君，……意在於（垂少子）熙」。熙嗣位，重建大單于臺，「烝于丁氏」。後因丁氏怨熙幸苻貴人，欲與兄子七兵尚書信廢立。熙反逼丁氏自殺，并誅丁信。丁太后是否漢人不清楚，她與熙是嫂叔烝報，殆為鮮卑舊俗，或許格於漢制而不敢行收繼婚。

3. 南燕主慕容德死，無子，以兄子超嗣。據〈慕容超載記〉，其祖母姓公孫氏，母姓為段氏，故嗣位後二氏與慕容氏子弟分任權柄，尤以公孫五樓兄弟最為權大，曾一度使慕容子弟與段氏子弟謀反，此亦殆為重母族所致。

這種種事例一再發生於短促的諸燕政權，表示在政亂軍忙之間，中國法制未能貫徹施行，而鮮卑母系社會的風習，卻一再乘隙浮現。母后及外戚干政，漢、晉亦有之，但似乎不如慕容氏般頻繁嚴重，諸燕各外戚以族系集團形式盤根錯節，掌握政軍，而且經常兵變，慕容氏諸政權之興亡，胥由此社會風習的適應情況作考察，然後誤失始不會太大。

（三）繼承問題與軍封制度

慕容氏的繼承問題與軍封制度表面上是無相關的二事，事實上則不盡然，其相關接點在東胡社會制度。東胡社會以母系為中心，則男子在母親之下是平

小段妃被黜為夫人，於369年與垂俱奔秦，留下可足渾妃於鄴，可參同書海西公太和四年十一月條，卷一○二，頁3222～3223。

〔註122〕詳《晉書・慕容垂妻段氏列傳》，卷九六，頁2524～2525。

等的，所以會「怒則殺父兄」，而社會約法亦規定「其自殺父兄則無罪」。又東胡盛行勞役婚，勞役一二年後，「妻家乃厚遣送女，居處財物一皆為辦」，是則對其諸子而言，家產出自母親，諸子或可平均得之。家庭制度如此，社會制度如前述軻比能時，每寇掠所得，是「均平分付」的；而且又是大人與部屬不相徭役，各自畜牧營產，所以從社會以至家人也就無所謂等差之禮可言，而且同母諸子「皆體正嫡，於國有分」了。

　　鮮卑自二世紀中晚期始實行世襲制，但檀石槐死後，其子弟內爭，以至於軻比能以勇敢公平崛起被推為大人，在在顯示出由母系過渡到父系的不成熟和混亂狀態。慕容莫護跋入居遼河流域，子木延、孫涉歸三世父子相襲，北《魏書‧吐谷渾列傳》說涉歸分七百戶給庶長子吐谷渾以為別部可汗，以少子廆代統部落為慕容氏，乃至死後其弟耐篡位并謀殺廆，殆皆與上述社會制度和風氣有關。至於廆長子翰因功高見忌而出奔段氏，仁、昭自認與皝同母，於國有分；前者宛如吐谷渾西遷翻版，後者則與耐之篡位類似，顯示降至四世紀三十年代，父系中心的父子世襲制尚未穩定。

　　294年廆移居大棘城而定耕，推動法制中國化，尋又確定以征服為國策，而且接受晉朝官職，建立府朝，此一系列重大措施對其社會改革有否助益？筆者竊有所疑，恐怕不盡樂觀。

　　首先就繼承而言，雖然中國有立嫡以長不以賢的制度，而且此後慕容氏嫡長子的確依法被確定為世子或太子，〔註123〕但是四世紀三十年代有慕容仁和昭的挑戰慕容皝，幾至國危。四十年代皝死前有禪讓給其弟恪之心，幸恪母高氏非嫡后，恪又賢，以「不可以亂正統」力辭，只願「行周公事」以輔少主。即使如此，太師慕輿根雖在暐嗣位後，仍以「兄亡弟及，先王之成制」為理，勸恪廢帝自為。〔註124〕顯見終前燕一代，母系中心兄弟同體有分的觀念風習，仍然存留於慕容氏集團之心。

　　及至諸燕復國，由於得胡部支持，故胡風增濃，則更是王室宗族篡弒頻仍之局，可說是因兄弟有分，怒則殺父兄遺風的反映。398年南燕次主慕容

〔註123〕例如廆封遼東公，立皝為左賢王世子，後以世子嗣位。皝為大單于‧燕王，立儁為左賢王‧燕王世子。儁為皇帝，太子暐早死，乃立暐為太子。慕容垂稱帝，以前妻段妃之子寶為太子。此下諸燕即因諸子被殺或兵變內亂，嗣位者遂不一定為嫡長子。

〔註124〕事詳〈慕容儁載記〉（卷一一〇‧頁2842）、〈慕容暐載記〉（卷一一一‧頁2847～2848）及其〈慕容恪附傳〉（頁2858）。

寶與其子弟內訌，父子兄弟兵戎相見，外戚蘭汗加入，終成篡弒之局。寶庶長子盛反兵變成功而嗣位，〈慕容盛載記〉說他曾聽詩歌及於周公之事，乃批評周公誅兄弟輔成王，而推崇慕容恪，命作〈燕頌〉以述恪功。尋又引群臣於東堂詳細討論周公，嚴厲批評周公之詐及後人之虛美；又力評伊尹挾智藏仁以成君惡，事同夷羿。其實是假借中國聖賢典故，批評鮮卑胡風，以對臣下作思想教育，并進行矯正制裁。故〈慕容盛載記〉說他「懲寶闇而不斷，遂峻極威刑，……於是上下振局，人不自安，雖忠誠親戚亦皆離貳，舊臣靡不夷滅，安忍無親，所以卒于不免」。其事頗類當年慕容皝用法嚴峻，致國人不安而叛亂國危，只是皝幸能平亂，而盛卻終不免於 401 年，身死於親近將軍慕容氏及段氏族人手中。

慕容盛之舉，或許可以視為慕容氏政權最後一次以漢法制故事整理鮮卑舊風吧。但是其失敗以後，復經慕容熙、慕容雲兩次篡弒事件，最後亡於馮氏而成北燕。是則燕容氏的母系社會制度，在長期中國法制化之下，迄未能完全適應，對其國家衰亡影響甚大。

《後漢書》及王沈《魏書》又說鮮卑風尚「俗貴兵死」，故男子就是其自然的部落戰士。當慕容氏由寇掠轉變為征服時，即以其核心集團征服遼河流域各國部及晉朝的州郡。慕容氏核心諸部自有其俟釐、城大諸類組織建制，及至推行中國法制化，掌領部族兵的大人可汗及其慕容氏子弟，即不免納入中國式官僚體制，往往成為將軍。前述四十餘名活躍武將中，慕容氏佔了過半數（參附表三），可想而知。慕容氏漢化，雖說胡、漢分軍、政而共治，其實仍是慕容氏子弟分領重要軍職，以軍隊支配行政之局；〔註125〕實是漢式體制其表、部族政權其裡的變相部族制。谷川道雄稱之為「宗室的軍事封建制」，說是部落長與其子弟親貴「和同宗盟」所形成的「戰士共同體」。〔註126〕

這個戰鬥性實體對燕政權有兩個重大影響力，一是向君主挑戰的能力，一是妨礙改革的潛力。

關於第一個能力，是因為子弟親貴統領部族兵，而子弟更領重要軍職，位階與同時身為將軍的皝、儁相差不大。握重兵而位階相差不大此法制上的優越性，加上同體有分的傳統文化，就是前燕慕容子弟敢動輒挑戰作為君主的兄弟，或兼行周公事的因素。至於後燕靠諸胡支持復國，在胡人重母妻族系傳統

〔註125〕詳關尾史郎〈前燕政權成立の前提〉，《歷史研究》448，1981 年。
〔註126〕詳谷川前揭文，頁 63～64。

之下，兼重用外戚掌兵，是以除了慕容氏族人外，段氏、蘭氏、公孫氏、丁氏諸外戚將軍，也在戰士共同體中佔有份量，同時也有能力策動及參與兵變，挑戰君權。這種權力結構，與漢晉外戚挾持天子以干政的結構，顯然有所差異，可以視作慕容氏胡制中國化的適應形式。

其次是妨礙全盤漢制化的問題，亦與各將軍在共同體中領兵有關。胡人以馬上戰鬥為國，游牧型君主的地位，是通過以自己為主體的戰鬥中獲得戰利品的分配來維持的，故未漢化前部落大人是推舉的，而且以勇敢公正為必須條件。親征——掠奪——分配的形式，是部落長獲得權位、團結本部及別部，以至壯大其集團的公式。〔註127〕將軍領部族兵戰鬥，戰利品——人民及財產——遂被君主公平地分配給各軍（部落）。當慕容廆改變寇掠傳統而為征服政策，推動中國法制化時，其部族兵已不可能對其征服地的臣民像先前般掠奪。這些部族兵在將軍統領之下進入及分駐漢地，又需隨時進行再征戰的戰鬥，故必然不能全力投入生產，作為部落長而兼為王公天子的君主，遂有義務解決部落軍隊及其家人的生活，此即燕朝軍封制度所由起。

就以慕容氏實際情況而言，294 年廆移居大棘城，「教以農桑」。既然言教，當指教其部眾而言，漢人是不須強調言教的。例如 317 年司馬睿因永嘉之亂而在江東即晉王位，此時中原已有大量流民南遷，《通鑑》元帝建武元年（317）是歲條云：「王命課督農功，二千石、長史以入穀多少為殿最；諸軍各自佃作，即以為稟。」是則郡縣官吏課督農功，收入歸政府；而各軍各自佃作，自給自足。廆僑置諸郡以安置漢族流民從事農耕，對其部族則是教以農桑，使之步向農耕化，情況可能也是差不多的。故在 340 年其子皝與庾冰書中，自述「自頃迄今，交鋒接刃，一時務農，三時用武，而猶師徒不頓，倉有餘粟」，蓋郡縣所得賦稅歸公，而軍隊則自給自足，始能有此現象。不過一時務農，三時用武的情況，決不能在隨後征服高句麗、宇文氏，以至南進滅趙的過程中保持，因為長年征戰的部族軍隊即使僅一時務農，也需其他人來執行，否則常備戰力即有問題。

《後漢書・烏桓鮮卑列傳序》說東胡婦人能繡織，「男子能作弓矢鞍勒，鍛金鐵為兵器」。是則鮮卑部落對武器裝備也是自製自給的，所以農耕化後的部落，在征服頻繁之時，不僅需要農業勞動力，也需要百工商賈為其生產交易。

〔註127〕　參朴濟漢〈北魏王權與胡漢體制〉，高麗大學東洋史學會編，中國社會科學出版社，《中國史研究的成果與展望》，頁 90，1991 年。

345 年封裕諫疏，指出中原未平，「官司猥多，游食不少」，違反農戰政策，要求對百工商賈整頓，「宜量軍國所須，置其員數，以外歸之於農，教之戰法」。隱然表示了戰事日頻，軍司猥多，軍司所屬工商人口亦多的情況。這些隸屬於軍營的農工商人口，即應是軍封營戶。由於部落諸軍是自給自足的，隨戰事日頻而軍隊亦日多，故構成了封裕力諫的問題。慕容皝尚需征戰，所以作了前面所述的「中州未平，兵難不息，勳誠既多，官僚不可減也。待克平凶醜，徐更議之」的指示。

　　漢式軍制是部曲營伍，故營戶配隸於軍營是無疑的。但是，營戶來源殆非為犯罪者，在軍隊僅只供驅使雜役而已，它應是以軍隊為單位之戰鬥人員、文武官吏、工商業者及農業勞動者的功能性組合的一部份；而全軍則是一個自身充足的世界，是戰士共同體的一部份。〔註 128〕

　　營戶因部曲營伍而命名，軍封則是因「軍營封蔭之戶」而見稱，〔註 129〕他們是軍隊的生產者和勞動者，也應是後勤服務人員。那麼，慕容氏的軍隊就是一個一個的生產建設兵團，他們的將軍實際上也就是生產與財富的支配者，殆由原來的酋長征戰──分配的社會形式轉變而來。在這種情況下要講精簡澄汰，又需運用其戰力，算是緣木求魚，皝之緩議在此。360 年以後慕容恪行周公事輔政，方欲滅亡秦、晉，混寧六合，更不敢執行當年「徐更議之」的指示，反而務以寬和為政了。及至 367 年恪死，曾任將軍、屢次出征的慕容評以太傅主政，就為軍封之事，與行政系統發生衝突。〈慕容暐載記〉云：

> 僕射悅綰言於暐曰：「太宰（恪）政尚寬和，百姓多有隱附。……今諸軍營戶，三分共貫，風教陵弊，威綱不舉，宜悉罷軍封，以實天府之饒，肅明法令，以清四海。」暐納之。綰既定制，朝野震驚，出戶二十餘萬。慕容評大不平，尋賊綰殺之。

悅綰曾任將軍統兵征戰，軍封制度應所熟悉。然而他此時已站在尚書省的行政立場，對長期的寬和政策導至營戶隱附大增，影響政府戶口財政和政風大為不滿，故用猛政改革。中國法制戶口由郡縣作編理，故編戶齊民由郡縣管理而向

〔註 128〕谷川前揭文針對唐長孺和濱口重國的不同論點，有充分的討論，參頁 64～72。袁宸有一簡短專文，謂軍封是對立功將士之犒賞酬庸，營戶只是對所屬部隊提供納稅及服役的義務，瞭解恐未詳盡（參其〈慕容燕與拓跋魏時期之軍封〉，《大陸雜誌》6～8，頁 258～259，1953 年）。

〔註 129〕《通鑑》孝武帝太元二十一年六月丁亥條，記南燕主慕容寶下詔「校閱戶口，罷軍營封蔭之戶，悉屬郡縣」，卷一〇八，頁 3428。

政府（天府）納稅。儘管封裕時已將苑囿農田的稅率降為 60%（持官牛）或 50%（持私牛），如魏晉舊法，但是賦役負擔的確仍然甚重，魏晉本身隱蔭戶口的情況嚴重亦為此。營戶不知負擔如何，要之有戶口大量隱附於諸軍，則應較編戶為低。諸軍因人力資源增加，則營利項目及收入增加也是當然的，〈慕容暐載記〉謂紹亡兩年後，評統軍與王猛會戰，卻「障固山泉，賣樵鬻水，積錢絹如丘陵，三軍莫有鬥志」。這種軍紀政風，正是悅綰痛恨批評的現象，既然未改，也就難怪燕朝尋即兵敗國亡。

　　所出二十餘萬戶是隱附之戶，佔燕亡時戶數的 10%。至於正式軍封營戶，悅綰既要完全取消，由於事涉「諸軍」的利益，也就造成了胡部將軍劇烈不滿，以致賊殺悅綰的原因，這可說是胡制抗拒中國法制化的行動之一吧。稍後〈慕容暐載記〉記述尚書左丞申紹上疏嚴厲批評朝政云：

> 今者守宰或擢自匹夫兵將之間，或因寵戚……不經於朝廷，又無考績，黜陟幽明。貪惰為惡，無刑戮之懼，……加之新立軍號，兼重有過往時。虛假名位，廢棄農業，公私驅擾，人無聊生。宜并官省職，務勸農桑。

這是亡國前夕，漢制化的行政系統猶欲努力改革，向鮮卑俗的軍事封建制和戰士共同體挑戰，欲將之精簡澄汰，納入法制化也。

　　南燕建國，403 年時亦曾因蔭冒之甚，「或百室合戶，或千丁共籍」，故尚書韓綽不怕履悅綰先轍，上疏要求及負責校實戶口，當時緊張的情況，乃至慕容德命令軍隊緣邊戒備，嚴防百姓逃竄。〔註130〕至於後燕復國時，慕容垂軍火逼迫，未遑整頓，至其子寶嗣位後，〈慕容寶載記〉謂寶「遵垂遺令，校閱戶口，罷諸軍營，〔註131〕分屬郡縣，定士族舊籍，明其官儀，而法峻政嚴，上下離德，百姓思亂者十室而九焉」。是則即使罷諸軍蔭戶以回歸行政體系，

〔註130〕此次括得蔭戶五萬八千，詳〈慕容德載記〉，卷一二七，頁 3169～3170。
〔註131〕《十六國春秋・後燕・寶錄》作「罷諸軍營分蔭之戶」（卷四五，頁 350），《通鑑》作「罷軍營封蔭之戶」（見註 129）。袁宸前引文說「所謂『軍營分蔭戶』，應當就是營戶」。按：營戶就是分配或分封給軍營的分戶或封戶，蔭戶即是隱附於軍營接受其庇蔭之戶，兩者殆不可混一。蔭戶，是晉宋皆有的現象，議者有將兩種混一，故主張營戶是晉、宋、北魏流行的現象（如谷川前引文，頁 64），實同袁氏之誤。筆者以為，營戶是鮮卑始有的制度，北魏曾有營雜戶合稱（參張維訓〈略論雜戶的形成和演變〉，《中國史研究》1983 年第 1 期），二趙則未見。載記此處「罷諸軍營」，的確語意欠明，但句讀作「罷諸軍營分、蔭之戶」，則語意大明。「軍營分」即是《通鑑》的「軍營封戶」，即軍營分封之戶，與隱冒於軍營的「蔭戶」不同。

實行中國法制官儀，也是被視為法峻政嚴的，會令國人不安思亂，何況連營戶亦要清理。先前慕容皝的用法嚴峻，恪的政尚寬和，悅綰的自稱用猛，皆可由此角度瞭解。慕容寶對此似未貫徹執行，兩年後死於子弟的兵變；稍後慕容盛嗣位，懲其「周而不斷，遂峻極威刑」，裁抑親戚舊臣，尋亦死於兵變。皇帝亦竟有此慘遇，也就難怪韓綽抱必害之心上疏了。

慕容鮮卑因應其原有的社會制度，表面漢制化為軍封營戶制。而此制度具有宗室的軍事封建制及戰士共同體的本質，宗室子弟傳統上又於國有分，故成為諸燕保守的力量，反過來抗拒漢制化，甚至宗室和外戚亦因此具有實力不斷引起政治危機，終至兵變頻仍，國祚滅亡。

八、結　論

慕容氏是鮮卑部落之一，源出東胡。東胡位於胡（匈奴）之東，因而被稱，在先秦有數百年的歷史發展。西元前三世紀，東胡為匈奴所滅，殘部東移，一支保烏桓山，一支保鮮卑山，各以山名其部族。西元前二世紀末，漢始擊匈奴，烏桓被遷徙至塞表，鮮卑在烏桓北，故漢人未之知。其後烏桓節節南移，鮮卑也節節尾隨南移，始為漢所知。東漢利用鮮卑助擊匈奴或烏桓，自一世紀中期起，每年賜給二億七千萬為常。

鮮卑先自鮮卑山西遷，節節南移助漢，乃接受漢上谷寧城的護烏桓校尉監護，稍後接收匈奴殘部十餘萬落，盡據匈奴故地而壯大，二世紀中期出現了檀石槐聯盟，與東漢并大交侵。八十年代檀石槐死後，諸部內爭交戰，曹魏對之採離間分化，使不能統一，原為檀石槐中部大帥的慕容部乃游離而出，漸漸向東南發展，三世紀初在莫護跋領導下入居遼西，以助魏軍功封為率義王，并於238年始建國於棘城之北，從離析的獨立部落變為魏晉的屬國。自318年起，慕容廆接受東晉的官爵，漸成東晉的方面大員，遷都龍城。其後南進中原，於352年即皇帝位，正式建立帝國（前燕）；而前燕不旋踵於370年為前秦苻堅所滅，至383年淝水之戰後，進入慕容氏的復國時期。諸起兵的慕容氏又不協和統合，故出現了西燕、後燕、南燕諸政權。西燕於394年併於後燕，後燕為拓跋魏所敗而撤回遼河流域，於408年被馮氏所篡（北燕）。南燕在北撤時分析而建，亦於410年為劉裕所亡。慕容氏復國活動至此而止。諸燕政權前後凡三百年，由檀石槐聯盟中部部落離析為獨立部落，以獨立部落入遼變為魏晉屬國，再變為邊藩，以至發展為帝國，復國時則是分裂性暫時政權，其性質凡四、五變。

　　前燕烈祖慕容儁建立帝國時，曾自稱「吾本幽漠射獵之鄉，被髮左衽之俗」，蓋指鮮卑山時代以狩獵為主的生活文化。及至西遷饒樂水，已成為草原遊牧部落。但是鮮卑的風俗制度頗與匈奴不同，社會組織有部——邑——落三級，人民身份依此分為可汗（大人）——小帥（邑長）——部民三種，而可汗與小帥是採推選制的，他們自營畜牧，上下不相徭役，是沒有階段的自由民母系社會。

　　慕容氏遷入遼河流域後，終曹魏、西晉仍然保持獨立部落的狀態。不過究其實質，在中國政府而言，他是中國邊疆的屬國之一；對其部落本身而言，或許是一個以慕容氏族為核心，統有其他部落的小型部落聯盟或酋邦，故可稱為慕容國，又可稱慕容部。此時的慕容氏領袖已改為父子世襲制，高層領袖被魏晉拜為左賢王或單于等，是匈奴官稱化，然而他們的本部政治組織似乎并未全採匈奴王長制，反而保留著一些鮮卑制如俟釐等官，直至稱帝前始終保存著這種形式。

　　鮮卑「俗貴兵死」，以戰鬥為國，是一種騎馬遊牧型國部，所以有一再遷都的習慣。當慕容廆將戰鬥——掠奪——分配的立國形式，改變為征服政策後，遂不斷征服及兼併遼河流域的其他諸部鮮卑，以及東方的高句麗和夫餘等國部，壯大成一個種族複雜的集團，以慕容氏核心集團為主，包括了東胡（鮮卑與烏桓）、東夷（高句麗與夫餘等）及北胡（匈奴、丁零、敕勒等）三種集團，於是更需要維持大單于稱號，以統壹百蠻。

　　此期間，慕容氏由初期的仰慕華風，轉變為漢化。294年（晉惠帝元康四年）慕容廆在遷都大棘城後，開始推行「教以農桑，法制同于上國」的國策，大量吸收中原因八王之亂及稍後胡羯之亂北來的流民，協助其改革與統治，朝定居農耕化、文教儒家化、制度魏晉化的方向發展。由建立府朝、霸府，以至王朝，從中央至地方，由文職至武官，朝全面漢化的大方向推進；并突破民族自卑感與漢族的民族正統觀，爭取中國王朝正統序列的地位。原有的胡部組織，除了極少數者，餘皆納入中國法制及官僚系統。

　　這種改變非常大而急速，使其國家胡、漢二重性扭轉，變成胡系呈隱性，漢系呈顯性，不能實施如前、後趙般的一國兩制。更由於慕容氏早在遼河流域農牧交錯區時已如此施行，中間又在農牧交錯區邊緣的薊城（今北京）定都調整，故進入農業及漢文化核心區的鄴都（今縣），他們大體都能適應，不像拓跋魏晚期般使洛陽與雲代變為漢、胡兩個對立中心，互相仇視攻殺以

至亡國。〔註132〕由此觀之，若說慕容氏政權是中國征服王朝的祖型，恐怕尚可商榷。

不過，慕容氏政權在推動漢化的學習與適應過程中，仍然有些適應不良之處，使其政治常陷於危機，或至成為亡國因素。例如：其君主經常親征，殆與鮮卑部落長性質及戰鬥征服的習慣有關，不知馬上打天下，決不能馬上治天下，此與中國皇帝的角色不相同；又如中國皇帝有絕對君權，可以立法嚴峻執行嚴肅朝儀和層級體制，此與鮮卑原無階級、不相徭役的風習不同，當慕容君主嚴刑峻法推動改革或約束百姓時，即常引起國人不安而致亂。這是君主權位及國人適應不良之例。又如鮮卑原是母系社會，重母妻之族、諸子平等有分，乃至殺父兄無罪，而諸燕常有母后干政、外戚攬權、子弟弒君之事，殆皆為此舊俗之遺風。這是政治社會適應不良的現象。又如戰爭——掠奪——分配原是鮮卑馬上戰鬥為國的習慣形式，慕容氏為此廣置將軍以及以武夫為守宰，將之轉變為宗室的軍事封建制及戰士共同體，而納入中國式軍事體制之中，遂成為諸燕保守力量之所盤據，上則宗族、外戚為將軍者常有力量兵變，下則軍封營戶及其庇蔭利益常為妨礙改革與正常行政之因素。這是體制適應不良之例。

慕容氏由廆推動漢化至前燕滅亡，凡數十年，其改革是變化大而時間速，復國諸燕征戰之際，步武前軌，更無暇論道興革，是則其適應不良是可想而知的。只是適應不良之處正好是國家安全關鍵所在，故導至政亂、國危、祚亡，殊為可惜。當復國諸燕多靠烏桓、丁零等胡部支持，所以漸漸恢復單于臺等胡系顯性特色，在胡、漢二系之間擺動時，其困境更可以理解。總之，君主角色、母系特質、胡部習慣的適應不良，始終是其國家安全危機所繫，則不可以不加以論述，俾使能與其他胡夷之間種種變化和利弊作對照比較，可以增加一些「亂華」問題的理解。

〔註132〕其說請詳毛漢光之〈北魏東魏北齊之核心集團與核心區〉，收入其《中國中古政治史論》第二篇，台北：聯經出版社，民國79年1月。

表一　慕容氏世系

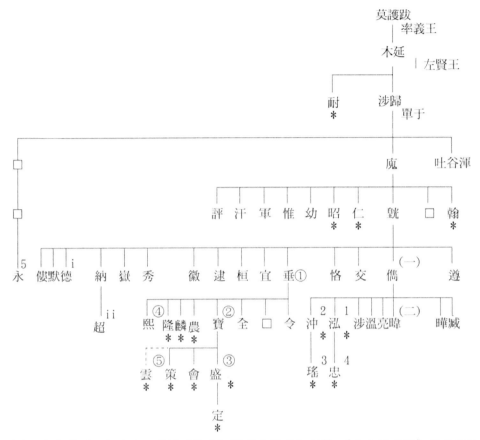

註1：本表僅列可知名者，蓋據《晉書》慕容氏諸載記而製，《十六國春秋》諸燕錄及
　　　《通鑑》輔之，請注意以下諸點：

　　　（1）數字符號（一）、（二）代表前燕兩主；1、2、3、4、5代表西燕五主；(1)、
　　　　　　(2)、(3)、(4)、(5)代表後燕五主；i、ii代表南燕兩主。

　　　（2）……虛線代表養子。

　　　（3）＊代表死於宗族的兵變內戰。

　　　（4）□代表名字不考。

註2：有關子弟名次略述如下：

　　　（1）廆子皝、仁、昭同母（段后），昭稱仁為兄。《通鑑》謂幼、稚、軍、汗為
　　　　　　皝庶弟（頁3005、3013及《晉書》頁2815及3005），與庶長兄翰皆母不詳。

　　　（2）皝子儁出段后：恪為第四子，母高氏（《晉書》頁2858）；垂為第五子，原
　　　　　　名霸，又名䤤，母蘭氏，蘭汗乃其季舅（《晉書》頁3077、3087、3097）；德
　　　　　　為少子，與兄納俱出公孫氏（《晉書》頁3161及3175）；《通鑑》謂儁即燕
　　　　　　王位，以弟交為左賢王，交一作友（頁3085及3140），左賢王慣例為單于
　　　　　　第一順位繼承人，恐與儁同母。《通鑑》見皝子遵（頁3010），疑即其庶長

子；又見儁弟宜、桓等為王（3140）。

（3）儁子曄為嫡子，早死，故以暐為太子，《十六國春秋》稱暐為次子（頁209），二人應同母，俱出可足渾后；泓、沖不詳；暐曾稱臧為兄（《晉書》頁2815），可能是庶長兄，儁封王室時，《通鑑》稱亮、溫、涉皆其子（頁3140）。

（4）垂於369年率段夫人及世子令、令弟寶、農、隆奔秦，留可足渾妃於鄴（《通鑑》頁3223），故此四子可能同出段夫人。段夫人為段末柸女，垂後娶段儀女元妃為妻，即段后。寶為第四子，熙為少子（分見《晉書》頁3093、3104），麟排行介於農、隆之間（《通鑑》頁3364）。

（5）寶妻亦為段后，生少子策，為太子（《晉書》頁3094）；庶子盛、庶子會同日生，不知是否同母（《晉書》頁3093、3094及3098），後皆為熙所殺（《晉書》頁3106）。高雲原係高句麗支庶，以功被養為子。又盛即位後尊其伯父為皇帝，全妻丁氏為皇后，故知垂另有一子名全（《晉書》頁3098及3100）。

（6）儁、垂之子孫無分男女，皆為西燕主慕容永所殺，故垂以兄子超為嗣（《晉書》頁3098及3175），超妻呼延后。

（7）熙后苻氏，〈熙載記〉述之甚詳。

（8）《晉書》及《十六國春秋》皆無西燕，苻、姚諸載記亦述之不詳。按《通鑑》383年淝水之戰後，慕容垂在關東復國為後燕，翌年三月泓聞之，亦在關中收集鮮卑起兵攻長安，改元燕興，但未即帝位，六月乃因兵變被殺，弟沖被推掌握領導權，於385年正月即位於阿房，六月入據長安，較垂於386年正月在中山稱帝為早。由於沖畏垂之強不敢東歸，鮮卑咸怨，遂於386年二月為兵變所殺，叛眾先立段隨為燕王，尋又殺之，立慕容顗為燕王，至三月顗亦為兵變所殺，慕容永等乃立沖子瑤為皇帝；同月永又殺瑤，立泓子忠為皇帝。六月，忠又為兵變所殺，眾推永為大將軍・大單于・河東王，稱藩於垂，至394年八月亡於慕容垂。永父祖不詳。

表二　前燕胡夷遷徙

編號	時間	被徙國族	原在地	移徙地	方式	數　量	備　註
（1）	285	夫餘	國城		驅	萬餘人	晉108:2804
（2）	301	宇文			斬俘	萬餘人	宇文十萬眾來攻棘城，被斬俘。 晉108:2805
（3）	311	素連、木津	遼東	棘城	降徙	二部部眾	二部為附塞鮮卑。 晉108:2805
（4）	318	宇文		棘城	俘	宇文、段、高句麗三國來攻、盡俘宇文部眾	是年慕容廆都督遼左雜夷流入諸軍事。龍驤將軍・大單于。 晉108:2807
（5）	319	高句麗	河城	棘城	俘	千餘家	資91:2874

（6）	322	段部	令支		俘	千餘家	資 92:2910，晉 108 未言人數。
（7）	325	宇文	國城		徙	數萬戶	晉 108:2808
（8）	337	段部			俘	盡俘段屈雲來攻部眾	晉 109:2817。是年皝自稱燕王
（9）	338	段部	令支		掠	五千戶	晉 109:2818
（10）	338	段部	密雲山		獲	段遼部眾	同上
（11）	339	羯趙	遼西		掠	千餘戶	同上
（12）	340	羯趙	薊附近		掠	幽冀三萬餘口	晉 109:2821
（13）	342	高句麗	丸都		掠	五萬餘口	晉 109:2822。燕遷都龍城。
（14）	343	宇文			俘	莫淺渾所部	同上
（15）	344	宇文	國城	昌黎	徙	部民五萬餘落	同上。宇文氏衰亡。時龍城胡夷垂十萬戶。
（16）	346	夫餘			虜	其王及部眾五萬餘口	晉 109:2826
（17）	350	羯趙	薊	徐無、凡城	徙		晉 109:2832。是年南伐，遷都薊。
（18）	351	烏桓	上黨		降	庫傉官偉部眾	資 99:3119
（19）	351	丁零	中山		降	翟鼠部眾	晉 110:2833。入鄴，稱帝。
（20）	356	段部	廣固	薊	徙	段龕所部鮮卑胡	晉 110:2837。內有索頭（拓跋鮮卑）。
（21）	357	丁零、敕勒	塞北		俘斬	十餘萬級	晉 110:2838。徙都於鄴。
（22）	357	匈奴		代郡平舒城	處置	匈奴單于賀賴頭所部三萬五千落	同上
（23）	359	賀蘭、涉勒等七國	塞北		降		晉 110:2841

註：本表蓋據《晉書》諸慕容載記製，載記無則依《通鑑》補充；時間依《通鑑》。

表三　前燕慕容氏將軍

時　君	編號	將軍名字及名號	備　註
車騎將軍・大單于・遼東公廆	1. 2.	仁：征虜將軍（2874） 翰：鷹揚將軍（2773）	仁為征虜鎮遼東，321年徙鎮平郭，以翰鎮遼東。
大將軍・大單于・燕王皝	1. 2. 3. 4. 5. 6. 7. 8. 9. 10.	仁：征虜 翰：建威（3050） 昭：廣武將軍 幼：建武將軍 軍：廣威將軍（2990） 汗：寧遠將軍 評：軍師將軍（3056） 恪：渡遼將軍（3046） 垂：平狄將軍（3069） 皝：先拜冠軍將軍・遼東公世子，後拜安北將軍・燕王世子	慕容評〈皝載記〉作前軍帥，據《通鑑》應為軍師將軍。 皝為為冠軍將軍，見《十六國春秋》頁185。 編號9之垂，原名霸，於此一律作垂。
烈祖景昭皇帝儁	8. 7. 9. 11. 5. 12. 13. 14. 15	恪：南進時為輔國將軍，擊冉魏時為衛將軍（3137），後為大司馬・侍中・大都督・錄尚書事（3140）。 評：南進時為輔弼將軍，後為鎮南將軍（3139），司徒・驃騎將軍（3140）。 垂：南進時為建鋒將軍，後為安東將軍・冀州刺史（3137、3140），侍中・安東將軍・錄龍城留臺事（3140）。 虔：中軍將軍 軍：廣威將軍（3126），後為撫軍將軍（3137）。 臧：撫軍將軍 彪：左將軍（3137） 彭：左將軍（3140） 度：寧北將軍（3140）	恪、垂與輔義將軍陽鶩南進時合稱「三輔」。 曾任牧、刺者尚有輔弼評為司州刺史（《十六國春秋》頁204），安東垂為平州刺史（3137），慕容塵為青州刺史（3172），另有燕將慕容蘭屯汴城，軍號不詳（3159）。
幽皇帝暐	8. 7. 9.	恪：太宰・大司馬・錄尚書・行周公事 評：太傅・副贊朝政 垂：兗州牧・荊州刺史・征南將軍，後為荊州牧・征南大將軍，侍中・車騎大將軍・儀同三司（3209）	恪死時，謂「司馬職統兵權，不可以失去」，不以授臧（編號12），則以綏沖（編號22）。暐拜沖為大司馬。評與可足渾后毀垂枋頭之功，以垂繼沖為車

16.	忠：寧東將軍	騎加大，是造成垂、評交
17.	塵：鎮軍將軍，後為鎮南將軍（3193）	惡，而垂奔秦的原因之
18.	筑：洛州刺史・征虜將軍	一。
19.	厲：撫軍將軍	
20.	桓：鎮北將軍（3203）	
21.	德：征南將軍	
22.	沖：車騎將軍，繼恪為大司馬（3209）	
23.	亮：鎮東將軍（3231）	

註：本表將軍後無頁碼者，乃可見於《晉書》廆、皝、儁、暐載記，而與《通鑑》同者；（　）內數字乃《通鑑》頁碼，表示僅見於此書；偶有見於《十六國春秋柰輯補》，亦附頁碼。本表收得慕容氏將軍共二十三人，其中：

（1）編號 1、2、3、4、5、6、7 皆為廆子。應另一子稚也與幼同時奉命討仁、昭，《通鑑》未見其軍號，殆亦為將軍，是則廆諸子皆為將軍。

（2）儁弟交在封建時《通鑑》作友，封范陽王（3140），其餘編號 8、9、10、20、21，五將皆皝子。

（3）編號 12、23 二將乃儁子。

（4）編號 16 一將為儁孫。

（5）廆、皝、儁三代子弟為將可考者有十六人，其餘一人為孫，六人身份不可考。慕容氏以王室子弟為重要將領，掌兵以拱衛政權的形態可見。

（6）慕輿氏源出慕容氏宗族，其為將軍而可考知者有：慕輿根（折衝將軍、領軍將軍、廣威將軍、殿中將軍及太師，3030、3126、3131、3168 及〈慕容暐載記〉），慕輿埿（盪寇將軍 3030）及慕輿干（左衛將軍，見〈慕容暐載記〉）、慕輿虔（中軍將軍，3198）四人。若連同二十三員慕容氏將軍，則合共有二十七員將軍之多。

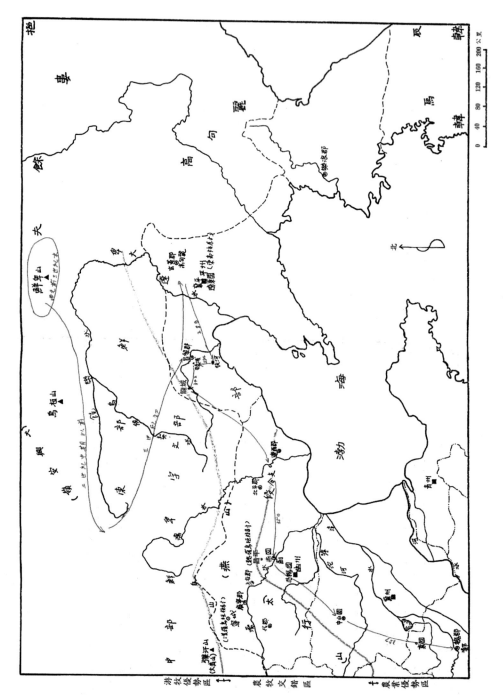

圖一　慕容鮮卑形勢與遷徙

《東吳歷史學報》第 1 期，1995 年。

氐羌種姓文化及其與秦漢魏晉的關係

提　要

　　氐、羌在五胡之亂時期曾先後建立過多個政權，現今氐族已消失於歷史舞台，
白馬藏人殆是其苗裔，而羌族存者不過十餘萬人。作為中國中古政治上的活躍民族，
歷史文獻與地下史料存留下來者皆不多，用以研究其在華建國統治已感窘困，至於
瞭解其原有文化更見困難。然而，欲瞭解氐、羌之統治問題，卻不得不先研究其原
本面貌。從其種姓文化、原居地與遷徙地，及其與中國不同時期各階段性的關係，
始可知其較原始的狀態，變遷的情況，與及漢化的趨向，斯然後可據以進一步探討
其建國與統治的種種問題。此為本文所由作的原因。

一、前　言

《詩・商頌・殷武》云：「昔有成湯，自彼氐羌，莫敢不來享，莫敢不來王。」此下殷周文獻，往往有氐羌連稱之辭，是知氐、羌二族在上古應有一定的關係，而又皆與中國密切，較匈奴、東胡更為悠久；但是，上古氐羌不是本文所欲討論的對象。本文主要是針對中古氐羌，與中國接觸遠較匈奴和東胡為早，然而五胡政權為何卻不是由他們率先建立？他們的種族文化究竟發展如何，與秦漢魏晉的關係進展如何？此種種問題，即是本文所欲探究的中心。

筆者曾經分就匈奴、羯胡、慕容鮮卑發表過一系列文章，〔註1〕主要是欲討論他們治華時的涵化成漢化、起事與統治諸問題。筆者對氐、羌此類問題同樣有興趣，只是若不先解決上述疑惑，則顯然難以探討下去；若勉強為之，深度也不會大。因此，這裏欲以秦漢魏晉時期的氐羌為主體，一索其究竟。

有關中古氐羌的重要考古甚少，歷史文獻也不多，主要見於漢晉南北朝諸正史。大抵上，先秦視氐、羌為西戎，秦漢以降，則將氐族視為西南夷，羌族則劃為西戎或西夷，因此《史記》及兩《漢書》之〈西南夷傳〉實為對氐的基本史料，而由於東漢「羌患」嚴重，故《後漢書・西羌列傳》更作專篇以載述之，故史料較豐。上述三正史諸列傳，對氐、羌往往亦有散漫的記敘，魏、晉二史尤其為然。至於（曹）魏人魚豢之《魏略・西戎傳》，被裴松之收入於《三國志》卷三〇作注，對氐族有較完整記載，可補三史之不足，彌稱珍貴。南北朝諸史中，《宋書》有〈氐胡列傳〉，大抵為北《魏書》以下所本；後者另有宕昌羌、鄧至羌等傳，述兩晉南北朝早期間事，大抵又為此下諸正史所本，只有《陳書》及《北齊書》對氐、羌全無所述。

氐、羌曾經在中原分別建立過前、後二秦政權，但前秦苻堅對其國史曾有焚史之舉，使史事十不留一。〔註2〕《史通・古今正史》稱秦亡後，有裴景仁

〔註1〕此系列問題請詳筆者四篇論文：1.〈從漢匈關係演變略論劉淵屠各集團復國的問題〉（《東吳文史學報》8，民79年3月）；2.〈漢趙國策及其一國兩制下的單于體制〉（《國立中正大學學報》3-1，民國81年10月）；3.〈後趙的文化適應及其兩制統治〉（同上學報5-1，民國83年10月）；4.〈慕容燕的漢化統治與適應〉（《東吳歷史學報》1，民國84年4月）。今皆已列入本書。

〔註2〕《史通・古今正史》（台北：里仁書局，民國69年9月）謂史官有趙淵（《十六國春秋》及《冊府元龜・國史部・選任》均作趙泉）、車敬、梁熙、韋譚四人，又董胐作董誼，并謂劉裕攻入關中時已求不到秦史，見卷十二，頁359。

等相繼追修，今亦亡佚。〔註3〕《晉書》二秦載記多據崔鴻《十六國春秋》而成，但敘氐、羌先世歷史文化甚略，不足以考論中古氐羌。

氐族與羌族的主體已融入中國，現今仍存者不過十餘萬人，與漢晉時聲勢不可同日而語。近人馬長壽曾走赴其地調查研究，撰有《氐與羌》遺稿，洵為力作。不過其書接近通論性，未能解答筆者上述之疑惑，故本文仍有進行之必要。

二、中古氐羌的原住地與種姓

古代氐、羌被視為西戎族系，不論其種族血緣與中古氐、羌關係如何，要之後者在秦以降，分佈於沿祁連山以東至隴山，從嘉陵江上游西向跨越岷江上游，以至青藏高原一帶的高原山地地區。此地區位置就秦漢中國本部言，固屬西部地區，所以漢人視之為西戎，西夷，亦可想而知。

上面所述位置只是粗略而分，其實氐、羌作為不同的兩族，他們的分布地區亦有所不同。

先就氐族而言，《史記‧西南夷列傳》云：「自冄駹以東北，君長以什數，白馬最大，皆氐類也。」〔註4〕冄駹即冉駹，在今四川茂縣地，兩漢曾置汶山郡於此，但以汶江縣或汶江道隸於蜀郡為常。〔註5〕此地區以東北皆為氐類，君長以什數也就是部落以什數，只是以白馬氐最大而已。

白馬氐因白馬水而得名，《水經注‧漾水》條云：

> 白水西北出于臨洮縣西南西傾山，水色白濁，……白水又東南逕陰
> 平道故城南，……即廣漢之北部也，廣漢屬國都尉治，漢安帝永初
> 三年分廣漢蠻夷置，有白馬水，出長松縣西南白馬溪。

《漢書‧地理志‧廣漢郡》條，北部都尉治陰平道，即今甘肅省文縣地，長松縣則約在陰平道西南，是則白馬氐居於此地之白馬水流域，因水名而稱其部落也。〔註6〕漢制有蠻夷之縣則稱為道，是則陰平道蓋因有白馬氐等居住

〔註3〕《隋書‧經籍志‧霸史》類，稱裴景仁為宋殿中將軍，是則《秦紀》乃南朝人追記前秦之事。同書又稱何仲熙撰《秦書》八卷，記符健事，今亦失傳。

〔註4〕此段文字的解讀曾引起學界異議，以為其前段敘述所及的冉駹等也屬氐類。其實有關西南夷的敘述，《漢書》同傳幾全抄《史記》，而《後漢書》同傳則敘述頗詳細，且可據之以確定這才是敘述氐類的完整句，氐族不包括冉駹等諸夷。

〔註5〕詳《漢書》卷二八上〈蜀郡〉，《續漢書‧郡國志》（《後漢書》志卷二三，以下逕稱《續漢書》）同郡條，及《後漢書‧西南夷列傳‧冉駹夷》條。

〔註6〕白水即今白水江、白龍江；白馬水即文縣西南白馬峪河。今甘肅文縣、四川平武縣一帶尚有白馬嶺、白馬關、白馬峪等地名，平武縣有「白馬藏人」，自稱

而稱之。

又秦及漢初，邊郡都尉并主蠻夷，其後別創屬國都尉制度，專主蠻夷。〔註 7〕陰平道為廣漢北部都尉治，北部都尉在東漢改為廣漢屬國，據《續漢書‧郡國五》，謂此屬國領陰平道、甸氐道（今文縣西）、剛氐道（今平武縣東）三城，戶三萬七千一百一十，口二十萬五千六百五十二。甸氐道在陰平道之西，剛氐道在陰平道之南，三道位於白水（白龍江）及涪水（涪江）上游之間，而皆為氐族所居之縣，故置都尉主之。這三道位置在冉駹東北，應屬於君長以什數的部落。

廣漢北部都尉治陰平道，此道所居部落應為白馬；但是白馬氐是沿著白水流域分布的最大氐部，故溯水北上應仍有不少白馬氐。西元前一二二年（元狩元年），漢武帝因張騫之言復通西南夷，至西元前一一一年（元鼎六年）因置牂柯、越嶲、沈黎、汶山、武都五郡，即《史記‧西南夷列傳》所謂以「冉駹為汶山郡，廣漢西白馬為武都郡」是也。

按《後漢書‧西南夷列傳‧冉駹夷》條，謂汶山郡「其山有六夷、七羌、九氐、各有部落」。汶山郡當在今成都與松潘之間，為江水（岷江）上游所經，由是知此地區為西夷、羌族和氐族的雜錯居住地區。此地區東北廣漢屬國，是氐族核心區之一。廣漢屬國之東北即是武都郡，在西漢隸屬益州，在東漢隸屬涼州；郡地界岷山之東、南山（秦嶺）之西，跨在白水和西漢水（嘉陵江）上游。《漢書‧地理志‧武都郡》云：

> 戶五萬一千三百七十六，口二十三萬五千五百六十。縣九：武都、
> 上祿、故道、河池、平樂道、沮、嘉陵道、循成道、下辨道。

《續漢書‧郡國五‧武都郡》則稱武都縣為武都道，《三國志‧楊阜傳》稱沮縣為沮道，是則九個縣道之中，只有上祿與河池未有道之名。依諸史所記此郡地的民族活動看，大體皆為少數民族居住地，很可能即以氐族為主，尤其是白馬氐，但是也不排除有其他氐或羌，例如應劭注《漢書‧武都郡》即稱有「白馬氐、羌」。羌族確有白馬羌種落，疑亦因居住於武都郡白水流域而得名者，東漢此郡增有羌道一縣，或與此有關。

在兩漢西南夷系統中，指明是氐地的尚有蜀郡湔氐道，在今四川松潘縣北

氐族之後。詳楊銘〈漢魏時期氐族的分布、遷徙及其社會狀況〉（《民族研究》1992 年 2 月）頁 78 及 84。

〔註 7〕參嚴歸田師《秦漢地方行政制度》（台北：中研院史語所，民國 79 年三版）頁 154～165。

岷江流域，湔山、湔水之名與之有關。〔註8〕

　　總之，從岷山南麓之蜀郡湔氐道起，東向經廣漢屬國，再東北向經武都郡，是秦嶺以南的氐族核心區，他們的部落殆因地而命名，故有多少縣道即可能有多少氐族部落（參圖一），是以君長以什數，而以白馬最大。他們隸屬漢朝為縣道，很可能需要負擔賦役，〔註9〕所以西漢時這此郡縣的戶口數目也不少。

　　至於武都郡之北，為渭水上游隴右地區，這裏也有氐人，但是兩漢史書并無專篇載之。首次在專篇中提及汧隴氐的是魚豢，已是魏晉以後之事，裴松之於《三國志》卷三十注引魚豢《魏略・西戎傳》云：

> 氐人有王，所從來久矣。自漢開益州，置武都郡，排其種人，分竄山谷間，或在福祿，或在汧隴左右。其種非一，……其自相號曰「盍稚」。

魚豢於此傳中自稱頗有「傳聞」、「氾覽」的成份，故引起筆者有三個懷疑：（一）漢開武都後是否有排其種人的政策？（二）汧隴之氐是否來自武都？（三）氐族居住地理條件與其民族稱號之關係究竟如何？

　　關於第一個問題，由於汶山、武都等開郡，是此地君長震恐於漢帝平定南越及西夷的兵威，自動「請臣置吏」而開置的，故《史》、《漢》的〈西南夷〉及〈司馬相如傳〉皆無「排其種人」的紀錄。西漢於昭帝元鳳元年（西元前80年）曾因武都氐人反，而詔馬適建等將率徒刑之士往擊之，此後亦無聞。〔註10〕不過，《後漢書・西南夷・白馬氐》則明載武帝開武都郡，「土地險阻，……數為邊寇，郡縣討之，則依固自守」。武都郡為邊郡，廣漢郡更置北部都尉，王莽甚至更改其名為「攉虜」，可見此地區在西漢的確常有戰爭，氐人分竄山谷，據險阻，依固自守的可能性極大。在這種情況下，促使「排其種人」，民族移動的確也有其事。例如《後漢書》同傳載西元前108年（元封三年），武都郡河池氐起事失敗，漢武帝將之「分徙酒泉郡」。酒泉郡據《漢書・地理志》治祿福，《續漢書・郡國志》作福祿，今甘肅嘉峪關市，魚豢所

〔註8〕　參楊銘前引文，頁 78。按楊氏認為湔山湔水是因湔氐而得名，待考；或許如白馬氐、羌之例，部落因山水之名而稱之。

〔註9〕　如《後漢書・西南夷列傳・冉駹夷》即稱「夷人以立郡賦重，宣帝乃省并蜀郡為北部都尉」（卷八六，頁 2857）。蜀郡北部都尉在汶山郡地，有六夷、七羌、九氐，由此可見一斑。

〔註10〕馬適建等無傳，《漢書・昭帝紀》及〈西南夷傳〉皆略記有此一事而已。

謂「或在福祿」者是也，亦即向西北遷至河西走廊。馬長壽據《藝文類聚》卷八二引〈秦記〉謂「苻洪之先居武都」，又據《晉書‧呂光載記》推論後涼呂氏原籍是仇池氏，〔註11〕仇池屬武都郡，可證氐族在漢或曾有北遷至汧隴之事實。

但是，這並不表示汧隴氐全部來自河池。隴指隴山隴坻，汧山在隴坻東南，汧水出其南麓，漢隴縣、汧縣即分在隴坻之西、東，魚豢所謂「汧隴左右」是也。北《魏書‧氐傳》云：

> 氐者，西夷之別，號曰白馬。……秦漢以來，世居岐隴以南，漢川以西，自立豪帥。漢武帝……以其地為武都郡。自汧渭抵巴蜀，種類實繁。

《北周書》、《北史》大抵同此，可見汧隴以至巴蜀，皆為氐人的居地。按《漢書‧地理志‧隴西郡》條，謂此郡秦置，其中有一縣曰氐道縣。此縣注云：「養（漾）水所出，至武都為漢。」是則與武都白馬氐同一水流，可見汧隴以南，自秦漢即為氐地。諸史載河池氐楊氏原出略陽清水，秦漢以來世居隴右為豪族，可證隴右原本就有氐族居住；其中苻氏、呂氏曾向北遷徙，而楊氏則由清水向南遷徙至河池也。《晉書‧地理上‧秦州略陽郡》條，謂此郡下轄臨渭（今天水縣東北），平襄（今通渭縣西北），略陽（今張家川西）和清水（今清水縣西北）四縣，楊氏原居清水，苻氏由武都遷至臨渭，呂氏自稱出於略陽，可見五胡之中，氐人所建政權之統治者竟然大多出於此郡。請參（圖一）。

《魏略》後文又謂氐族「蓋乃昔所謂西戎在于街、冀、獂道者也」。兩漢隴西有氐道縣，而街、冀、獂等縣則屬天水郡，〔註12〕是則北自隴坻（約35°N），南至冉駹（約32°N），東自汧山（約106.5°E），西至獂道（約105°E）之間，皆為秦漢氐族原居地，而週邊間或與夷、羌錯居。魏晉將隴西、南安、天水、略陽、武都、陰平六郡置為秦州，即以氐族分布區為主。106°E北自清水縣起，經臨渭縣，以至河池縣，即由隴坻至河池，大約即是氐人居住的軸心線，在此線上氐族政治人物輩出。請參（圖一）。

魚豢《魏略》說氐族「其種非一，……或號青氐，或號白氐，或號蚺氐，

〔註11〕參馬長壽《氐與羌》（上海：上海人民出版社，1984年），頁37。

〔註12〕街冀等戎與氐族關係的分析，請詳黃烈〈有關氐族來源和形成的一些問題〉（《歷史研究》1965年2月），頁110～113。或謂羌語中指適於耕種於河谷者為戎，故引伸為耕種於河谷的定居種羌云，參任乃強〈羌族源流探索〉下篇，頁62～63。

此蓋蟲之類而處中國，人即其服色而名之也。其自相號曰盍稚」。

按氐、羌為漢藏語系民族，與蒙古草原阿爾泰語系的北狄不同。氐族自號「盍稚」，不知何義。魚豢稱他們為「蟲之類」，恐有貶意；而當時中國人以其服色分稱之，是辨別其種落的分號。不過，自《史記》以來即謂氐類「君長以什數，白馬最大」，是則氐人有不同種落不必贅辯，只是以服色稱之，則僅見於《魏略》，秦漢時人稱呼氐人種落，大都是以地名作稱呼的，如白馬氐，故（道）氐、甸氐、湔氐、略陽氐、河池氐、武都氐等。

氐之為義，近人一般同意許慎《說文》之說法，即「秦謂陵阪曰阺」，也就是指生活在隴阺（隴山、隴阺），及與之相近而地理構造類似的地區，今隴山以南，岷山以東，接秦嶺山地的甘、川、陝交界，地形即是如此。〔註13〕所以氐是秦漢人的稱呼，意指居住於陵阺的山地民族。《三國志·徐晃傳》載漢末曹操「別遣晃討攻櫝、仇夷諸山氐，皆降之」。所謂山氐，殆正指山民而言。

羌族顯然與氐有所不同，《說文》釋羌是「西戎牧羊人」。《太平御覽》七九四引應劭《風俗通》，謂「羌本西戎卑賤者，主牧羊，故羌字從羊、人，因以為號」。這代表了漢人對羌族命名的看法，近人對此多無異議。〔註14〕由漢人對氐、羌稱呼意義之不同，顯示了漢人認識此二族有生活文化的不同，容下節討論。要之，所謂「羌患」是兩漢內政及國防上的重要問題，《後漢書》即有〈西戎列傳〉以專述之，故東漢人對之認識也較深，是以許慎和應劭之說實具有權威性，不同於氐族的命名，因近人間接推論而知之。

羌族是東漢安全的嚴重問題，而河湟羌為最，所以古今研究漢晉羌族的焦點皆集中於河湟羌，甚至以此為羌族的核心區。關於這種看法，筆者認為尚有商榷的餘地。根據《後漢書·西羌列傳》（以下簡稱〈西羌傳〉）述羌之初始云：

> 西羌之本，出自三苗，姜姓之別也。其國近南岳。及舜流四凶，徙之三危，河關之西南羌地是也。濱於賜支，至乎河首，綿地千里，……

〔註13〕據秦漢人的文字語言說明氐之命名，來自陵阪之阺，詳馬長壽前引書頁15～16，楊銘前引文頁76～77。岷山和秦嶺一帶山地大約在海拔二千公尺以上，峰巒重疊，河谷深切。嚴歸田師有〈中古時代之仇池山〉一文（收入《嚴耕望史學論文選集》，台北：聯經，民國80年），對武都地形有論述；而其《唐代交通圖考》（中研院史語所專刊83，民國74年，第二卷之〈長安西通安西驛道上〉頁366～369，對隴阺山區亦有論述。
〔註14〕現代羌人自稱為爾，或綿，或瑪，頗似漢語中「民」之音義，詳馬長壽前引書，頁14及16。

南接蜀、漢徼外蠻夷,西北接鄯善、車師諸國。

按羌族之本及被流是否如此姑不論,章注謂「三危山在今(指唐初)沙州敦煌縣東南」。按《漢書‧地理八下‧敦煌郡》條謂有「氐置水出南羌中,東北入澤」。氐置水當即今党河,從祁連山南麓青海省界發源,西北流經敦煌縣,至玉門關東北流入湖澤中。祁連山漢人稱為南山,《漢書‧西域傳‧大月氏國》云:「大月氏……本居敦煌、祁連間,至冒頓單于攻破月氏,……乃遠去,過大宛。……其餘小眾不能去者,保南山羌,號小月氏」。又《史記‧大宛列傳》載張騫使西域不得要領,「還,並南山,欲從羌中歸,復為匈奴所得」。是則秦、漢之間,敦煌、祁連一帶有羌族居住,被視作南山羌或南羌。敦煌西南行即出陽關,沿今阿爾金山西行南道諸國,所至首國就是婼羌,婼羌西行之次國就是鄯善。現今青海省西北有當金山口北出甘肅敦煌,其東屬祁連山脈,其西屬阿爾金山山脈,稱為祁連山—阿爾金山山地,也就是在此山地區域之青、甘、新交界地帶,秦漢以來一直為羌族地區。[註15] 祁連山是西北—東南走向之山脈,為河西走廊與青海高原之界山,《後漢書‧西羌傳》說:

冒頓兵強,破東胡,走月氏,威震百蠻,臣服諸羌。……及武帝……
北卻匈奴,西逐諸羌,及度河、湟,築令居塞,初開河西,列置四
郡,通玉門,隔絕羌、胡,使南北不得交關。

是則武帝以前,沿著阿爾金山、祁連山山脈至今蘭州一帶,皆為羌分布區,應無可疑。這一區帶的諸羌曾經臣屬於匈奴,故武帝乃實行通西域、開四郡,以「隔絕羌、胡」的政策,情況甚明。

上述區帶以南即是青海高原,由河首(黃河發源地)向東至賜支河曲,再東至今甘肅大夏河之西的河關,緜延千里之地,范曄指出亦是羌族分布地,所謂「河關之西南羌地是也」。[註16] 由此可以判斷,祁連山以南幾乎整個青海高原,應皆為羌族居住地。他們西北抵天山南道與鄯善相接,東南至康定(川西)高原,與西南夷相接,正東與氐地相接。〈西羌傳〉記載廣漢、蜀郡徼外種羌如白馬種、大牂夷種等在東漢來附者,前後有五十餘萬人以上,種落不明

[註15] 婼羌在西漢中末期被漢滅亡,魚豢《魏略》謂西域南山中多種羌,如白馬種等,其說可疑,詳正文後論。馬長壽據新疆昆崙山北麓沙稚縣出土之「漢歸義羌長印」,說南疆確實有羌族存在,南山即昆崙山云(前引書頁111)。沙稚縣在鄯善西北(約41°N,83°E),西漢屬龜茲地。

[註16] 《地名大辭典》(台北:台灣商務印書館,民國68年台五版)謂河關縣蓋取河之關塞的意義,故城在甘肅導河縣西;導河縣後改為臨夏縣。譚其驤《中國歷史地圖集》,將之標在臨夏之西,接近今青海省同仁縣附近。

者尚不算在內。降至隋朝，《隋書・西域・党項列傳》仍稱党項羌「東接臨
洮、西平，西拒葉護，南北數千里，處山谷間，每姓別為部落」；同卷〈附
國列傳〉亦稱党項南方，蜀郡西北，「連山縣亘數千里，……往往有羌，并
在深山窮谷」。這一廣大地區，〈西羌傳〉多有其活動記載，只是河湟羌與漢
郡相接，長期戰爭，故漢人認識較深和記載較多而已。

　　與東漢週旋相始終的河湟羌，主要以爰劍種族系集團為主體，他們是繼秦
朝經略西戎後，接大荔和義渠而興起者，〈西羌傳〉云：

> 秦穆公（約三十七年，西元前 623 年）得戎人由余，遂霸西戎，開地
> 千里。……至周貞王八年，（前 461 年）秦厲公滅大荔，取其地。趙
> 亦滅代戎，即北戎也。韓、魏復共稍并伊、洛、陰戎，滅之。其遺脫
> 者皆逃走，西踰汧隴。自是中國無戎寇，唯餘義渠種焉。……至王赧
> 四十三年（前 326 年），宣太后誘殺義渠王於甘泉宮，因起兵滅之，
> 始置隴西、北地、上郡焉。……羌無弋爰劍者，秦厲公時為秦所拘執，
> 以為奴隸，不知爰劍何戎之別也。後得亡歸，而秦人追急，藏於巖穴
> 中得免。……既出，又與劓女遇於野，遂成夫婦，……遂俱亡入三河
> 間。諸羌見爰劍被焚不死，……遂見敬信，廬落種人依之者日益眾，
> 羌人謂奴為無弋，以爰劍嘗為奴隸，故因名之，其後世世為豪。

同傳稱「涇北有義渠之戎，洛川有大荔戎」，諸戎逃向汧隴，是與秦厲公等征
服政策有關，爰劍只是其中之一。戎與羌究竟關係如何，暫不論之，要之爰劍
原來并非河湟羌種，他是輾轉逃入三河間，集結此地羌人種落而自成酋豪者。
是則爰劍逃來之前，三河間早已有羌人種落。

　　〈西羌傳〉述爰劍亡入「三河間」，此即已踰汧隴；復述其在「河湟間」
得羌人敬信，則是三河間與河湟間應該指同一地區。該傳注云：「《續漢書》
曰：『遂俱亡入河湟間。』今此言三河，即黃河、賜支河、湟河也。」黃河當
指今甘肅臨夏縣──當時河關附近──以東的黃河河段；賜支河則其西段，
即經河關而西流入青海省，輾轉迴曲以至於河首的河段，秦漢稱迴曲河段為
賜支河曲，河源為賜支河首者是也。湟河即湟水，發源於青海湖東部，流入
金城郡而匯於黃河。秦長城的西端，起自臨洮（今甘肅岷縣），沿洮水至狄道
（甘肅臨洮）；又自洮、黃交界北段至今甘肅靖遠附近亦築一段，使西漢隴
西、天水、安定三郡在其東受到屏障，正是為了防範《史記・大宛列傳》所
稱「匈奴右方居鹽澤以東，至隴西長城，南接羌，鬲漢道焉」的胡與羌也。

三河間也正是《後漢書·西羌傳》與東漢名將〈皇甫張段列傳〉中所載漢、羌戰事頻繁的地方。

　　秦漢不斷西進，爰劍族類則不斷西遷及南遷，於是其種落漸漸遍布於青康藏高原，原來不為漢人所知的發羌、宕昌羌、鄧至羌、白蘭羌，乃至征服氐羌地的鮮卑吐谷渾等，遂於魏晉以後陸續為華人所知。〈西羌傳〉對爰劍種落集團在秦漢的發展敘述頗詳，今略節其大要以見梗概：

> 秦獻公初立，（西元前 384 年）欲復穆公跡，兵臨渭首，滅狄獂戎。（爰劍曾孫）忍季父卬，畏秦之威，將其種人附落而南，出賜支河曲數千里，與眾羌絕遠，不復交通。其後子孫分別各自為種，任隨所之。或為氂牛種，越嶲羌是也；或為白馬種，廣漢羌是也；或為參狼種，武都羌是也。忍及弟舞獨留湟中，并多娶妻婦。忍生九子為九種，舞生十七子為十七種，羌之興盛，從此起矣。

這是在始皇統一以前之發展，他們已發展至蜀漢西夷之地，與夷、氐相錯了，廣漢之地原有白馬氐，亦有白馬羌，由此可見不應混為一族。〔註 17〕同傳之末，范曄更總結兩漢以來爰劍後裔的發展，說其子孫支分凡百五十種，或在賜支河首，或在蜀、漢徼北，大概已由黃河、湟水之地，廣泛分布於青康藏高原了，他們的居住地比氐族大了若干倍。是則若說爰劍種落的核心區在河湟可，至於說「諸羌」以河湟為核心區則尚待商榷者，以此也。請參〈圖二〉。

三、氐、羌的部落文化

　　秦漢以來，氐族居住於自汧隴抵巴蜀的隴南山地，地理位置接近漢之三輔政經文化核心區，而羌族分布於其西的隴西、甘南以至青康高原廣大地區，故二者接觸及吸收漢文化的便利性與過程甚不相同。

　　冉駹在西元前一世紀早期被漢武帝開為汶山郡，「其山有六夷、七羌、九氐，各有部落」，由此愈向東北則愈進入氐族的核心區，即司馬遷所說「君長以什數，白馬最大」之地。君長什數應即是部落什數，前面提及「其種非一」、「種類實繁」、「排其種人」諸文，顯示魏晉以後，華人對其部落以血緣為基礎的形態略有認識，以其服色而稱其為青氐、白氐等，僅是方便辨別而已。他們可能以氏族血緣為紐帶而形成部落，這種情況殆與羌族被稱為種羌、

〔註17〕馬長壽認為廣漢邊塞外的白馬羌有兩種，一是武都郡的白馬羌，一是蜀郡的白馬羌（說詳其《氐與羌》，頁 99～101），故〔註 15〕據魚豢所說南疆有白馬羌殆屬可疑。

種落的情況相似；只是氐族居地很早即被漢人開置為郡縣，故被漢人依其居地地名而稱呼之，所謂湳氐、甸氐、故氐、清水氐、白馬氐等是也。至於羌族則血緣紐帶更清楚，而且開置較晚，甚至許多地方迄兩漢猶未開置，故常被稱為某種，如前述越嶲羌稱為氂牛種，廣漢羌稱為白馬種，武都羌稱為參狼種，單單爰劍族系即分化有一百五十種者是也。

有關氐人的部落文化，最早涉及的是《史記》，司馬遷曾經奉使西征巴蜀以南，但似乎未曾與氐族有過接觸，故只略謂冉駹東北有君長什數，白馬最大，而又於〈貨殖列傳〉中概略敘述「天水、隴西、北地、上郡與關中同俗」。這句話的內涵可能有二：一是此四郡漢人與關中漢人的風俗相同；二是天水、隴西的氐人可能因已漢化，故如同當地漢人般，風俗同於關中。後來《漢書・地理八・秦地》條，則較清楚說：「天水、隴西，山多林木，民以板為室屋。……武都地雜氐羌，……而武都近天水，俗頗似焉。」

據考自先秦至南北朝，此地氐人皆是板屋而居的。〔註18〕然而《漢書》所稱之「民」，極可能包括漢人的編戶齊民，是則隴南山地的氐、漢，皆是因山所出，木板築居，居住形式大抵相同。假若天水、隴西俗同關中，而武都與天水又俗頗相似，則當地氐、漢文化殆已有融合接觸的跡象。

隴南山地海拔二千至四千公尺，山高谷深，峰銳坡陡，《魏略》所謂「排其種人，分竄山谷間」；《後漢書・西南夷・白馬氐》稱其「土地險阻，有麻田，出名馬、牛、羊、漆、蜜。氐人勇戇抵冒，貪貨死利」。可以略窺氐人谷地田畜的形態和民族性格。這是他們對漢朝可以「依固自守」，魏晉以降可以長期建立仇池國的原因與條件。雖然他們因地形而能自保，但是其地已為漢朝郡縣，又與羌族雜錯而居，故文化上不免分受漢、羌雙重影響。《魏略・西戎傳》云：

> 其俗，語不與中國同，及羌、雜胡同。各自有姓，姓如中國之姓矣。其衣服尚青絳，俗能織布，善田種，畜養豬牛馬驢騾。其婦人嫁時著袥露，其緣飾之制有似羌，袥露有似中國袍。皆編髮。多知中國語，由與中國錯居故也；其自還種落間，則自氐語，其嫁娶有似羌。

這是中古記載氐族種落文化最詳細的一段文字。據此以知氐人種族與羌不同，他們雖無文字發明的紀錄，卻有自己的語言，〔註19〕髮式和服色，以及山谷耕

〔註18〕參馬長壽前引書頁 18～19，楊銘前引文頁 84，黃烈前引文頁 110～111。
〔註19〕馬長壽據《通典》卷一八九〈氐傳〉，校正《魏略》衍文，認為杜佑說「其俗・

織畜牧的形式。板屋、耕織及畜養豬騾等，顯示他們的文化頗高，不像被髮的羌族般遊牧。其婦女的服裝分受漢、羌影響，尤以嫁娶與羌相似，但是與漢人相處則多知中國語，還種落始講氐語。

前引《後漢書‧西南夷‧冉駹夷》條，說蜀北汶山郡「其山有六夷、七羌、九氐；各有部落」，接著云「夷人冬則避寒，入蜀為傭；夏則違暑，反其聚邑」。此地夷、羌、氐雜錯，值得注意者有二：第一，夷人在冬寒時節因高山山地耕畜不易，故入蜀為傭，氐人可能也是如此的，《史記‧貨殖列傳》記載卓氏及程鄭，在汶山一帶，賈滇蜀椎髻之民鼓鑄，富擬人君，即可能包括了夷氐之人在內。所以《魏略》才有「其自還種落，則自氐語」之說。這種生活方式，殆是自漢以來，氐人接觸漢文化及漢化的契機。經長期接觸影響，始有《魏略》所述的漢化情況出現；降至南朝時代，則更如《南史》所言，「言語與中國同，……地植九穀，婚姻備六禮，知書疏，種桑麻，出紬絹布漆蠟椒等」了。〔註20〕

其次，氐人在山谷間板屋耕畜，應是定著性的，可能也是「聚邑」而居。殆撰於東晉間的《三秦記》，記述仇池氐於仇池「山上立宮室，困倉，皆為板屋」，〔註21〕《南齊書‧氐傳》稱於山「上平地立宮室、果園、倉庫，無貴賤皆為板屋土墻」，正是定著農耕、聚邑而居的表現。後來北魏征服其地，建州郡，置官吏，「風化大行，遠近款附，如內地焉」，〔註22〕顯示此時氐族在上述基礎上已漢化如同內地。

大約氐族從漢朝以來，由於開置郡縣，地近內郡，與漢族接觸，故其文化已不能保存純粹，漸漸由分受漢、羌雙重影響，轉變成大受漢文化影響，經數百年發展，竟至全盤漢化，終於消失於隋唐時代。

上古及中古雖然常將氐、羌連稱，但是兩族的部落文化顯然有很大差異，《後漢書‧西羌列傳》云：

> 所居無常，依隨水草，地少五穀，以產牧為業。其俗氏族無定，或以父名母姓為種號，十二世以後相與婚姻，父沒則妻後母，兄亡則納釐嫂，故國無鰥寡，種類繁熾。……堪耐寒苦，……性堅剛勇猛……。

語不與中國及羌‧胡同」為是，參前引書頁 17。
〔註20〕 參《南史‧武興國傳》，卷七九，頁 1980，按武興國即仇池國的後身。
〔註21〕 參《太平御覽》卷四四〈地部九‧仇池山〉所引，頁 210。
〔註22〕 參北《魏書‧氐傳》，卷一〇一，頁 2232～2233。

此段記載主要指河關之西南羌地的概況。此地區主要為高山山地及高原山地
地區，一般海拔高度在二千五百公尺至四千五百公尺之間，山峰常年積雪，
無霜期短，降雨量小，因而地少五穀，而以遊牧為業，養成羌人堪耐寒苦的
性格。

　　這地區自然條件雖然如此，但也并非就表示羌人全無農業，在地勢較低的
山谷和盆地，往往也有農耕作業。羌族最早的農業紀錄殆以無弋爰劍為首，他
在西元前五世紀中葉曾為秦人所執，以為奴隸，可能是農奴，故逃至三河間，
被「諸羌」推以為豪。前引〈西羌傳〉謂「河湟間少五穀，多禽獸，以射獵為
事，爰劍教之田畜，遂見敬信，廬落種人依之者日益眾，羌人謂奴為無弋，以
爰劍嘗為奴隸，故因名之。甚後世世為豪」。爰劍被人稱為無弋，也就應是農
奴的意思，河湟諸羌原為山地狩獵民族，因爰劍教以田畜，乃開始從事田作與
畜牧，遂逕以「無弋」稱呼此從事新興產業的新部落。可證此時以降，黃河、
湟水兩谷地以「無弋」為核心的羌人，已發展至有農業與畜牧業了。

　　筆者無意說爰劍以後諸羌已普遍農業化了，根據南北朝宕昌、鄧至與党
項諸羌的記載，這些在武都、陰平以西，至賜支河首之間，現今青康高原區
域的種羌，大體上仍過著遊牧生活，而無農業之紀錄。由於羌族分布遠較氐
族為廣，高原與山地等自然環境和條件亦頗有差異，故川西、藏東、河首之
間一帶種羌，殆一直保持其畜牧的生活。只有以無弋為核心的種落集團，始
進入了田畜的文化，並且隨著其種落的繁衍分布，由河湟谷地向西發展至青
海高原北部的青海湖及柴達木盆地，〔註23〕再過去的婼羌就「隨畜遂水草，
不田作」了。

　　氐族「嫁娶有似羌」，種羌是以較原始的氏族血緣為紐帶，行收繼婚的，
只有吐谷渾所屬貧窮地區見有搶婚方式。〔註24〕「氏族無定，或以父名母姓
為種號」，此則與氐「各自有姓，姓如中國之姓」的制度不同。無弋集團以優
勢生產方式結合羌人，較其他諸羌富裕當可想而知，因而其子孫乃有財力實行

〔註23〕《後漢書・西羌傳》記錄種羌與兩漢經常為爭奪今青海湖東部之大通河、湟
　　　　河、黃河三大谷地而戰爭，羌人有於此種麥田畜的紀錄。又吐谷渾原屬遼東慕
　　　　容鮮卑，是遊牧民族，西晉時西邊上隴，復又遷至今青海湖以南至柴達木盆地
　　　　一帶，即青海高原北部，北《魏書・吐谷渾列傳》稱其「并羌氐，地方千里，
　　　　號為強國」，謂其俗「亦知種田，有大麥、粟、豆，然其北界氣候多寒，唯得
　　　　蕪菁、大麥」云云，可證河湟以西至此地皆有田作。馬長壽論說吐谷渾的農
　　　　業，主要靠境內的羌人經營（參《氐與羌》頁155），其說應可成立。
〔註24〕見北《魏書》本傳，卷一○一，頁2240。

多妻制，致使種落繁衍成一百五十種之多。正因爰劍集團有生產與婚姻的優勢，所以其子孫種落經常有抗漢的能力，例如〈西羌傳〉記載在東漢章、和時代（西元一世紀八、九十年代）爰劍裔落迷唐，與漢爭峙於於黃河大、小榆谷（約今青海貴德縣附近）之間，最後麥作被收，牛馬羊被虜，撤至賜支河首，依發羌而居。此地暫無羌寇，據隃糜相曹鳳上言云：

> 自建武以來，其犯法者常從燒當種起，所以然者，以其居大、小榆谷，土地肥美，又近塞內，諸種易以為非，難以攻伐。南得鍾存以廣其眾，北阻大河因以為固，又有西海（青海湖）魚鹽之利，緣山濱水，以廣田畜，故能強大，常雄諸種，恃其權勇，招誘羌、胡。

按爰劍十三世孫之一為燒當，因強大而以為種號，迷唐即其裔種（爰劍十九世孫）之一。〈西羌傳〉末謂鍾存種也是爰劍一百五十種之一，勝兵十餘萬。是則迷唐種落居大、小榆谷以至西海之地，以其田畜優勢生產力雄視諸種，并結集以抗漢。迷唐既撤至河首，曹鳳乃上言請於其地廣設屯田，後至「列屯夾河，合三十四部」。竊疑此三十四部屯田，殆皆因循迷唐原來田畜之基礎，而非新開墾者。

若以青海湖為中心，其東姑稱為湖東區，即河湟山地與谷地，諸羌以種麥（大、小麥不詳）為主，畜養馬牛羊驢騾；其西為湖西區，在晉時為吐谷渾所征服，以種大麥、粟、豆、蕪菁為主，見有牛馬駝等畜；其南為湖南區，即川西、藏東高原，後為宕昌、鄧至諸羌地，畜有犛牛、牛、羊、豬等，〔註25〕顯示區域地理條件影響了諸羌的生產方式，使之產生區域性差異。此地自古多禽獸，可能射獵始是其共同傳統的生活方式。

氐人「善田種」，漢魏時隴南山地的氐人有穀、麥的耕作收成，而與氐族接壤交錯的隴右種羌，似乎也已經種穀了。〔註26〕當時穀不是泛指包括麥的五穀簡稱，《後漢書·西南夷·冉駹夷》即稱汶山郡「土地剛鹵，不生穀、粟、麻、菽，唯以麥為資」，而〈邛都夷〉則稱「其土地平原有稻田」。表示秦嶺，隴南一線氐人所居山地，當時應是稻、麥耕作的交錯線區，或許部分種羌與氐

〔註25〕吐谷渾產物見同註23，宕昌等地產物見北《魏書·宕昌羌列傳》（卷一〇一，頁2242）。河湟諸羌有驢騾，而且也有駱駝，見《後漢書·段熲列傳》（卷六五、頁2152～2153），疑駱駝非其主要畜口。

〔註26〕《三國志·夏侯淵傳》稱其擊武都氐羌，「收氐穀十餘萬斛」（卷九，頁271～272），〈鄧艾傳〉稱收南安、隴西「羌穀」，祁山一帶有「熟麥千頃」（卷二八，頁778），〈郭淮傳〉亦稱淮在隴右，「撫循羌、胡，家使出穀」（卷二六，頁734）。

族移居雜錯，也或許守塞屯田（詳後），而開始了稻穀的耕作。

　　爰劍以優勢生產方式結集諸羌的廬落種人。諸羌以氏族血緣為紐帶而稱為種羌，則種人自是種落之人，不必贅解；只是廬落一詞〈西羌傳〉常見，其真正內涵則不明，尚待進一解。

　　按〈西羌傳〉開始即謂羌人云：

　　　不立君臣，無相長一，強則分種為酋豪，弱則為人附落，更相抄暴，以力為雄。殺人償死，無它禁令。其兵長在山谷，短於平地，不能持久，而果於觸突，以戰死為吉利，病終為不祥。

傳末又云：

　　　自爰劍後，子孫支分凡百五十種；其九種在賜支河首以西，及蜀、漢徼北，前史不載口數；唯參狼在武都，勝兵數千。其五十二種衰少，不能自立，分散為附落，或絕滅無後，或引而遠去。其八十九種，唯鍾最強，勝兵十餘萬；其餘大者萬餘人，小者數千人，更相鈔盜，盛衰無常，無慮順帝時勝兵合可二十萬。

　　以後一史料爰劍種落集團情況，可以印證前史料所論諸羌社會政治的普遍情況。大體諸羌以氏族血緣為紐帶，且種姓不斷分化，始終未發展至區域性聯盟，乃至統一國家的階段。

　　爰劍種落集團是湟東區河湟羌的主流，小月氏退保南山羌，逐漸通婚羌化「亦以父名母姓為種，其大種有七，勝兵合九千餘人，分在湟中及令居，又數百戶在張掖」，顯示羌化後其種落社會亦與河湟羌相同。〔註27〕至於初時僅擁有青海湖東南甘松之地的吐谷渾，二傳其子吐延，為昂城羌酋姜聰所刺，遺囑部落「速去保白蘭，地既險遠，又土俗懦弱，易控制」，表示湖西區諸羌也是因種落分化而力弱。〔註28〕南北朝時代宕昌、鄧至等湖南區種羌，史稱風俗相同，宕昌羌由中華至西域數千里，「姓別自為部落，酋帥皆有地分，不相統攝，宕昌即其一也」；〔註29〕党項羌地亦數千里，「處山谷間，每姓別為部落，大者

〔註27〕參《後漢書・西羌傳・湟中月氏胡》，卷八七，頁2899。

〔註28〕按甘松在西強山（今西傾山）至武都、陰平之間，昂城在今青海省阿壩，姜姓為羌族大姓，恐是姜聰領導種羌驅逐吐谷渾部也。白蘭約在今柴達木盆地附近，屬本文之湖西區。吐谷渾部後來強大，除了羌化之外，兼有中國化及西域化的風尚制度，可參北《魏書・吐谷渾列傳》。吐谷渾後稱河南國，南北諸正史多有記述，亦可旁參。

〔註29〕參北《魏書・宕昌列傳》，卷一○一，頁2241～2242。

五千餘騎，小者千餘騎」；其南接的附國更往往有羌，「并在深山窮谷，無大君長，……或役屬吐谷渾，或附附國」。〔註30〕可見自先秦至隋，約凡一千年間，諸羌的社會種落、政治組織，實無多大演進。

匈奴在秦漢間即已建立大帝國，東胡（烏桓、鮮卑）也遲至二世紀漢魏間，由部落、部落聯盟，漸漸發展至國家的階段。氐族在秦漢間即君長以什數，由冠以地名來看，可見兩漢時已向區域性部落階段發展，漢魏間已有武都氐王、興國氐王、百頃氐王、興和氐王等名號出現（詳後）。羌人始終以氏族血緣結合，種落分化，殆為五胡中之最落後者。難怪姚萇執苻堅，求傳國璽時，苻堅叱之曰：「小羌乃敢干逼天子，豈以傳國璽授汝羌也！圖緯符命，何所依據？五胡次序，無汝羌名！」〔註31〕種族文化的鄙視，溢於言表。

種羌「不立君臣，無相長一」，表示無國家政府組織；「強則分種為酋豪，弱則為人附落」，表示種族社會不斷分化，自我削弱。根據諸史記載，種羌間不但無統一政府及官僚體制，抑且酋豪之下也未見層級組織，似乎由酋豪直轄其種落或附落，而酋豪之更強大者殆即〈西羌傳〉所稱的大豪或大帥了。這種稱謂與氐族類似。北《魏書·氐傳》說氐族自「秦漢以來，……自立豪帥，……各有侯王，受中國封拜」。這裏所謂的「侯王」，實即指其「酋豪」、「豪帥」而言，并非真謂氐人有天子王侯之位號（詳後），故《後漢書·西南夷·白馬氐》謂東漢初「氐人大豪齊鍾留為種類所敬信，威服諸豪」，正可概見大帥大豪與一般酋豪的關係。

氐族領袖有「酋大」一稱，如酋大單徵投奔劉淵，其女即劉淵皇后單氏。〔註32〕酋豪稱大也是羌族習慣，如《宋書·大且渠蒙遜列傳》謂蒙遜先世曾任匈奴且渠之官，「羌之酋豪曰大，……而以大冠之，世居盧水為酋豪」。亦即此張掖盧水雜胡也如湟中月氏胡般，頗已羌化，因而兼用胡、羌稱呼。東漢羌族力量一度擴至西河、上黨一帶，晉時上黨有擁壁自立的胡「部大」張㔟督，此即是以羯為主的雜胡。〔註33〕《通鑑考異》論單徵條，謂「當時戎狄酋長皆謂之大」，胡注張㔟督條謂「胡人一部之長呼為部大」，竊意兩漢之

〔註30〕分詳《隋書·西域列傳》之〈党項〉（卷八三，頁1845）及〈附國〉（頁1859）。
〔註31〕參《晉書·苻堅載記下》，卷一一四，頁2928。
〔註32〕《晉書·劉元海載記》作「氐酋大單于徵」（見《晉書》卷一○一，頁2650），據考訂「于」為衍字，《通鑑》作「氐酋單徵」。
〔註33〕參《晉書·石勒載記上》（卷一○四，頁2709）及本書〈後趙文化適應及其兩制統治〉篇。

間匈奴及東胡殆無部大之稱，故疑酋大、部大皆是氐羌化的稱謂，魏晉當時西北諸雜胡受其影響而沿用之。〔註34〕酋大或是偏重其血緣種落之稱，而部大則偏重於部落耶？

　　羌族大豪或酋豪與其廬落之間無層級組織，這是相當原始的氏族社會形態。所謂廬落，《南齊書·河南王列傳》記吐谷渾治下的「人民，猶以氈廬百子帳為行屋」，或可窺見一斑。事實上諸羌分佈廣闊，居住情況與其生產種植情況般，因區域地理條件有所不同，這裏僅是指河湟及青北高原之諸羌而言。亦即酋豪直接領導這些廬落也。酋豪統領可以掌握的廬落種人，各據深山窮谷，所以法令簡單，社會原始，如《隋書·西域·党項列傳》云：「每姓別為部落，大者五千餘騎，小者千餘騎，……俗尚武力，無法令，各為生業，有戰爭則相屯聚，無徭役，不相往來。」其部落文化、社會生活，可以想見。

　　筆者以為，種羌化形態實對其發展大為不利，殆皆與其地理條件有關。他們居住於高原、山地之間，地形割裂獨立，交通聯系不易，所以種人多了就必須分種離析；分析後又不易聯系，故不相往來。爰劍裔種分為一百五十種，種類之間幾呈獨立狀態，可以由此觀察。若從政治角度看，各種落事實上是「各佔山頭自稱王」的狀態，很難會建統一國家。弱者如附落，實不足以自存，必然造成「或絕無後，或引而遠去」，如爰劍衰少的五十二種。吐谷渾也因此以一個不甚強大的鮮卑部落，因「土俗懦弱，易控制」而征服了湖西區諸種羌。即使較強大的種落，事實上也很容易被各個擊破，漢、羌長期戰爭史即是其顯例。漢諸將常輾轉戰鬥於深山窮谷之間，使諸羌先後一一平服，范曄用「谷靜山空」以描述之，〔註35〕殆甚貼切。

　　再者，在這種地理條件下討生活事實上也不容易，諸羌遂養成了互相抄暴、崇尚武力的風俗，而長於山地戰鬥，種落間更容易結怨報仇。種族內部相處如此，平常又無徭役，無軍事組織，故一旦臨以外力，則全種相聚屯結作戰，事實上是烏合之眾。危機大者如漢軍來攻，則誠如〈西羌傳·論曰〉所言，種落間「遂解仇嫌，結盟詛，招引山豪，轉相嘯聚」。由於平常不相往來，甚至結仇，故此種臨時聯盟也是一種烏合組織，很容易被分化擊破，〈西羌傳〉戰

〔註34〕分見《通鑑》晉懷帝永嘉二年七月及元年九月注，卷八六，頁 2738 及 2731。
　　　　馬長壽據石刻史料，考證稱酋大者絕對多數是羌酋，稱部大者多係氐酋和雜胡酋帥，參其《碑銘所見前秦至隋初的關中部族》（北京：中華書局，1985 年，頁 27）。
〔註35〕參《後漢書》卷六五論贊，頁 2154。

例正多。

　　地理條件影響諸羌政治組織、種落分化及社會生活如此之大，是值得注意的。氐族亦居住於高山山地，但是他們分布區域小，又分布於許多河流台地谷地，乃至成徽盆地之間，農業發展較優，生活上族群未見有摩擦，社會上種姓較少分化，這是二者不同之處。

四、秦漢與氐族的政治關係

　　中國與氐羌的關係歷秦漢、魏晉、五胡三個階段，逐漸加強加深，以至由邊裔關係發展為中原內部關係。這裏主要論其第一階段的關係。就秦漢階段而言，中國政府與氐族關係大體是和平的，與羌族關係則是緊張的和戰爭的。

　　氐族分布地區不大，種姓較寡而人口較少，在國家安全上不致構成中國的威脅；而且秦漢長城西段即已將隴南山地劃入內郡地，至漢武帝時又從巴蜀北上，將武都、廣漢建為郡縣，遂使氐地完全變為中國本部郡縣，氐族在性質上成為中國的少數民族。氐族與中國的關係既然如此，所以上述其人民有編戶納賦的跡象，有進入平地為漢人作傭工，乃至有因接觸而漢化的發展。

　　不過，就種落社會的傳統結構而言，氐族維持時間相當長久，兩漢政府乃針對此結構，而與之發展政治關係。大體漢武帝自西元前二世紀三十年代開通西南夷以來，即承認以什數氐族君長（酋豪）的政治地位。根據《史記‧西南夷列傳》所載，武帝時所承認的氐族君長，政治地位似乎并不高，故謂「西南夷君長以百數，獨夜郎、滇受王印」而已。

　　按東漢殆仍西漢政策，對西南夷羌酋豪封以邑君邑長為常，如《後漢書‧西羌傳》載云：

> 建武十三年（西元 31 年），廣漢塞外白馬羌豪樓登等率種人五千戶
> 內屬，光武封樓登為「歸義君長」。至和帝永元六年（西元 94 年），
> 蜀郡徼外大牂夷種羌豪造頭等率種人五十餘萬口內屬，拜造頭為「邑
> 君長」，賜印綬。

又如同書〈西南夷‧莋都夷〉亦云：

> 和帝永元十二年，旄牛徼外白狼樓薄、蠻夷王唐繒等，遂率種人十
> 七萬口，歸義內屬。詔賜金印紫綬，小豪錢帛各有差。安帝永初……
> 二年，青衣道夷「邑長」令田，與徼外三種夷三十一萬口……內屬。
> 安帝增令田爵號「奉通邑君」。

可證視西南夷羌種落之大小與重要性，其酋豪分別被封為君長、邑君、邑長諸名位，小豪則僅賜以錢帛而已。是則《史記》所稱「君長以什數」之「君長」，殆非僅為官爵的泛稱，且是一種〈官志〉漏記的專稱，用以拜封西南夷氐羌者。漢封匈奴、東胡、雜胡，大體上皆不用此名號。〔註36〕用此可以反推兩漢對夷、氐、羌西戎系，與北狄、東胡和雜胡系的政治態度是頗不同的。

　　據上面夷酋令田由邑長遷號奉通邑君之例，知邑君在邑長之上。漢制「四夷國王、率眾王、歸義侯、邑君、邑長皆有丞，比郡、縣」，〔註37〕殆邑君、邑長應比縣。若依羌豪造頭等率五十餘萬口之多而內屬，竟只封邑君長，賜印綬，則君長殆在邑君之上，所賜印綬不明，蠻夷王唐繒等內附而賜金印紫綬，造頭恐亦如此。漢制列侯金印紫綬，諸侯王金印綠綬。〔註38〕，按漢制慣例，諸侯王例以封劉氏子弟，故四夷國王、率眾王決不可能比照。東漢對四夷國王，除了匈奴仍沿單于名號外，即使東胡之大聯盟長如檀石槐、軻比能輩，亦不過封為率眾、歸義諸王號而已，〔註39〕是則西戎系之君長，理應不能超過比金印紫綬的列侯。氐類什數「君長」只是西南夷以百數「君長」之一部份，而「獨夜郎、滇受王印」，可證氐族酋豪在天朝體系，僅位比歸義侯之類，政治地位未至王者之級。

　　然而，這種漢、氐政治關係似乎在東漢初期有了變化。蓋王莽喪亂之時，氐羌多附於據隴的隗囂和據蜀的公孫述。光武中興，「武都氐人背公孫述來降者，（馬）援皆上復其侯王君長，賜印綬」。〔註40〕表示氐類酋豪可能在西漢末，或至遲在東漢初，有些人似已有侯或王的封爵，政治地位提高了。但是根據前引齊鍾留之例，則又似不盡然，因為隗囂族人隗茂反，殺武都太守，「氐人大豪」齊鍾留當時「威服諸豪」，與郡丞破斬茂，而在亂事前後，不論氐豪或大豪皆未見侯王之號。《魏略·西戎傳》云：

〔註36〕匈奴（胡）自有王長封號不必贅，東胡系的社會有部─邑─落三級制，邑之小帥漢即稱為邑君、邑長（詳本書〈鮮卑慕容氏的統治與漢化〉篇。漢封雜胡有某君、某長、仟長、佰長，乃至邑長諸名（詳黃盛璋〈雜胡官印考〉，《西北史地》1986年第四期），尚未見「君長」的名號。

〔註37〕見《續漢書·百官五》，志卷二八，頁3632。

〔註38〕見《漢書·百官公卿表》，卷一九上，頁740～741。

〔註39〕詳同註36拙篇。

〔註40〕引文詳《後漢書·馬援列傳》（卷二四，頁836），同書〈西南夷·白馬氐〉略同（卷八六，頁2859）。

> 氏人有王，所從來久矣。自漢開益州，置武都郡，排其種人，分竄
> 山谷間，或在福祿，或在汧隴左右，其種非一，……各有王侯，多
> 受中國封拜。近去建安中，與國氏王阿貴、白項（百頃？）氏王千
> 萬，各有部落萬餘。……今雖都統於郡國，然自有王侯在其虛落間。
> 又故武都地陰平街左右，亦有萬餘落。

此條史料表示漢武帝開通西南以前，氐人已有王；以後漢朝因其種落各封其酋
豪為王侯，漢末已見有興國（今甘肅秦安縣東北）氐王阿貴與百頃（即仇池）
氐王楊千萬。二氐王各有部落萬餘。至於武都地有武街在下辨，而無陰平街，
疑為陰平郡之誤。前論西漢陰平道是氐地，原為廣漢北部都尉治，東漢改置為
廣漢屬國治。廣漢屬國因徼外參狼羌內附而改置（詳後并註53），可能自後用
以統領諸氐羌，蜀漢改為陰平郡治，西晉仍之。魚豢所謂「今」者，當指魏朝
而言，是即氐人經魏、蜀戰爭遷徙，至今（魏）仍在武都郡至陰平郡一帶的原
來氐人核心區，有種落萬餘也。

　　魚豢說氐人在漢武帝以前有王，證諸《史》、《漢》之〈西南夷〉和〈司
馬相如〉諸傳，實不確定。氐人居隴南山地，因峻坂深谷之地形割裂而不能
統一，情況與羌相同。氐族大豪擁有萬餘落，揆諸前論內屬夷羌動輒十餘萬
以至五十萬落，顯然不能算是大族群，故其大豪被漢封為「君長」之位，理
應可信；除非氐豪因背叛隗氏和公孫氏，且助漢光復隴蜀之功的特殊政治因
素，始有封拜王侯的可能。北《魏書‧氐傳》述兩漢時事大抵同《魏略》，但
述其早期政治名位則較謹慎，僅稱「三代之際，蓋自有君長。……秦漢以
來，……自立豪帥」；然自漢武以後，也稱「各有侯王，受中國封拜」了。

　　按魚豢所稱建安中的百頃氐王千萬，據《宋書‧氐胡列傳》云：

> 略陽清水氐楊氏，秦漢以來，世居隴右，為豪族。漢獻帝建安中，
> 有楊騰者，為部落大帥。騰子駒，……始徙仇池。…駒後有名千萬
> 者，魏拜為百頃氐王。千萬子孫名飛龍，漸強盛，晉武假征西將軍，
> 還居略陽。

是則楊氏自秦漢世居略陽郡清水縣，為氐人某種落的豪族，降至建安時始成
為大豪。稍後楊駒方徙居至武都郡之仇池，駒後楊千萬始為魏封拜為百頃氐
王，情況甚明，南北朝諸史大抵本之。另據《三國志‧武帝紀》建安十八年
（西元 213 年）十一月條：「馬超在漢陽，復因羌、胡為害，氐王千萬叛應
超，屯興國。」此年稍前，曹操自立為公，建置府朝，時在交替之間，說楊

千萬為漢封可，說為魏封似乎也可。蓋是月楊千萬以百頃氐王身份，率部落由武都仇池百頃山根據地，北移至漢陽郡之興國，響應馬超反曹也。

建安（西元196〜220年）間，據《三國志》尚見有武都河池之氐王竇茂，其正式名號殆為「興和氐王」。〔註41〕其後進入三國，「武都氐王」苻健統有「氐民四百餘戶」，蜀漢後主建興十四年（236年）請降，最後發展成苻健隻身來降，部民卻由其弟帶領降魏。〔註42〕五胡亂華之後，由於吐谷渾王氐羌地，故《南齊書・河南列傳》更稱之為「氐王」了，則此氐王與漢魏間者又不同。

由此可推《後漢書・馬援列傳》、《魏略・西戎傳》所述，似乎兩漢以來氐類即有侯、王之封拜，殆未能確定。要之，漢魏之間，因戰爭需要，戰略因素，氐類始見有王號，而且連小部落之小豪如苻健，也有王號之例，是則萬落大豪就不必贅了。

上述已知諸氐王，阿貴在漢陽郡之興國，楊千萬在武都郡之武都縣（仇池在武都縣），竇茂在同郡之河池縣，而苻健則在同郡不詳何縣道，《魏略》所謂「今雖都統於郡國，然自有王侯在其虛落間」，可證漢魏晉之間，氐類王侯為所在郡國統領，已完全納入屬國體系。此種政治關係，殆自西漢已如此，只是單就氐類而言，西漢時但有君長而無王侯而已。〔註43〕

氐族居地自兩漢已置為郡國，故其部落即使有國之名，如《後漢書・西南夷》所稱的「白馬國」，也不過是漢朝的屬國罷了，大體廣漢屬國即是統領此等部落形式的國落機關。氐人在西漢頗有抗爭，東漢則較少，揆其性質，可以視作漢朝統治下的少數民族問題，充其量也只是統一政府下的種族矛盾與衝突而已；至於羌族，則顯然并不盡然。

五、秦漢與羌族的政治關係

前論西元前四世紀八十年代秦獻公西進以後，爰劍之孫卬畏其威而西遷

〔註41〕參《三國志・武帝紀》建安二十年四月條（卷一，頁45），及〈張郃傳〉（卷一七，頁525）。

〔註42〕參《三國志・蜀後主傳》該年四月條（卷三三，頁897），及〈張嶷傳〉（卷四三，頁1051）。

〔註43〕前述《後漢書・西南夷・冉駹夷》謂汶山郡「其山有六夷、七羌、九氐，各有部落，其王侯頗知文書，而法嚴重」。汶山郡於宣帝時并入蜀郡北部都尉，是則這些王侯及其部落歸由都尉統領也（卷八六，頁2857〜2858）。同傳之末范曄論曰，說蠻夷「錄名中郎、校尉之署，編數都護、部守之曹，動以百萬計」（頁2860），可概見東漢之羈縻及屬國體制。

賜支河曲，其種落以後分衍成越巂羌的犛牛種、廣漢羌的白馬種、武都羌的參狼種等，這是蜀、漢徼外之羌種，約至東漢以後始與中國發生密切的關係。留在河湟的爰劍曾孫忍和舞，忍生九子為九種，舞生十七子為十七種，合二十六種之多。其後分衍更多，〈西羌傳〉所錄二、三十種之中，基本上以此種系集團為主。〔註44〕

秦始皇在西元前 221 年統一中國，漢高祖於前 202 年繼興，其時羌族與中國實為外國關係，而與秦漢及匈奴之盛衰息息相關。〈西羌傳〉云：

> 秦始皇時，務并六國，以諸侯為事，兵不西行，故種人得以繁息。
> 秦既兼天下，使蒙恬將兵略地，西逐諸戎，北卻眾狄，築長城以界
> 之，眾羌不復南度。至於漢興，匈奴冒頓兵強，破東胡，走月氏，
> 威震百蠻，臣服諸羌。

顯示種羌因始皇東進蠶食諸侯之政策實行，是其得以更繁息的原因。及至中國統一後，雖頗西進，但至河、洮一線，取得天然國防以築長城而止，不再進逼。此下即是匈奴崛起，臣服諸羌的時代。西元前 200 年平城之役以後，漢、匈和親，此後如文帝國書重申和約所示「長城以北引弓之國受令單于，長城以內冠帶之室朕亦制之」。其南、北分治和共存的局面，維持至前 133 年馬邑事變而止。〔註45〕

在此百年期間，因諸羌臣屬於匈奴，故東亞只有秦漢與匈奴的國際關係（東夷除外），而無秦漢與諸羌的國際關係。至漢景帝（前 156～前 141 年）時，匈奴頗侵漢。留居河湟的研種——忍子研的種落，請求入守隴西塞，漢徙之於狄道、安故、臨洮、氐道、羌道等縣，也就是沿洮水長城以至於隴西郡和武都郡之間。這是種羌內附東徙守塞的最早紀錄。諸羌既臣於匈奴，而文帝曾與匈奴有「匈奴無入塞，漢無出塞」的協定，是則研種的入守必然導致漢、匈關係的緊張。〔註46〕自負其能而常與匈奴合戰的隴西名將李廣，在隴西太守任內，曾因羌反，而誘殺降者八百餘人，〔註47〕開創了兩漢將帥守宰誘殺降羌的

〔註44〕《氐與羌》列舉二十二種（見頁 107～110）；關鏞曾《兩漢的羌患》列舉了三十種（《政大學報》14，1966 年；頁 179）。關文所列前三種：犛牛、白馬、參狼、系出於印，其餘二十七種之數目與忍、舞的二十六種相當，殆即系出於其兄弟二人。又兩漢西征諸將列傳中，常見一些種落名稱，不詳其種系何屬。

〔註45〕詳本書〈從漢匈關係的演變略論劉淵屠各集團復國的問題〉篇。

〔註46〕研種入守見《後漢書‧西羌傳》（卷八七，頁 2876），漢、匈協定詳同註 45 拙文。

〔註47〕李廣後引誘降殺降之事為大恨，詳《史記》本傳，卷一○九。頁 2874。

惡例，成為此後羌患的重要原因之一。種羌畏懼匈奴，又不能信任漢朝，遂伏下此後依違於兩大，或獨自為求生存而奮鬥的情勢。

馬邑事變為漢、匈關係的轉振點，自後漢朝採取主動的開塞攻擊戰略，於西元前 121 年取得匈奴休屠王、渾邪王領地，置五屬國。兩年後霍去病封狼居胥、禪姑衍，匈奴自是北徙，種羌漸漸脫離其勢力。於是，漢朝在前 115 年通西域，置酒泉、武威二郡，又在前 111 年分二郡置張掖、敦煌二郡，此即河西四郡，實施「隔絕羌、胡，使南北不得交關」的政策。

河西四郡原為休屠、渾邪二王地，故漢朝攻擊匈奴，也就如〈西羌傳〉所言，同時進行了「西逐諸羌」，影響了種羌的生存空間，引起羌、匈聯合反攻，及漢朝對羌建立監護體制的結果。〈西羌傳〉云：

> 時，先零羌與封養、牢姐種解仇結盟，與匈奴通，合兵十餘萬，共攻令居、安故，遂圍枹罕。漢遣將軍李息、郎中令徐自為將兵十萬人擊平之，始置護羌校尉，持節統領焉。羌乃去湟中，依西海、鹽池左右。漢遂因山為塞，河西地空，稍徙人以實之。

根據《漢書·武帝紀》，「西羌」十萬眾與匈奴聯合，時在元鼎五年（前 112 年），翌年平定，此年漢置武都郡，分置張掖、敦煌二郡。漢朝自此年將氐、羌分開統治，故二族在兩漢始終未發生過任何政軍的關係。但是，武帝對羌隨著武力的攻擊之後，設置護羌校尉以資監控，并尋而築塞，分河西為四郡，又稍移民實之，其實是施行武裝殖民的政策。種羌雖暫時退居西海（青海湖）一帶，然而河湟生存空間之爭奪戰，卻正是方興未艾的時候。羌、漢各種政軍經關係，也由此時正式展開。兩漢羌、漢的軍事關係，〈西羌傳〉載述甚詳，於此不贅，僅略論其政治關係。

西元前 81 年（漢昭帝始元六年），匈奴謀與漢和，蘇武等被釋歸，漢、匈關係緩和，昭帝乃於河湟地區置金城郡。河湟置郡，表示漢朝決心貫徹武裝殖民，將此地劃入中國領土，這是漢、羌為生存空間衝突嚴重化的關鍵。〈西羌傳〉載宣帝時先零種羌要求「度湟水，逐人所不田處以為畜牧」。後將軍趙充國反對，然種羌強渡湟水，「郡縣不能禁」。此事表示：第一，先零羌撤退至西海一帶半個世紀後，重新要求返回故地；第二，他們只求在故地畜牧，原來的耕地已遭漢人佔領，他們殆無意取回；第三，儘管漢人未准許，他們已強行回歸，金城郡縣政府不能制止。此問題在先零羌而言是返回故土，在漢朝而言是主權領土的問題。漢朝以往容納內附部落并不鮮見，當時湟中

尚有「羌虜故田及公田，民所未墾，可二千頃以上」，〔註48〕充國所以主張不
接受者，實基於國防上的考慮。《漢書‧趙充國傳》云：

> 羌人……渡湟水，郡縣不能禁。元康三年（前63年），先零遂與諸
> 羌種豪二百餘人解仇交質盟詛。上聞之，以問充國，對曰：「羌人所
> 以易制者，以其種自有豪，數相攻擊，勢不壹也。……征和五年（前
> 88年），先零豪封煎等通使匈奴，匈奴使人至小月氏，傳告諸羌曰：
> 「……羌人為漢事苦，張掖、酒泉本我地，地肥美，可共擊居之。」
> 以此觀匈奴欲與羌合，非一世也。……疑匈奴更遣使至羌中，……
> 臣恐羌變未止此，且復結聯他種，宜及未然為之備。」

按先零種強還湟中約在西元前63年以前，此時匈奴正經營西域，趙充國疑懼
者正在此。且先零既歸，復與二百餘酋豪結盟，則漢朝不能不懼。金城郡是分
張掖、酒泉二郡地而置，原屬匈奴右王，而臣諸羌之領地，趙充國所得情報正
是匈奴約先零豪共同光復故地的消息，故懷疑密約、強渡、結盟是匈、羌一系
列措施的實行。是則收容先零於湟中與否已不是重要問題，先零行動後面的匈
奴問題才是關鍵。

　　相對的，先零種既然在漢朝未准許前強還湟中，他們必然也畏懼漢軍的攻
擊，所以與二百餘豪解仇結盟，以為自保。不幸充國奏對後的同年（宣帝神爵
元年，前61年）後月餘，「羌侯」狼何果然向匈奴借兵攻鄯善、敦煌，以絕漢
道。狼何是羌化小月氏的領袖，但其行動卻影響了「西羌」，使先零種由返還
故地求生存之舉，被判斷成漢、匈戰爭的先兆。〈趙充國傳〉續云：

> 充國以為「狼何，小月氏種，在陽關西南，勢不能獨造此計，疑匈
> 奴已至羌中，先零、罕、开解仇作約，到秋馬肥，變必起矣。宜遣
> 使者行邊兵，豫為備，敕視諸羌，毋令解仇，以發覺其謀」。於是兩
> 府復白，遣義渠安國行視諸羌，分別善惡。安國至，召先零諸豪三
> 十餘人，以尤桀黠者，皆斬之。縱兵擊其種人，斬首千餘級。於是
> 諸降羌及歸義羌侯楊玉等恐怒，亡所信鄉，遂劫略小種，背畔犯塞，
> 攻城邑，殺長吏。

按狼何的位置，應與西域南道、阿爾金山北麓之婼羌接近，或許部落多為「南
羌」，故被封為「羌侯」。然而南羌向匈奴借兵攻漢之事，當「西羌」先零集團
與漢關係處於緊張狀態之時，卻被漢朝判斷為西羌與匈奴的軍事聯盟問題。漢

〔註48〕參《漢書‧趙充國傳》充國所上的〈屯田奏〉，卷六九，頁2986。

朝一面下令邊兵戒嚴，一面派義渠安國視察諸羌，在高度疑忌緊張之間，安國如李廣般採取了誘殺諸豪的手段，并縱兵攻擊，遂導致諸羌對漢信心的解體而叛變。先零之強返故土，在漢只是收容與如何收容的國內少數民族問題，至此成為一個關連漢、羌、匈的國際關係問題，并且變成了羌、漢之民族戰爭，也就不是政治方式所可解決的了。

趙充國曾有出兵高山山地討伐武都氐的經驗，故奉詔出征西羌。此次戰爭，他卻一再與朝廷爭論戰略，力主持重守勢。本傳記載他的戰略考慮如下：

（一）就大戰略言，他「恐匈奴與羌有謀，且欲大入」，故不敢輕易考慮與羌主力決戰。希望在匈軍抵達之前，採分化的策略，以分化先零種的同盟罕種與幵種等；并懸賞刺殺反羌的酋豪，達到削弱甚至終止戰爭的目標。

（二）就戰場戰略而言，他判斷羌人「皆驍騎難制」，不敢冒然會戰。又基於高山山地的地理條件，羌人「多藏匿山中依險阻」；與天候條件之「土地寒苦，漢馬不能冬」，和冬寒影響軍士健康諸因素，決定採取以守為攻的戰略。

其實匈奴并無與羌聯軍的事實，充國部隊而且徵集了婼羌和月氏等屬國胡騎參戰，漢騎也有上萬之多，故羌騎并無絕對優勢可言，只是充國持重多慮罷了。

這次戰爭的最後解決，除了小規模出擊會戰外，主要是分化及刺殺手段的成功。本傳云：

> 羌若零、離留、且種、兒庫共斬先零大豪猶非、楊玉首，及諸豪弟澤、陽離、良兒、靡忘皆帥煎鞏、黃羝之屬四千餘人降漢。封若零、弟澤二人為「帥眾王」，離留、且種二人為「侯」，兒庫為「君」，陽雕為「言兵侯」，良兒為「君」，靡忘為「獻牛君」。初置金城屬國以處降羌。

充國的善後措施在漢、羌關係史上也極重要。他一面推薦新任護羌校尉的人選，一面請求實行在河湟軍屯。軍屯由此以降，在兩漢斷斷續續地實行。根據充國所上〈屯田便宜十二疏〉，知悉軍屯的戰略意義非常重要：就漢而言，有強化西邊守備及補給，節省軍費，嚇阻西羌，并且有保護漢民田作諸功效。就羌而言，可以收兩種預期效果，即第一，「因排斥羌虜，令不得歸肥饒之隊（地），貧其眾，以成羌虜相畔之漸」，就是製造其經濟社會問題，從而促使其政治產生問題；第二，「令反畔之屬竄於風寒之地，離霜露疾疫瘃墯之患，

坐得必勝之道」，也就是驅逐羌人至生存條件惡劣的地方，削弱其種落力量。

趙充國的軍屯政策，對漢朝的國防戰略是有利的，對種羌卻是大害。它加深了羌人為求生存空間而奮鬥的動機，惡化了羌、漢之間的關係，當東漢國力東移後，遂成為百餘年「羌患」的最基本原因。

這裡值得注意的是，由於羌人與匈奴有過臣屬的歷史關係，秦漢以來攻擊羌人也就視同攻擊匈奴。漢武通西域，隔斷羌、匈聯繫，但是西元前 112 年先零集團首次反叛時，也曾與匈奴聯軍攻漢，因此戰後漢武乃決定設置護羌校尉，實行對諸羌監護，尤其對境內諸羌為然。漢朝對羌、匈關係的疑忌不可能輕易忽視的，故種羌一有動作，漢朝立即聯想到匈奴，〈趙充國傳〉所載正反映了此情況。不過降至西元前一世紀中葉，因匈奴分裂衰弱，尤其前 51 年（宣帝甘露三年），即趙充國戰後十年，呼韓邪單于入朝後，羌人失此國際奧援，漢、羌關係乃發生轉變。青康高原廣大的種羌，多未捲入漢、羌鬥爭，對漢朝而言是徼外蠻夷；而涼州刺史例兼護羌校尉所轄下諸郡國的種羌——內附羌及降羌，則已視同境內少數民族或屬國。例如西元前 42 年（元帝永光二年），以隴西羌彡姐旁種為首的集團起事，漢朝即將之視為「竟內背畔」，右將軍馮奉世力主「不以時誅，亡以威制遠蠻」，也就是對境內種羌施行武力撻伐，以收威制嚇阻境外種羌之效。〔註49〕

種羌已失國際奧援，所以漢朝乃厲行威制政策。前引趙充國奏對，表示漢朝洞悉「羌人所以易制者，以其種自有豪，數相攻擊，勢不壹」的部落文化型態，而并利用之，這也是敢厲行威制的內在因素。於是種羌不服則遠徙，服者則委屈內附或戰敗投降，接受校尉及所在郡縣的監護。漢人不斷向西開拓，武裝殖民，至西元 4 年（平帝元始四年），王莽為示威德，「諷旨諸羌使共獻西海之地，初開以為郡，築五縣，邊海亭燧相望焉」，〔註50〕至此連青海湖盆地也成為漢殖民之地。王莽置西海郡，是要「徙天下犯禁者處之」的方式為之，〔註51〕無異使西海郡變成漢朝最大的囚犯集中營，增加了此地區的複雜性，東漢諸羌不斷受漢之吏民侵擾，社會不斷起事動盪，殆與此有關。

自從失去匈奴奧援以後，漢朝對內附種羌的政治待遇及社會地位似乎也不如前了，請試論之。

〔註49〕參《漢書·馮奉世傳》，卷七九，頁 3296。
〔註50〕參《後漢書·西羌傳》，卷八七，頁 2878。
〔註51〕參《漢書·平帝紀》元始四年夏條，卷一二，頁 357。

　　西漢為了削弱匈奴，故接受或爭取種羌降屬。對於降屬種羌，或就地封拜，如前述西域南道羌化小月氏種的「羌侯」狼何，及附近出土的「漢歸義羌長」之羌長，〔註52〕似為其例；或遷入金城、隴西等邊郡，并對其有功勞者加以封拜，如前引若零率眾刺殺楊玉等而封為「帥眾王」，參與之二人封為「侯」、一人封為「君」，另外率種人投降的羌豪弟澤亦封為「帥眾王」，他豪一人封「言兵侯」、一人封「君」、一人封「獻牛君」，殆皆依功勞大小、種落眾寡等差封之，大者為王、侯，小者為君、長。值得注意的是，西漢對氐種諸豪似無封拜王侯的紀錄，以君長、君、長為常，然而對南羌及西羌則有封王封侯者，顯示西漢對二者政治待遇殆有所差別，主因可能與漢匈關係有關，蓋氐種未嘗得到匈奴的奧援故也。

　　漢制王、侯的封地曰國，故宣帝集中這些降屬種羌王侯君長，加以監護管理，遂特置金城屬國。西漢先後曾置有八個屬國都尉，金城屬國之外，其他殆皆用以處匈奴部落為主，對氐族則未嘗特置。金城屬國不知何時撤銷，東漢無，東漢十屬國大多用以處匈奴及東胡，而廣漢屬國和犍為屬國則用以處降羌。按屬國都尉制度出現前，漢要邊郡都尉監視少數民族，如隴西南部都尉監降羌、廣漢北部都尉監參狼羌是也。武帝時四夷降者益多，故創置屬國都尉，將降附部落「各依本國之俗而屬於漢」。屬國都尉所轄既以此等部落為主，兼理民政，故兵力常在郡之上，實質上是一種軍監制度，而美其名曰「護」。西漢前期屬國都尉直隸於中央的典屬國，由此可見漢朝重視羌種大於氐人。〔註53〕種羌王侯的政治地位，殆亦高於氐豪的君長。筆者推估，屬國都尉處理民族事務直達中央的典屬國，而其軍監系統則可能就近受涼州刺史兼護羌校尉之節度。及至西元前28年（成帝河平元年）省典屬國後，種羌殆始與氐人之受郡守縣宰的統治情況相同。

　　王莽敗亡時，眾羌還據西海郡，并攻金城、隴西。隗囂慰納之，并徵發其眾以與光武相拒。諸羌在涼州有羌屯及徵兵之紀錄，此應即前引匈奴使所謂「羌人為漢事苦」之事，表示西漢內附羌人除了依本俗田畜生活外，尚有被徵用以屯田及戰鬥的義務，這種情況在東漢也是常見的。及至西元33年（光帝建武九年）隗囂死後，班彪建議重置護羌校尉，〈西羌傳〉載其上言云：

〔註52〕參註15。
〔註53〕屬國制度參同註7書，頁154～165。按〈西羌傳〉，知犍為屬國用以處蜀郡徼外羌薄申等八種三萬餘口，廣漢屬國用以處廣漢塞外參狼羌二千餘口（卷八七，頁2899）。

> 「今涼洲部皆有降羌，羌胡被髮左衽，而與漢人雜處，習俗既異，
> 言語不通，數為小吏黠人所見侵奪，窮恚無聊，故致反叛。……舊
> 制……涼州部置護羌校尉，皆持節領護，理其怨結，歲時循行，問
> 所疾苦。又數遣使驛通動靜，使塞外羌夷為吏耳目，州郡因此可得
> 微備。今宜復如舊，以明威防。」光武從之。

由此可見護羌校尉的護理和軍事任務是相當明顯的，并負有透過塞外羌夷收
集國外情報的任務。此點與氐族情況不同，故東漢武都郡雖劃入涼州，顯然氐
人仍不屬於校尉的監護範圍。

涼部動亂主要因素之一，在羌是生存空間的返還，在漢是國防安全的確
立。另一重要因素即是班彪所稱的將吏守宰，以至黠人的侵漁。根據《漢書·
地理志》秦地條記述，關隴河西的人文風氣是有差異的：

河西地區被移來的人民多是各地習俗頗殊的問題戶，所謂「或以關東下
貧，或以報怨過當，或以謀逆亡道，家屬徙焉」，王莽以西海郡為犯人集中地，
只有益增當地人文社會的複雜性。

隴右及三輔北部的山西地區，則因「迫近戎狄，修習戰備，高上氣力」，
秦漢以來名將輩出，所謂「山西出將」是也。〔註54〕他們對羌事動輒以武力解
決，前述李廣、義渠安國等人即是其例，東漢主持對羌征戰者亦多此區人物。

三輔地區則是大官、鉅富及豪桀并兼之家的歷來徙置區，「是故五方雜
厝，風俗不純。其世家則好禮文，富人則商賈為利，豪桀則游俠通姦，瀕南
山、近夏陽多阻險輕薄，易為盜賊，常為天下劇」。

如此的社會風氣及人文結構，對諸羌與漢人雜處顯然是不利的。東漢羌
亂常從西海、金城、隴西諸郡起，戰敗降羌頗被逼東徙至天水、安定及三輔
等地；連同自願內附東徙諸羌，兩漢有明確記載者起碼有六次。三輔北部諸
郡如安定、北地、上郡、西河原皆舊有羌種，殆為東漢以前已隸屬匈奴，而
隨之內附的部落。降至二世紀前期，東徙的新、舊諸羌乃有「東羌」之稱。
大體以隴山為界，其西之種落為西羌，其東徙置區之新、舊種落為東羌，而
東羌且有一部分徙入河東（〔註55〕，并參表一及圖二、圖三）。關隴人文風氣
既然如此，故上述班彪之言，及〈西羌傳〉所謂「諸降羌布在郡縣，皆為吏

〔註54〕「山西出將」是指山西—天水、隴西、安定、北地諸郡，因尚武風氣，故名將
　　　　輩出，亦見《漢書》卷六九〈贊曰〉。
〔註55〕參《氐與羌》，頁 103～106。

人豪右所役，積以愁怨」的情況，當然可想而知。

　　諸羌竟受小吏黠民如此侵奪役使，如果守宰能舉職行法，理當可以禁止；不過東漢時諸羌屢屢起事，在朝廷以至邊吏眼中，已是一種「羌患」，最後竟至如段熲等力主實行剿絕政策，他們如何尚能平等合理對待諸羌？

　　再者，諸羌因地理、天候之條件，彼起此落對抗漢朝，也因此條件而不能統一，而且因隔閡至種落間自相仇殺，故容易被漢朝收買分化，前引趙充國、義渠安國之例即可見知，東漢此類例子在〈西羌傳〉中更常見。這種組織力與民族性，殆難引起漢朝對他們的尊重；甚至降至北朝，楊素尚鄙視羌人甚於鮮卑，《隋書‧蕭琮列傳》可以為證。

　　東漢對羌豪也有王侯君長的封拜，前面引〈西羌傳〉，說光武封廣漢塞外白馬種豪樓登為「歸義君長」，和帝封蜀郡徼外大牂夷種豪造頭為「邑君長」，這是對內屬塞外種羌的封拜。因戰事不利而降的，如 115 年（安帝元初二年）封率七千家來降的酋豪則多以「侯印綬」，122 年（安帝延光元年）封率三千餘戶來降的麻奴以「金印紫綬」，可能皆是羌侯之類名號。至於被分化而為漢執行刺殺任務之例，則僅見一次，即二世紀初先零別種滇零以北地郡為中心起事，自稱「天子」，向西沿漢陽、隴西經略至武都，向東經上郡、西河、河東進逼至河內，聲勢龐大，戰事延綿十餘年，使漢軍費用二百四十餘億時，漢朝為了早日終戰，故懸賞刺殺。及至閩種榆鬼因刺殺其將軍杜季貢而封「破羌侯」，效功種號封刺殺繼任天子零昌而封「羌王」，全無種雕何刺殺其謀主狼莫而封「羌侯」，遂使諸羌瓦解，戰事結束。

　　東漢內屬種羌遠較西漢為多，但是初期僅封以君長之位號，與氐豪相似。中期則主要是滇零政權的起事，故安帝始封來降及刺殺之羌人為王侯。故謂東漢對羌之政治重視，似乎已不如西漢，這也與歷史發展的大環境頗有關係。蓋西漢時匈奴呼韓邪單于稱臣內屬，漢天子待以殊禮，位在諸侯王上，而且率蠻夷君長王侯親自郊迎。及至東漢初呼韓邪二世（首任南單于）稱臣內屬，光武帝僅遣使至五原受降安置，并置使匈奴中郎將實行監護，愈後單于王長禮遇愈替，中郎將竟至逼迫、扣押及擅斬其單于。〔註 56〕東漢使匈奴中郎將對一個號稱統壹百蠻的匈奴單于尚且如此，則護羌校尉及邊郡守宰對不統一的諸種羌豪──即使也有王侯君長之號，更不必待言。

〔註56〕詳本書〈從漢匈關係的演變略論劉淵屠各集團復國的問題〉篇。

分析羌患原因及漢朝失措的種種問題當然有意義，〔註57〕但若不從這些處根本入手探討，將會失諸瑣碎。羌族大體尚處於較原始的氏族社會，民族自我意識不明顯，部落文化亦有缺點，遠不能與漢相比，較匈奴，鮮卑及羯族也為失色。他們雖然較早入居及散布於中國內郡，但是社會政治地位甚低，兩漢時始終未刻意吸收漢文化，起事時除了上述滇零政權稍稍摹倣漢規模及利用一二漢人力量之外，其餘百餘年間諸起事者，皆以臨時解仇詛盟方式作動員結集，是個別的，孤立的，斷續的，所以即使東漢國力東移，涼、并虛耗殘破，羌族也未能乘虛領先五胡，建立正式的王朝。東漢儒應劭之《風俗通》，說「羌本西戎卑賤者」，似乎頗能反映出漢人對羌人的看法。後來氐人苻堅罵姚萇，說「五胡次序，無汝羌名」，也是可以理解的。

六、捲入魏晉政局

東漢羌患百餘年，其大規模起事者約有五次。前四次皆以種羌為主，偶有雜胡參加，其中第二次（西元107～118年）的滇零政權，首次有極少數的漢人參加。基本上，此四次大起事，是與羌人反抗徵役貪暴及爭取生存空間此二因素有關，可算是東漢邊郡的種族矛盾與衝突的問題。種羌臨時結盟，沒有統一政府的經驗與組織能力，殆亦無征服統治的意思，實為其致敗之主因。先零羌為主的滇零政權，雖有君長校尉、長史司馬等官制組織，事實上恐怕只是粗略的政府組織。東漢羌人沒有漢化教育，如匈奴劉氏及鮮卑慕容氏般紀錄，也無石勒般在軍中聽讀經史的行事，故很難想像其政權有此三族政權之規模，因此也難以號召廣大漢人的參與。〔註58〕

至於第五次（184～214年），已在漢末魏初之間，雖是種羌起事，但也有湟中義從胡及頗多漢人參與，最後變由漢人主導，且涉入三國之爭，羌人始捲入中國政局，并且首次旁及氐人，故需略作分析。

《後漢書・西羌傳》最後記種羌起事云：

> （靈帝）中平元年（184），北地降羌先零種因黃巾大亂，乃與漢（湟）中羌、義從胡北宮伯玉等反，寇隴右。……（獻帝）興平元年（194），馮翊降羌反，寇諸縣，郭汜、樊稠擊破之，斬首數千級。

按馮翊降羌反時，獻帝已遷至長安（190年），關東諸侯割據相戰，而192年

〔註57〕詳參關氏前引文，及管東貴〈漢代處理羌族問題的辦法的檢討〉（《食貨月刊》復刊2-3，民國61年6月，頁129～153）。
〔註58〕前四次起事情況，詳馬長壽《氐與羌》，頁120～138。

王允、呂布誅董卓，卓將李傕、郭汜舉兵反攻，故馮翊羌亦乘機反，卻無預於中國政局。至於其十年前的北地先零羌、湟中羌及湟中義從胡等反，始與政局頗有關係。《後漢書・董卓列傳》云：

> 中平元年……冬，北地先零羌及枹罕、河關群盜反叛，遂共立湟中義從胡北宮伯玉、李文侯為將軍，殺護羌校尉泠徵。伯玉等乃劫致金城人邊章、韓遂，使專任軍政，共殺金城太守陳懿，攻燒州郡。
> 明年春，將數萬騎入寇三輔，侵逼陵園，托誅宦官為名。

是則北地先零羌與枹罕、河關群盜是此次起事的主體，湟中義從胡其次，然則前引文所稱湟中羌與此群盜有何關係？據〈卓傳〉注引《獻帝春秋》云：

> 涼州義從宋建、王國等反，詐金城郡，求見涼洲大人故新安令邊允（即邊章）、從事韓約（即韓遂），……國等便劫質約等數十人。金城亂，懿出，國等扶以到護羌營，殺之。

據此，可知「湟中羌」即〈西羌傳〉常見的「湟中義從羌」，也就是「涼州義從」。他們與湟中義從胡一般，殆皆隸屬於「護羌營」。是則宋建、王國等人疑非漢人，只是因反叛而被漢稱為群盜。他們可能是枹罕、河關而隸屬於護羌營的羌人，所以能聯合湟中義從胡殺害護羌校尉泠徵。

　　隴西郡是西羌先零種的重要分徙地，宋建、王國可能即其種或羌化漢人，故北地先零降羌——東羌，與之聯合起事。先零種是反漢主要種羌之一，他們這次起事結合了湟中義從胡，劫持了漢官吏以為助，殺死駐節於金城郡的護羌校尉和太守，自稱將軍，迺以「誅宦官為名」，作政治號召，所以能陸續吸引漢官吏如涼州刺史司馬馬騰等人參加；隊伍得以壯大到三十六部十多萬人。這是東漢羌患百餘年以來，首次有政治號召，涉入中國政局者。

　　此次羌、胡、漢聯合起事集團攻下金城郡後，由宋建坐鎮之。次攻漢陽郡，由王國以「合眾將軍」坐鎮之。但是數年之間，內部分裂兵變，領導權輾轉落入韓遂、馬騰之手。二世紀九十年代，二人由投降於董卓、李傕，最後投降於曹操，被收編為漢官。[註59] 羌、胡的主導權逐漸失去，轉變為韓、馬等漢將統領羌、胡，參與漢魏間軍閥的混戰，性質至是大異。

　　馬騰後與韓遂不協，更相戰爭，乃下隴據關中，曹操徵他入朝為衛尉，部曲由其子馬超統領。當時曹操注意力在關東的袁術、袁紹及呂布等，故對韓、馬二部採分化政策，維持關中勢力均衡之局面。西元 211 年（建安十六年），

〔註59〕詳馬長壽《氐與羌》，頁 141～144。

曹操既敗於赤壁，關東形勢暫無可為，遂欲會關中諸將西擊漢中的張魯，引起馬超、韓遂等疑忌，乃解仇聯合十部凡十萬眾，屯據潼關以拒曹。馬超有羌人血統，這種解仇結盟、盟解仇結原是羌人的部落文化，所以十部之眾也無異是烏合之眾，不堪曹軍之攻擊。《後漢書·董卓列傳》略記此役云：

> 十六年，……操擊破之，遂、超敗走，騰坐夷三族。超攻殺涼州刺史韋康，復據隴右。十九年，天水楊阜破超，超奔漢中，降劉備。韓遂走金城羌中，為其帳下所殺。初，隴西人宗（宋？）建在枹罕自稱「河首平漢王」，署置百官三十許年。曹操因遣夏侯淵擊建，斬之，涼州悉平。

按：邊章、北宮伯玉、李文侯等先為韓遂所殺，韓遂、馬騰又投降董卓、曹操等，是則羌、胡、漢以「誅宦官」為號召的性質已變，宋建可能即因此而回至隴西郡自稱「河首平漢王」。河首是羌地，「平漢」為政治號召，即羌族起事之種族純潔性可能由宋建維持下來，但亦已由「誅宦官」，改變為「平漢」了。反漢是諸種羌百餘年來起事的立場，其一貫性是不必懷疑的，只是韓、馬等漢人或羌、漢混血兒變質而已。至 214 年（建安十九年），第五次羌人而聯合胡、漢的大規模起事，至此可說被平定了，曹操擁有雍、涼之地，兩年後自稱魏王。

此次起事的平定，并不表示沒有後續的影響力。此影響力主要表現在魏、蜀相爭的戰略上，氐、羌成為配角，也就是連氐人也捲入了中國分裂內戰的漩渦了。

按馬氏為扶風茂陵（今陝西興平縣東北）人，至馬子碩曾為天水蘭干尉，失官留隴西，娶羌女而生馬騰，故為漢、羌混血兒。馬騰歸漢為征西將軍，「常屯汧隴之間」，即右扶風西部氐族核心地之一，這是馬騰、馬超父子與氐人有關係之始。馬騰後還屯槐里（今興平縣東南十里），封槐里侯。扶風有東羌部落，而馬騰所部亦有羌、胡，史稱騰「待士進賢，矜救民命，三輔甚安愛之」。〔註 60〕及至馬騰徵入為衛尉，超代領其部曲，亦得氐羌之心，馬超遂成為左右氐羌的戰略性人物，211 年韓、馬諸部被曹操擊敗，《三國志·馬超傳》云：

> 超走保諸戎，曹公追至安定，會北方有事，引軍東還。楊阜說曹公曰：「超有信、布之勇，甚得羌、胡心。若大軍還，不嚴為其備，隴上諸郡非國家之有也。」超果率諸戎以擊隴上郡縣，隴上郡縣皆應

〔註60〕詳《三國志·馬超傳》注引《典略》，卷三六，頁 945。

　　之。殺涼州刺史韋康，……康故吏民楊阜……等，合謀擊超，……
　　（超）乃奔漢中依張魯。魯不足以計事，內懷於邑，聞先主圍劉璋
　　於成都，密書請降。先主遣人迎超，超將兵徑到城下。城中震怖，
　　璋即稽首。

按馬超退至隴上之漢陽郡，「保諸戎」，諸戎究竟何所指？據《三國志・武帝
紀》建安十八年（213）十一月條，說「超在漢陽，復因羌、胡為害，氐王千
萬叛應超，屯興國」。是則超部除了當地羌、胡外，再加上前節所論之仇池百
頃氐王楊千萬部落也。楊氏為略陽氐，屬漢陽郡，建安中其大帥楊騰之子楊
駒始徙仇池，楊千萬乃駒之後，魏封百頃氐王，不知何故叛應馬超，率部北
至興國（甘肅秦安縣東北）。興國在略陽西北，長離川（今葫蘆河）左岸，故
應是返回故地附近以支援馬超。前引《魏略・西戎傳》，從馬超者尚有興國氐
王阿貴，阿貴與千萬各有部落萬餘。亦即千萬率部北上興國，與阿貴會合，
共同支持馬超。

　　又者，據《三國志・夏侯淵傳》，當馬超殺韋康時，淵督諸軍屯長安，往
救，「汧氐反」，淵軍被牽制，即是扶風之汧氐也響應馬超。同傳亦載「長離諸
羌」也多在韓、馬軍中。是則馬超所「保諸戎」，有興國氐、仇池氐、汧氐及
長離羌，號召力相當強，氐族首次捲入中國的內戰。

　　214年（建安十九年）馬超戰敗奔漢中，長離羌各還本種落，汧氐被平，
阿貴被屠滅，楊千萬逃奔馬超，餘部降於夏侯淵。〔註61〕是歲馬超捨棄張魯，
「從武都逃入氐中，轉奔往蜀」，〔註62〕使劉璋震怖而降劉備，可見超與羌、
氐關係之深，與其威勇之盛，曹操令他因疑而反是極其失策的。

　　劉先主對馬超極為器重，221年（蜀漢章武元年，魏文帝黃初二年），將
超由左將軍遷為驃騎將軍，領涼州牧，封侯，策文聲言「以君信著北土，威武
并昭，是以委任授君」，付以經略關隴，號召氐羌之責。〔註63〕雖然馬超於翌
年卒，但是蜀漢經略氐羌、進取關隴的戰略構想，則實因馬超開始施行，始終

〔註61〕分詳《三國志・武帝紀》建安十九年正月條（卷一，頁42），同書〈夏侯淵傳〉
　　　　（卷九，頁271）及〈徐晃傳〉（卷一七，頁528），《通鑑》同年月條（卷六
　　　　七，頁2125～2126）。
〔註62〕見《三國志・馬超傳》注引《典略》；卷三六，頁946。
〔註63〕劉備稱漢中王時，拜關羽為前將軍，超與張飛分為左、右將軍，黃忠為後將軍，
　　　　關羽曾以馬超非舊人，頗有不服之問（詳《三國志・關羽傳》，卷三六，頁940）。
　　　　其後稱帝，拜超為驃騎將軍，張飛為車騎將軍，仍然在張飛之右。可證先主對
　　　　馬超的器重，蓋欲以經略關隴也。策文見〈超傳〉，卷三六，頁946～947。

成為其既定的國家戰略。〔註64〕

　　相對於蜀漢對氐羌的號召力及國家戰略，曹魏的因應策略則顯然是較為被動的和退守的，約有三種措施：

　　大體上，曹魏對氐、羌、胡較放心不下，故不敢隨便徵用其人為兵或聯合其部落武力，對付蜀漢。曹魏對隴右、武都地區的氐羌，慘屬者用攻滅屠絕的手段，如建安十九年屠興國氐王阿貴部，二十年屠武都河池的興和氐王竇茂部。〔註65〕屠殺政策適足以失掉氐、羌之心，使武都、陰平二郡終為蜀有，而隴右羌、胡則常響應諸葛亮及姜維的北伐。

　　其次焉者是後勤徵調，即強徵氐羌服勞役與納糧畜，以支援魏軍對蜀漢作戰或防禦〔註66〕

　　再次者乃是遷徙氐羌（參表一及圖一），以遠離蜀漢的影響。諸羌在東漢已分布關中為東羌，不必贅論，但是此策關繫氐族由核心區東遷，影響關隴民族分布及戶口結構，以至伏下苻氏建立前秦的因子，故略析敘之。按氐人首次被徙是興國氐被攻滅，仇池氐楊千萬奔馬超入蜀之後，《魏略‧西戎傳》續云：

> 其（千萬）部落不能去，皆降。國家分徙前後兩端者，置扶風美陽，
> 今之安夷、撫夷二部護軍所典是也；其本守善，分留天水、南安界，
> 今之廣魏郡所守是也。……今雖都統於郡國，然自有王侯在其虛落
> 間。

千萬原有萬餘落，降者殆不在少數，可能也不僅只有仇池氏而已，響應馬超諸氐恐亦在其內，曹操將守善的部份分留在魏之天水、南安二郡地，即是東

〔註64〕蜀漢中期，諸葛亮執行此戰略，於建興七年降集氐、羌，興復武都、陰平二郡（參《三國志》本傳，卷三五，頁924）。其用天水人姜維，「維自以練西方風俗，兼負才武，欲誘諸羌胡以為羽翼，謂自隴以西可斷而有也」（詳《三國志‧本傳》，卷四四，頁1064）。亦即在諸葛亮光復氐核心區之二郡後，繼續向北推動，號召隴右諸羌雜胡，惜因後來費禕等疑忌姜維而頗抑之，使不能貫徹執行。

〔註65〕竇茂有眾萬餘人，恃險拒曹，事詳《三國志‧武帝紀》建安二十年三月及四月（卷一，頁45），及同書〈張郃傳〉（卷一七，頁525）。

〔註66〕如建安十年夏侯淵破走馬超、楊千萬，屠興國後，轉攻高平屠各，收其糧穀牛馬（見《三國志‧淵傳》，卷九，頁271），二十一年平隴右諸羌後，還擊武都羌於下辯，收氐穀十餘萬斛（同傳，頁271～272）。又如魏明帝太和五年（231）諸葛亮再出祁山，殺張郃，郭淮令羌、胡家使出穀，平其輸調，以支應軍食（《三國志‧淮傳》，卷二六，頁734）。又如齊王芳正始五年（244）曹爽攻蜀，氐羌轉輸不能供，牛馬騾驢多死，民夷號泣道路（《三國志‧曹真傳》，卷九，頁283）。

漢之漢陽及隴西二郡邊界，原也是氐地的地區，決非僅在魏之廣魏郡。〔註67〕
要之廣魏郡大體依東漢安定郡重劃，與天水、南安交界，皆原為氐地。亦即
武都仇池氐——原為略陽氐——安份守己的部落仍分留於此地區，其政治立
場有問題的則被逼東遷至扶風郡之美陽（今陝西扶風縣與武功縣之間）。降至
魏晉之間，分別隸屬安夷（治美陽）及撫夷（治淳化縣西北）二護軍。按護
軍原掌軍事督察權，至東漢則常於戰時置之，事畢即撤，地區護軍則秦漢所
無，是魏世司馬懿撫慰關中時所置，晉及五胡北朝因之，用以統異族。諸部
護軍以此安、撫二護軍為首創，如將軍般開府置吏。〔註68〕地區護軍是繼屬
國都尉制在魏晉新創的制度，後者是四夷各依本俗以屬於中國之制，政治意
義較重；前者則是逕直進行軍監，將所轄部落依戶口——中國管理法，實行
更徹底的軍事管理。大抵司馬懿與諸葛亮相峙於關隴，恐怕此批以武都氐為
主，而政治立場前後兩端的氐族受響應，故分置二護軍以作特殊管理。地區
護軍制的創始與仇池降氐有關，後來楊氏後人還居百頃，在四世紀末逕「分
諸四山氐羌為二十部護軍，各為鎮戍，不置郡縣」，或與其曾承受此制有關。
〔註69〕這是氐族繼西漢時遷至酒泉郡之祿福後，第二次遷出核心區，也是首
次東遷三輔的紀錄，與其參與中國內戰有關。

　　降至254年（蜀後主延熙十七年，魏高貴鄉公正元元年），姜維出隴西，
拔狄道、河關、臨洮三縣民於綿竹、繁縣，此地正是羌人核心區之一。翌年至
枹罕，大敗魏師於洮西而後撤退。當時司馬昭估計姜維攻羌，是「正欲了塞外
諸羌，為後年之資耳」。姜維確是欲解決隴西郡諸羌，以便以後出攻天水郡的。
〔註70〕然而司馬昭料敵精確，於255年維撤退後，實施戰後措施，「令所在郡
典農及安、撫二護軍各部大吏慰卹其（戰死者）門戶」，翌月又「以隴右四郡

〔註67〕魏之廣魏郡是西晉的略陽郡，轄地從東漢之安定郡重劃而置。
〔註68〕護軍原本職權演變，請參拙著〈試論都督制之淵源及早期發展〉（收入拙著《中
　　　古大軍制度緣起演變史論》上冊，新北市：花木蘭文化事業有公限公司，2019
　　　年3月）。嚴歸田師對魏晉此制有詳論，參其《魏晉南北朝地方行政制度》（中
　　　研院史語所專刊之四十五B，七十九年三版），頁817～835。然嚴師據《元和
　　　志》輯本《魏略》，懷疑撫夷護軍是否「典降氐」（見頁830），今據本文正文
　　　所引，知確典降氐也。
〔註69〕魏晉分置仇池氐為安夷、撫夷二護軍，楊氏子孫佛狗也曾被苻堅拜為撫夷護
　　　軍，至楊盛乃有二十部護軍之制，故云可能有關，事詳《宋書‧氐胡列傳》，
　　　卷九八，頁2403～2405。北《魏書‧氐》略同。
〔註70〕分詳《三國志‧蜀後主傳》延熙十七年六月條（卷三三，頁899），及《晉書‧
　　　文帝紀》（卷二，頁32～33）。

及金城連年受敵，或亡叛投賊，其親戚留在本土者不安，皆特赦之」，〔註71〕穩住了隴右氐羌的心理。顯示他曾徵調二護軍的氐人參與對蜀作戰，使不能反顧。要之，馬超在213～214年間之敗，使響應他的諸氐被逼由核心區東遷，分布於南安、天水、廣魏，以至扶風、馮翊三輔之地，此後仍成為蜀魏交相爭取利用的對象。

另外，氐人第二次更大規模的被徙，是在蜀、魏爭奪漢中之時。按215年（建安二十年）曹操取漢中而還，兩年後劉備進兵漢中，另遣張飛、馬超屯武都下辯，《三國志·楊阜傳》云：

> 張飛、馬超等從沮道趣下辯，而氐雷定等七部萬餘落反應之。太祖遣都護曹洪禦超等，超等退還。……及劉備取漢中以逼下辯，太祖以武都孤遠，欲移之，……前後徙民、氐，使居京兆、扶風、天水界者萬餘戶，徙郡小槐里。

是則曹操基於戰略考慮始徙武都氐，且置僑郡於三輔。稍後於219年（建安二十四年）曹、劉再爭漢中，曹軍敗退關中，《通鑑》建安二十四年（219）五月條云：

> 操恐劉備北取武都氐以逼關中，問雍州刺史張既。既曰：「可勸使北出就穀以避賊，前至者厚其寵賞，則先者知利，後必慕之」。操從之。
> 使既之武都，徙氐五萬餘落出居扶風、天水界。

曹操兩次皆基於戰略的考慮遷徙武都氐，數量在六、七萬戶落以上，可見規模之大。

降至240年（魏齊王芳正始元年，蜀後主延熙三年），郭淮追擊姜維至彊中（今地不詳），「遂討羌迷當等，按撫柔氐三千餘落，拔徙以實關中，〔註72〕殆為氐人第四次東遷，以下西晉未見氐族遷徙的紀錄。自是氐族與種羌，遂錯居於關隴諸郡之間，為五胡亂華之張本。

武都、陰平為魏蜀交接區，也是氐人核心區。此地區氐人因政治立場不同，也有分裂的情事發生。如馬超敗後，武都仇池氐楊千萬奔超入蜀，其部落則多降於曹魏，這或許多少與戰敗分散有關。至於218年（建安二十三年）劉備進兵漢中一度兵敗，陰平氐強端即斬蜀將吳蘭之首傳給曹操，〔註73〕首

〔註71〕見《三國志·高貴鄉公紀》正元二年，卷四，頁134。

〔註72〕詳《三國志·郭淮傳》，卷二六，頁735。

〔註73〕見《三國志·武帝紀》建安二十三年三月條，卷一，頁51。

鼠兩端。降至 235 年（魏明帝青龍三年，蜀後主建興十三年），諸葛亮既死，
強端乃與武都氐王苻雙，帥其部屬六千餘人降於魏。〔註74〕其實苻雙并非武
都氐王，而是武都氐王苻健之弟。雙與其兄政治立場不同，當苻健請降於蜀
時，雙不從，獨將四百戶與強端所部就魏；翌年其兄降蜀，後主「徙武都氐
王苻健及氐民四百餘戶於廣都」。〔註75〕苻雙與強端所部既然北降，被徙於
魏之何地則不詳。要之從史書可見的紀錄看，三國時代氐人已陸續北遷東徙，
至晉時如《魏略·西戎傳》所述，武都、陰平僅剩有萬餘落；而《宋書·氐
胡》則云，晉惠帝時，楊氏復還百頃，亦只部落四千家而已，可知氐族已大
量遷至關隴。

　　至於羌族，在魏世除了響應蜀軍北伐之外，也仍有反叛的紀錄。小者如
238 年（魏明帝景初二年，蜀後主延熙元年），燒當羌王芒中、注詣等叛，尋
被涼州刺史討平。〔註76〕較大者如 247 年（魏齊王芳正始八年，蜀延熙十
年），隴西、南安、金城、西平諸羌相結起事，且「南招蜀兵，涼州名胡治無
戴復叛應之」，後因姜維撤退，郭淮討平之，降者萬餘落。〔註77〕是則此次起
事，尚且是與蜀、胡呼應的。氐、羌界於魏、蜀相爭之間，其戰略地位可知。

　　降至西晉，由於上述歷史的發展，氐、羌已廣泛分布於關隴各郡，漸有合
流之趨勢，情勢乃漸異。此時期，東羌在關隴殆仍是各聚種落以居，而隸屬於
東羌校尉及所在郡縣；至於氐人除了隸屬於二護軍外，其分布於郡縣者，則有
成為晉朝編戶齊民的紀錄，如 277 年（武帝咸寧三年）汝陰王駿以討鮮卑樹機
能之功，改封扶風王，「以氐戶在國界者增封」，即是其例。〔註78〕

　　西晉邊郡常常有戰事，關隴亦然。在 280 年（太康元年）吳平前，以樹機
能為首，聯合關隴諸雜胡二十餘萬人以上，為時達十年，聲勢最大。〔註79〕此
次似無氐、羌大規模的捲入。及至 294 年至 299 年（惠帝元康四一九年）的起
事，則有大規模氐、羌參加，故略析論之。

　　294 年 5 月匈奴郝散反，攻上黨，同年 8 月即來降，卻被馮翊都尉殺害。

〔註74〕　見《晉書·宣帝紀》是年，卷一，頁 9。
〔註75〕　分詳《三國志·張嶷傳》（卷四三，頁 1051），及同書〈蜀後主傳〉建興十四
　　　　　年四月條（卷三三，頁 897）。
〔註76〕　見《三國志·明帝紀》是年八月，卷三，112。
〔註77〕　見《三國志·郭淮傳》，卷二六，頁 735。
〔註78〕　見《晉書·扶風王駿列傳》，卷三八，頁 1125。
〔註79〕　禿髮樹機能自泰始六年（二七〇）至咸寧五年（二七九）起事，事平後翌年中
　　　　　國統一。扶風王駿即是以降雜胡二十萬口之功而改封（見同上註）。

郝散殆為并州匈奴，故攻上黨，然後轉戰至關中，投降於馮翊。〔註80〕殺降是不義之舉，難邀人心，而當時趙王倫坐鎮關中，史稱其「刑賞失中，氐羌反叛」。〔註81〕按此次反事，發生於郝散死後兩年，由其弟郝度元發動，導致氐、羌亦反，《通鑑》惠帝元康六年（296）夏條，有綜合載述：

> 度元與馮翊‧北地馬蘭羌、盧水胡俱反，殺北地太守張損，敗馮翊太守歐陽建。征西大將軍趙王倫信用嬖人琅邪孫秀，與雍州刺史濟南解系爭軍事，更相表奏，歐陽建亦表倫罪惡。朝廷以倫撓亂關右，徵倫為車騎將軍。……系與其弟御史中丞結，皆表請誅秀以謝氐羌，（秀得免。）……秋八月，解系為郝度元所敗，秦雍氐、羌悉反，立氐帥齊萬年為帝。

趙王倫是八王之亂的重要禍首，其謀常出自孫秀，蓋孫秀教導司馬倫而致刑賞失中也。匈奴郝散被殺，其部可能仍在馮翊，由於倫之刑賞失中而起事，馬蘭羌及盧水胡皆是其附近種落，〔註82〕故能聯合行動，進攻北地與馮翊。大約氐、羌早已不滿孫秀，情緒不穩，馬蘭羌之反就是一種機兆，是以解系等力請誅秀以謝罪；其事不果，氐、羌遂繼匈奴郝氏而起事，且立豪帥齊萬年稱帝，以示反晉。

亂事由匈奴，而羌、而氐，由地方官吏措置失當，變成全面反晉朝，可以說是質變，也是入晉以後，氐、羌第一次造反，及有史以來首次氐、羌聯合起事。此次起事歷經五年，晉朝一再易帥，名將周處戰死，最後由孟觀擒獲齊萬年而結束。按安定、北地之間有撫夷護軍，齊萬年最後戰敗於扶風美陽之中亭，美陽為安夷護軍所在，此二護軍原以武都氐為主，其部落組織尚未解散。殆齊萬年為護軍所護某部落之豪帥，可能是前文提及的武都大豪齊鍾留之後裔，所部即其原部落，而兼號召其他氐、羌也。史稱其「眾數十萬」，〔註83〕周處進攻齊萬年梁山本部時，氐軍兵力七萬。〔註84〕梁山在扶風好時縣（今陝西乾縣東南），在撫夷、安夷之間，益證齊萬年以此二護軍之氐部為主力。據江統〈徙戎論〉所言，曹操當年遷徙武都氐於此，是基於「弱寇強

〔註80〕參《通鑑》元康四年八月胡注，卷八二，頁 2613。
〔註81〕參《晉書‧趙王倫列傳》，卷五九，頁 1598。
〔註82〕胡注「北地有馬蘭山，羌居其中，因為種落之名。又按：馬蘭山……時屬馮翊、北地二郡界也。盧水胡居安定界」（見《通鑑》該條，卷八二，頁 2615）。
〔註83〕見《晉書‧孟觀列傳》，卷六〇，頁 1634。
〔註84〕周處被逼以五千眾攻七萬眾，又無救兵，為其殉陣之因，詳《晉書》本傳，卷五八，頁 1571。

國，扦禦蜀虜」的戰略考慮的，不意經八十年後，他們從被統治中學到了統治技術，至晉反受其患。

齊萬年事件雖平，不過卻帶來了三個影響，即第一，略陽清水氐楊氏還仇池，為仇池建國的張本；第二，略陽部份氐人隨李氏流亡入蜀，建立成漢；第三，江統上〈徙戎論〉，代表部份晉人對民族與國防的意見。茲亦略論之。

關於楊氏，前面頗已論之，即他們家族自秦漢以來世豪隴右，至建安中楊騰乃為部落大帥，子駒始徙仇池，其後楊千萬魏拜百頃氐王，建安十八年叛應馬超，敗奔入蜀，而餘眾悉降夏侯淵，其後漸漸分散天水、南安界，部份政治立場不穩定者則遠徙入扶風美陽，以至分置入安夷、撫夷二護軍者。《宋書·氐胡》謂楊千萬子孫楊飛龍時漸強盛，晉武帝假為征西將軍，還居略陽，及至養子楊戊搜，「晉惠帝元康六年（296），避齊萬年之亂率部落四千家還保百頃，自號輔國將軍，右賢王，關中人士奔流者多依之」，為其世據仇池的開始。〔註85〕按楊千萬有萬餘落，降魏者不知若干，至養曾孫戊搜還保百頃時只有四千餘家，不但部落種人減少了，且由「落」而稱「家」，表示投降魏晉後此部份人曾經是中國的編戶齊民。齊萬年是年六月起事，楊戊搜同年十二月由略陽還保百頃，顯示他們此時不隸屬於二護軍，而不響應起事。齊萬年未得全氐族的支持可知。

第二關於李氏，原是巴賨，曹操於215年（建安二十年）取漢中，徙其人五百餘家於略陽。略陽為氐地，巴人遷此既久，可能氐化，故號為巴氐。因齊萬年反，關中擾亂，頻歲大飢，略陽、天水等六郡人民乃相率流入漢川，其中包括部份氐人如苻成、隗伯等族。他們數萬「家」十餘萬「口」於298年（元康八年）流入漢中，也應是魏晉的編戶齊民。〔註86〕其後復由漢中流入巴蜀起事，於304年（惠帝永興元年）建立成漢政權；同年稍後，匈奴劉淵亦起兵稱漢，揭開了「五胡亂華」之序幕。

至於〈徙戎論〉，江統上於299年—五胡亂華揭幕前五年，於齊萬年事平之際。其文甚著，故《晉書》卷五六本傳及《通鑑》元康九年正月全載之。江統的出發點，是基於國防安全與民族意識的。這種論點，東漢以來即有人曾提出。

〔註85〕此事《通鑑》繫於元康六年十二月，稱楊飛龍為千萬之孫（見卷八二，頁2616～1617），同於北《魏書·氐》所述。

〔註86〕詳《晉書·李特載記》。《通鑑》繫六郡巴氐及氐人等十餘萬人流入漢中於元康八年。

　　141 年（漢順帝永和六年），漢將馬賢與羌戰鬥敗亡，東、西羌首次大合，進攻三輔，名將皇甫規、張奐先後招撫，連年不能解決，降至桓帝，問計於護羌校尉段熲，段熲以為羌亂已逼使邊郡內遷，現今「安定、北地復至單危，自雲中、五原西至漢陽二千餘里，匈奴、種羌并擅其地，是為癰疽伏疾，留滯脅下，如不加誅，轉就滋大」。〔註 87〕由於種羌已分布於關隴內郡，中國無險可守，若有動亂，不能撫則只能選擇戰，段熲是主張以武力作徹底解決的將領，這是純粹從國防戰略角度思考的意見。

　　在戰爭期間，撫、戰之議猶未完全確定，段熲從實戰中，已體會到百年羌患，實為西漢以來羌戎內徙政策的遺患，尤其「今傍郡戶口單少，數為羌創毒，而欲令降徙與之雜居，是猶種枳棘於良田，養虺蛇於室內」。基於上述角度，加上此漢戶單少、漢羌雜居二戰略因素，所以他力主實行「絕其根本，不能使殖」的政策。〔註 88〕實行的結果雖然頗收上文提及的「谷靜山空」之效，但是種羌仍然散居關隴以至河東，未能徹底澄清。

　　及至匈奴劉猛起事（271～272，晉武帝太始七年～八年）──劉淵起事的前身，〔註 89〕郭欽因亂平，提出其〈徙胡論〉，指出「西北諸郡為戎居」的危險，建議移民實邊及徙胡。〔註 90〕

　　段熲針對的是種羌，郭欽針對的是匈奴，江統則普及於羌、氐、匈奴及高句麗。段、郭主要從國防安全考量，而江統則兼有更深沉的夷夏民族意識。他從上古以來傳統夷夏關係及四夷民族性開始分析，檢討兩漢種羌東遷內徙的政策效果，指出在此政策下華、夷雜處，種族矛盾，官吏失措等弊病，使「雍州之戎，常為國患；中世之寇，惟此為大」。另外，他又大力批評曹操對氐族「欲以弱寇強國，扞禦蜀虜」的戰略構想，認為只是「權宜之計，一時之勢，非所以為萬世之利也」，今者齊萬年起事已受其弊。其結論是因民族意識之不同，種族矛盾已存在，內郡無險可資防守等事實，認為氐羌未來仍會起事，是「必然之勢，已驗之事」，遂提出徙戎建議云：

　　　當今之宜，宜及兵威方盛，眾事未罷，徙馮翊、北地、新平、安定界內諸羌，著先零、罕开、析支之地；徙扶風、始平、京兆之氐，出還隴右，著陰平、武都之界。虜其道路之糧，令足自致，各附本種，

〔註 87〕詳《後漢書》本傳，卷六五，頁 2148。
〔註 88〕詳同上註，頁 2151。
〔註 89〕詳參本文註一所揭第一篇拙文。
〔註 90〕參《晉書‧北狄‧匈奴列傳》，卷九七，頁 2549。

　　反其舊土，使屬國、撫夷就集之。戎晉不雜，并得其所，……縱有

　　猾夏之心，風塵之警，絕遠中國，隔閡山河，雖為寇暴，所害不廣。

亦即趁新平齊萬平之亂，以兵威將種羌遷回河湟、析支，將氐族遷回武都、陰
平，使無境內暴動、本土作戰之虞。

　　按氐、羌在關隴起事，動輒影響中國的國家安全，除了上述江統析論的因
素外，尚與關隴地廣人稀、經濟力弱的因素有密切關係。秦、漢關中號稱天府
之國，在強幹弱枝、移民實邊的政策下，關中殷實，足以平服羌亂。及至王莽
之亂以後，關中殘破，國力東遷，天府美名已轉移至巴蜀。〔註91〕雖然種羌彼
起此落的起事——既不統一，亦不強大，但是縱舉關隴全力卻也不能對付之，
漢朝以故不得不從關東運兵輸糧，以資作戰，最後與之俱衰亡，實為東漢立國
形勢弱點的使然。〔註92〕以關中三輔為例，戶口的數據足以支持此形勢轉變的
解釋。

　　兩漢三輔轄地相差不大，西晉則京兆郡劃出部份而置上洛郡，馮翊在轄
內析置北地郡，扶風析置新平郡及始平郡，今依兩漢及晉〈地志〉所載戶數
統計如下：〔註93〕

　　西元 2 年（西漢平帝元始二年）：647,180

　　西元 140 年（東漢順帝永和五年）：107,741

　　西元 280 年（西晉武帝太康元年）：111,000

　　亦即西漢到東漢約一百四十年間，三輔地區戶數減少了 83.3%，而由此
至西晉亦一百四十年，戶數成長大約停滯，未見顯著起色。西漢至東漢之口
數，亦由 2,436,360 人減為 523,859 人，減少了 78.5%；據戶數大約停滯的情
況看，西晉三輔地區的口數大概也難有起色。〔註94〕大體西漢京兆府每平方
公里戶密度有 22.2，東漢則劇減為 3.33，而西晉京兆戶密度再度下降為 3.2，
其東南析置的上洛則更降至 2.0；馮翊在西漢有 9.8，東漢劇降為 1.44，西晉
復劇降為 0.5，其西部析置的北地郡則為 1.2；至於扶風在西漢有 9.4，東漢
劇降為 0.68，西晉則為 2.7，其析置的新平郡為 0.3，始平郡為 2.2。〔註95〕

〔註91〕參袁庭棟《巴蜀文化》，（遼寧教育出版社，1991 年 7 月一刷），頁 29～40。
〔註92〕參錢賓四師《國史大綱》（台北：台灣商務，民國 72 年修訂十版），頁 156～157。
〔註93〕西晉部份加入新平、始平、北地，上洛四郡戶數，作為三輔地區的總戶數。
〔註94〕《晉書・地理志》但有戶數，無口數。
〔註95〕參楊遠《西漢至北宋中國經濟文化之南向發展》（臺灣：臺灣商務，民國 80 年）
　　　　的表二之一，表二之五及表二之十一。

由此可知，東漢及西晉三輔地區的戶口，僅及西漢的百分之一、二十，則「戶口單少」確是實情。

薄弱的華人戶口，在國防戰略上原就是潛伏的危機，相對的氐、羌種落分布三輔，江統評估「關中之人百餘萬口，率其少多，戎狄居半」，亦即西晉約五十餘萬華人之外，雜處的氐羌胡亦有五十餘萬；如前論順帝時諸種羌兵力合可二十萬，而氐齊萬年有眾數十萬，是則危機更大。至於隴右諸郡原為氐羌居地，華人益少，更不遑待論了。

西北諸郡民族暨人口結構如此，有種族之矛盾，無障塞之阻隔，在國防安全上已成為中國長期的問題地區，東漢時期不少羌事只是由細小的事情激發出來，終成羌、漢戰禍的。江統或許略帶民族偏見，但是揆諸段熲、郭欽以來的意見，其分析與建議仍然不無道理。

氐、羌東遷已久，逼使他們回遷決非易事，而且也不太合理，郭欽、江統之說所以未被晉朝採用。晉朝一旦政治發生問題，氐、羌仍會隨時起事。賈后干政、八王之亂，就是導致五胡先後大起的時機，只是由 304 年劉淵起兵，要至 351 年苻健建秦，凡半個世紀之中，氐、羌以附從胡、羯的方式攻擊中國，其後才是獨立建國罷了。

七、結　論

氐與羌屬於漢藏語系民族，在上古皆被視為西戎，中古氐族及部份羌族則被列為西南夷，其實他們是兩個民族。氐族的核心區在隴南山地地區，大約在 105°E－106.5°E / 32°N－35°N 之間，其地在漢包括了廣漢北部都尉（東漢廣漢屬國）、武都郡、天水郡南部、隴西郡東南角及扶風郡西北角，分屬於益、涼及司隸三州。似乎因廣漢北部都尉和武都郡氐人種落最多，故兩漢遂將其族列入益部的西南夷系統。

羌族分布地遠較氐為大，大抵沿阿爾金山——祁連山山地東南延至蘭州附近（約 103°E），并約以 103°E 為軸，自北而南包括金城郡、隴西郡西半、武都郡及廣漢北部都尉之西邊、廣漢郡和蜀郡之間，以至越巂郡、益州郡諸郡地及其西方徼外，大抵甘南山地及青康高原皆為羌族分布地，兩漢羌患以河湟為主，金城郡即其核心區。

氐族居住於陵阪山地的地形，隴山即是此種地形的典型，秦漢（可能秦以來）人稱陵阪為坻，并用以命名住在此種地形的民族，故氐族即謂住在陵坻高山山地的民族。羌族分布甘南山地及高原山地，以遊牧為主，漢人稱羌即謂其

為牧羊人。

　　氐、羌大體都以種落形態生活，可能與其居住於峻山深谷的地理因素有關。羌族殆為以血緣為紐帶的較原始氏族社會，一種有一個酋豪，統領其種人盧落射獵遊牧；及至其後裔繁眾，山谷不能容納，又分析其種人別居他谷，所以有種羌之稱。河湟羌之爰劍種，約自西元前五世紀繁衍分析，至兩漢已有一百五十種之多，由湟中順著黃河、賜支河曲以至河首，蔓延分散於兩岸廣大地方，可見其例。這種地理及天候條件，造成其種落不能團結統一，甚至因交通不良而常互相結仇抄暴的風俗文化；相對的，漢朝也不易對他們征服驅逐。

　　基本上，青康高原山谷之間，千年以來散布著許多大大小小的羌人種落，原始的氏族社會內沒有法律、文字及層級組織。他們以狩獵遊牧為生，尚力好戰，堅忍耐苦，較強大的種落領袖為大豪或大帥，一般為酋豪，弱小者為附落，始終未發展至部落聯盟階段，可能連部落階段也未臻至或發達。氐族大抵也是如此，只是兩漢漸漸已用地名稱其種，如白馬氐、湔氐、故氐、武都氐、陰平氐等，可能此時已進展至地方性的部落階段，但也未見部落聯盟的出現。

　　秦漢稱阿爾金——祁連山山地種羌為南羌或南山羌，稱河湟羌為西羌，其後漢朝內遷西羌諸種落於關隴三輔以至河東、上黨，則稱之為東羌。其實種羌因分布廣闊，地理氣候條件差異，故生活文化頗有不同。約以青海湖為中心，南羌及湖西區諸種羌的種植及畜牧物種，與湖南、湖東區頗不同；而湖東的西羌及西羌內遷的東羌，田畜則較為進步，可能與接近氐族，或與漢人之羌屯有關。披髮，行收繼婚，住盧帳，射獵、種麥、養羊，始為各區種羌的共同傳統文化。西羌田畜生產方式發展較早較優，與地接漢、氐有關。而氐族在地理位置上，渭北部份（汧隴氐）接近西漢的政經文化中心。渭南部份（武都氐）則接近號稱天府的巴蜀，所以較羌族更易接觸及吸收漢文化。他們與漢人般定住於板屋，能種麥、穀、麻田，能織布、養豬，編髮，有自己的語言，農閒時入蜀為傭以增加經濟收入，因而也能漢語，甚至有中國姓氏（如齊、楊、竇、苻等），所以早期文化雖頗受羌、漢雙重影響，但經兩漢即多受漢文化影響，降至南北朝，其語言、書疏、婚姻、耕織皆已漢化，如同中國內地了。

　　氐、羌二族在與漢文化接觸、吸收、同化或互相涵化的過程中，羌族遙遙落後於氐，也就難怪漢人視羌人為西戎之卑賤者，甚至連氐人苻堅也斥羌人姚萇，謂五胡次序，無汝羌名了。

由於氐、羌社會政治始終未進展至部落聯盟或國家形式，故除了特殊情況外，中國皆承認其酋豪的地位，給予邑長、邑君、君長之封拜，將之列入羈縻或屬國體系。大抵君長位比郡，而邑君、邑長比縣，所以司馬遷說氐人君長以什數，在天朝體制中，其政治地位實不甚高，遠不能與匈奴及東胡的部落長封王封侯者相比。中國與氐、羌的關係，大體與氐是較和平的，與羌則常是緊張的及戰爭。

氐人較早漢化，其地在長城之內，沒有強大的國際奧援，故對兩漢不構成國防安全的危機。西漢時武都氐頗有起事，對漢朝而言或許只是境內少數民族的問題，可以輕易以武力解決之，以遷徙消除之；當時氐人無文書史記，故是否存在著嚴重的種族矛盾或大漢沙文主義，不得而知。及至漢末軍閥內戰，對爭取氐人皆甚重視，所以漢魏間氐豪乃有王者之封號，如百頃氐王、興國氐王、興和氐王便是，政治地位似較前提高了。

至於羌人則不然，秦長城臨洮段將種羌排出塞外，故羌、秦關係如同外國。及至匈奴冒頓單于崛起，臣服諸羌，則國際上只是匈、漢關係，而無羌、漢關係；羌人依違兩大，或服屬匈奴，或降附漢朝。西元前二世紀末，漢武帝撻伐匈奴，開通西域，因而連帶地西逐諸羌，成為影響種羌生存空間的關鍵。自此以後，西漢實施護羌體制以保護武裝移殖，因而羌、漢衝突更嚴重。羌人為爭取生存空間而返還故地，則不得不聯合匈奴力量，漢朝疑忌者也在此，於是羌人的爭取舊有生存空間問題，遂常變成漢朝的國防安全問題，以及漢、匈國際問題，衝突益大。西元前一世紀八十年代昭帝以後，漢在河湟地區建立金城郡，貫徹武裝殖民的決心，以戰爭，刺殺、軍屯及徵用羌、胡兵力參戰（以夷制夷）等方式行之，加上同世紀五十年代匈奴向漢稱臣，羌人失此奧援，因而力量大衰，或西撤青海湖附近，或入漢內附，問題尚未圓滿解決，反而更複雜了。隴右移民原多關東貧戶及邊緣戶，及至王莽以青海湖附近置西海郡，無異為囚犯集中營，益增湖東區社會政治的複雜性，此下邊郡吏治，種族矛盾與衝突，也成為羌、漢關係上的嚴重問題，在東漢常是二族戰爭的導火線，使河湟關隴成為中國的火藥庫。

漢朝利用種羌部落文化的弱點——種落離析、自我分化、互相仇殺，而控制之討伐之，在與匈奴競爭時及要討平羌人大規起事時，不惜以王、侯籠絡羌豪；又漢朝創置護羌校尉，先後置金城、廣漢、犍為等屬國都尉，以實行監護種羌，此皆與對氐的政治態度和待遇不同。大抵兩漢重視羌大於氐，而魏晉重

視氏大於羌，蓋魏晉時氏人已因吸收較多漢文化以及戰略關係遷布於關隴三輔，乘種羌衰敗之餘而代之為關隴主角之故也。

　　東漢撻伐西羌，將其降附種落東遷為東羌，東羌因上述因素也常起事，因力不及漢而經常落敗，致使衰弱。最後一次──第五次──大規模起事，在漢末魏初發生，事連胡、漢，最後將氏人亦捲入，使蜀、魏相爭，競相爭奪氏人以為戰略資源。氏、羌有史以來首次合流，厥以此為最早紀錄；西晉齊萬年起事，乃是第二次大規模合作了。氏人之所以取得關隴起事的主流性地位，與曹操以來遷徙政策有關。氏人在此政策下被徵役動員，不斷遷徙，情況正與東漢內遷種羌相同。最重要的是，對內遷氏族創建護軍制度，以作軍監支配，使能較集中，故關隴起事主力遂轉移在此。當江統〈徙戎論〉提出時，關隴民族的複雜性及戶口結構，已構成中國的國防安全危機。氏族的被逼遷徙及護軍管理情況，只是中國自設火藥引而已，而引爆權卻不在中國。

　　東漢時羌豪滇零曾是唯一羌亂中稱天子、建體制者，西晉時齊萬年於氏族起事歷史中亦然，但是皆由於本無統一政府經驗，部眾複雜，漢化程度尚未高度，也不懂得號召華人大規模參與，終至失敗。羌人的失敗需經甚長時期，始能在姚氏時建立唯一的中原羌族後秦政權。氏人則約經半世紀後即創建前秦，此前則有楊氏仇池政權的割立，并參預巴氏成漢政權的產生；此後仇池政權仍以易名方式存在，而氏人呂氏則在河西建立後涼。在五胡史上，氏、羌雖然較早入居中國塞內，但是漢化速度及程度不及匈奴、鮮卑慕容氏，乃至羯族，故未能領先群胡建立正式王朝；其中羌又落後於氏，所以氏族能內遷較晚，而建國卻較早且較多。羌人為何只建過後秦一朝，此在其歷史文化的發展過程中，大約可以找到一些答案。

表一　氏羌重要內徙

時　　間	種族	酋豪	部眾	性質	內　遷　地	備　　註
前156～151年漢景帝時	研種	留何		求入守塞	隴西郡之狄道、安故、臨洮、氏道、羌道五縣	《後漢書·西羌傳》
前108年武帝元封元年	河池氏			反叛	酒泉郡祿福（東漢福祿）縣	西漢唯一一次遷氏紀錄，見《後漢書·西南夷·白馬氏》
前60年宣帝神爵二年	先零種煎鞏種等			降徙	破羌、允街二縣	為之置金城屬國，《漢書·趙充傳》

9～23年王莽末	燒當種	滇良		還返	西海郡、金城郡、隴西郡等地	《後漢書‧西羌傳》及〈馬援傳〉
35年光武建武十三年	先零種		數千人	降徙	天水郡、隴西郡、扶風郡	始內遷三輔,《後漢書‧光武紀》〈西羌傳〉及〈馬援傳〉
58年明帝永平元年	燒當種	滇吾	七千人	降徙	三輔,餘部在兩年間陸續入降,居塞內地不詳	《後漢書‧西羌傳》
77年章帝建初二年	三輔降羌				河東郡	袁宏《後漢紀》
101年和帝永元十三年	燒當種	迷唐	六千餘人	降徙	漢陽郡、安定郡、隴西郡	《後漢書‧西羌傳》
214年獻帝建安十九年	仇池氐	楊千萬	少於萬餘落	降徙	守善者留天水、南安界,不穩定者遷扶風郡之美陽縣	氐始入三輔,《魏略‧西戎傳》
217年建安二十二年	武都氐		萬餘戶	避蜀	天水郡、扶風郡、京兆府	徙治小槐里,《三國志‧楊阜傳》
219年建安二十四年	武都氐		五萬餘落	避蜀	天水郡、扶風郡	《通鑑》
235年魏明帝青龍三年	陰平氐、武都氐	強端、苻雙	六千餘人	降附	略陽郡	《晉書‧宣帝紀》,陳連慶前引書〈強氐〉條
240年魏齊王芳正始元年	柔氐		三千餘人	掠徙	關中	《三國志‧郭淮傳》

《國立中正大學學報》第6卷第1期,1995年。

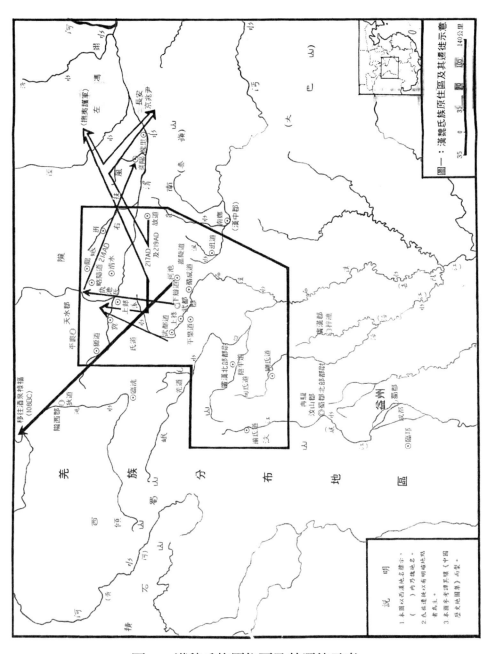

圖一　漢魏氐族原住區及其遷徙示意

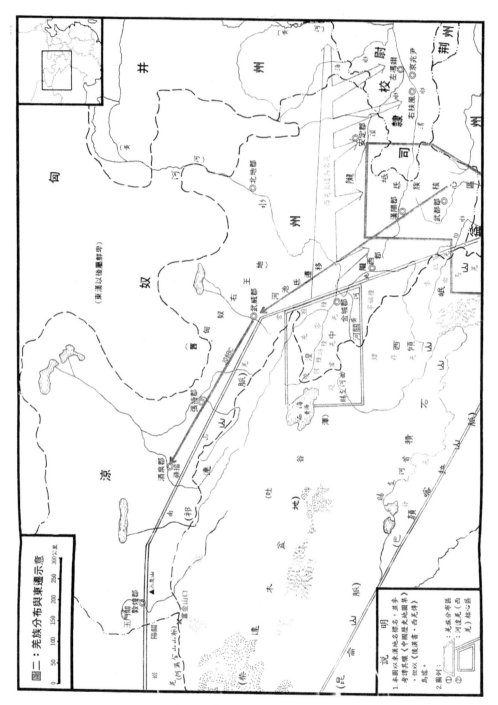

圖二　羌族分布與東遷示意

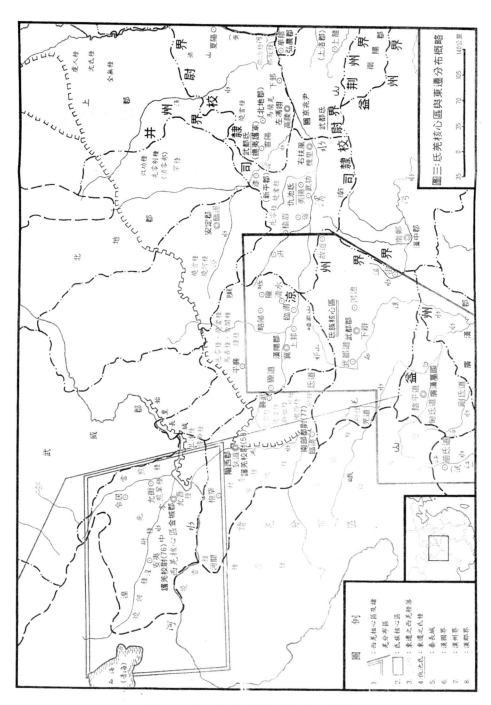

圖三　氐羌核心區與東遷分布概略

漢趙時期氐羌的東遷與返還建國

提　要

　　本文討論氐、羌在前後二趙期間，如何從關隴被強徙至山東，從而在此漢文化精華區學習，吸收統治方法與經驗，提昇其部落文化水準。後趙崩亡，氐族率先西還關中，朝德治主義方向，以單一漢式王朝為體制，建立了前秦。

　　上述國策雖然明確，但符秦仍保有部族聯合體的本質，氐族豪貴大臣只想維持其部族政權，觀念的差距使他們的統治階層關係緊張，以至於屠殺兵變屢起，最後造成符堅的崛起，將北方帶入一個新局面。

一、前　言

　　探討前、後秦的政治，必須先疏通其種族與歷史文化，然後始能瞭解其古今之變，進而檢討其政治得失諸問題。筆者前曾發表〈氐羌種姓文化及其與秦漢魏晉的關係〉，[註 1] 今欲將〈漢趙時期氐羌的東遷與返還建國〉、〈前後秦的文化、國體、政策與其興亡關係〉二文繼踵發表，即為完成此系列探索。

　　氐羌二族與胡羯鮮卑不同，他們分布於河隴以至青康高原一帶，原處於氏族較原始，生產較落後的狀態。由於秦漢西進政策，他們不斷被漢族征服與強逼東遷，至魏晉已經改變了關中人口結構，構成了中國國家安全的危機，故有〈徙戎論〉的出現。二族因東遷而有合流的趨勢，也有學習漢人組織而發動規模較大的起事跡象，然而卻未見普遍漢化與結合漢族知識階層的現象，故始終未能建立進步的國家形式，淪為中國境內少數民族暴動的性質，也因此有時成為西北雜胡起事的配角。

　　本篇探討的重點，即在繼續上述的研究基礎，進而討論氐羌二族在漢（前、後）趙時期的動態和角色，兼及氐族的早期建國構想、結構與體制。為避免正統問題的糾纏及整齊各國族年代，本人一概用西元紀年（如 304 年），而月份則仍當時之舊（如十月）。

二、漢趙時期氐羌的動態與角色

　　一般以西元 304 年，（晉惠帝永興元年）十月，李雄即成都王、劉淵即漢王之時，為五胡亂華的關鍵，而李雄稱王且稍早於劉淵。事實上，根據前篇筆者之研究，巴氏由略陽流入成都，與 294 年匈奴郝散在山西之起事有關，故匈奴與氐族應為五胡亂華的共同首要。郝氏由於不旋踵而亡，并未稱帝建政，而氐人齊萬年則領導秦、雍氐羌繼而起事稱帝，雖亦不旋踵而亡，但是卻影響了氐酋楊茂搜率領部落還保百頃，建立以後的仇池國，并且影響巴氏流入四川，建立以後的成漢王朝。據此而論，氐族始是五胡亂華的第一首要，只因楊氏和李氏皆是偏據西南，未及匈奴劉氏般在中原發生影響，所以史家對二部持評遂輕重有異。

　　304 年以後，五胡之亂的主導權乃以匈奴屠各種及其別部羯種為主，先後建立了漢（前趙）及後趙。當此之時，正北的鮮卑拓跋氏已壯大，協助并州劉琨對付劉淵；東北的鮮卑段氏則協助幽州王浚，更東的鮮卑慕容氏則佔據遼

[註 1]　此篇已收入本書，即本文的前一篇。

河，陽稱勤王而實行獨立；至於關隴的氐、羌，則依違於晉、趙之間，成為變動的配角。〔註2〕

　　大體上，懷愍二帝時，關隴氐羌是支持晉室的，所以劉曜首次於311年攻陷長安，降南陽王模，及於316年第二次陷長安執愍帝期間，皆不能有效控制關隴。

　　懷、愍二帝蒙塵，象徵西晉之結束，這時匈奴的國號為漢。漢的國策是經營平陽、河東二郡為其核心區，分將向東徇略洛陽等地，向西徇略長安等地。此期間東征的石勒已經坐大，漢主劉聰於314年拜他為大都督陝東諸軍事・驃騎大將軍・東單于，又於翌年進勒為陝東伯，授予專征及拜置權。此舉象徵漢已不能有效統治石勒所屬的山東廣大地區，其有效統治區實際上只有平陽核心區及以長安為主的關中區，所部人民以胡晉氐羌為主。

　　299年（晉惠帝元康九年）江統上〈徙戎論〉，說「關中之人，百餘萬口，率其少多，戎狄居半」，前篇對此已作分析。自從永嘉（307～312年）之亂以來，關中饑荒疾癘，治安極差，諸郡「白骨蔽野，百無一存」。〔註3〕在這種情況下，關中出現了「流人」（即流民，避唐太宗諱），民族分布情態也略有變動。

　　首先，劉曜於311年陷長安時，三輔北部區以安定太守賈疋為首，與「諸氐、羌皆送質任」於曜。〔註4〕稍後賈疋聚眾十萬與曜相攻，奉秦王為皇太子，此即後來的愍帝。賈疋所部有瀘水胡及氐，攻至雍城時，「關中戎、晉莫不響應」，〔註5〕於是劉曜東退。安定郡及上郡各有氐、羌十餘萬人以上，《晉書・劉曜載記》述之甚明。

　　根據〈徙戎論〉所述，關中氐族初時分布於扶風、始平、京兆三郡——即長安以西沿渭水北岸一帶，又據拙文前篇所論，撫夷、安夷二護軍也以監護氐族為主，至此則已向北分布至安定及上郡。〈劉元海載記〉述劉淵攻下核心區時，「上郡四部鮮卑陸逐延、氐酋大單（于）徵⋯⋯及石勒并相次降之」。此酋

〔註2〕關中羌戎曾於309年（永嘉三年）七月一度起事，但不是由氐羌自主自發的，而是由平陽人劉芒蕩「詿誘」以起，於馬蘭山稱帝，同年九月即為鎮守長安的南陽王模所滅，此下至劉曜入主關中皆未見起事。詳《晉書・孝懷帝紀》（本文所引正史皆據台北：鼎文書局新校本）及《通鑑・晉懷帝》（台北：宏業書局新校本）該年月條。

〔註3〕參《晉書》卷三七〈南陽王模列傳〉（頁1097）及卷六〇〈賈疋列傳〉（頁1652）。

〔註4〕參《晉書・劉聰載記》，卷一〇二，頁2659。

〔註5〕參《晉書・賈疋列傳》（卷六〇，頁1652～1653）及〈劉聰載記〉（卷一〇二，頁2660）。

大單徵即淵后單氏之父，當時居住於上郡。由此可以證知，上郡氏族一些部落東向投降劉淵，一部份留下來與其他關中之氏羌，則是擁晉而抗漢的。

其次，關隴氏族以楊氏部落為主者，為避齊萬年之亂南還百頃建立仇池國，但是隴山以西秦州大部份地區諸氏，仍然是擁晉及反漢之力量。〔註6〕部份氏族甚至離開隴南山地核心區，西遷至涼州的河湟原西羌核心區一帶，成為前涼張氏抗拒漢趙重要的兵力來源，張氏後來向劉曜稱藩，被署為都督隴右西域雜夷匈奴諸軍事、護氐羌校尉等官，即因此故。〔註7〕

復次，當氏族慢慢因屠各起事而向關隴各地四散分布開來，漸與諸羌雜錯，并互相呼應反抗漢趙之時，關隴復有黃石屠各及巴族，也成為反趙力量。319 年劉曜遷都長安，推行關中本位化政策（詳後），是年黃石屠各路松多兵附於南陽王司馬保，「秦隴氏羌多歸之」。翌年初被平定，司馬保亦因內變被殺，晉朝殘存力量結束；然而於同年六月，巴酋句渠知復起兵稱「大秦」，年號「平趙」，「四山羌、氐、巴、羯應之者三十餘萬，關中大亂」。〔註8〕

羌族自東漢以來即不斷東遷，分布於關隴各郡以至河東。氐族在魏時東遷關中，至此亦向北分布至安定和上郡，向西分布至涼州河湟。巴由四川遷至關中，一部份避齊萬年之亂而還成都建立成漢，一部份仍留在關中。匈奴黃石屠各在隴右，盧水胡在關中，鮮卑此時亦已遊入上郡，乃至如吐谷渾氏甚至遊入隴右以至甘松之地。可見西晉漢趙時期，關隴晉人與各少數民族的結構相當複雜，但是大體皆反抗并州屠各所建立之漢趙。

劉淵與劉聰父子所建的漢朝時期（304～318 年），關隴不是其政權的核心區，劉曜鎮守長安大抵只能控制關中三輔地區，諸族被征服後也常僅是要送質任的形式臣服，未見大規模東遷，故關隴民族與政情是極不穩定的。這時平陽核心區卻有大量的巴、氐、羌諸族，構成其核心區的重要成份，其情況值得留意。

按 304 年劉淵起事的指導理論是「復呼韓邪之業」，故是「興邦復業」的復國運動，所以接受五部擁戴而為大單于。同年十月，劉淵調整理論為兼

〔註6〕南陽王模之子司馬保在模降曜後，擁有全秦州之地，得隴右氏羌支持抗漢（參《晉書·南陽王模列傳》，卷三七，頁 1097），後來被曜所滅，其將陳安復據上邽反，西州氐羌從者十餘萬（參〈劉曜載記〉，卷一〇三，頁 2691～2692）。

〔註7〕詳《晉書》卷八六〈張軌列傳〉及〈劉曜載記〉（卷一〇三，頁 2695）。

〔註8〕詳同上〈劉曜載記〉（頁 2685～2686）及《通鑑》晉元帝太興二年至三年條（卷九一，頁 2875 及 2879～2881）。

繼漢祧，故以大單于兼為漢王，以號召胡、晉。一人而兼兩系元首，筆著稱之為雙兼君主型一個兩制，用以適應其政權的胡漢二重性。及至 308 年（晉懷帝永嘉二年，漢元熙五年），劉淵自稱漢皇帝。皇帝位號古無兼職之例，是以在 310 年（晉永嘉四年，漢河瑞二年）劉淵死前，置「單于臺」於平陽西，以楚王聰為大司馬・大單于，劉曜、喬智明各以軍職兼為單于左、右輔，此即河瑞體制。河瑞體制採一君兩制型的一國兩制，皇帝之下以尚書臺漢式制度處理中國事務，以單于臺胡式制度管理胡夷；亦即將單于臺政廳化，不再作為胡夷的元首位號。劉聰繼位後，復於 314 年（晉愍帝建興二年，漢嘉平四年）在核心區進一步改革整頓，將漢族以萬戶為一單位而置內史，凡四十三內史，分屬於左、右司隸；非漢族系亦以萬落為單位而置都尉，凡六夷二十萬落，分屬於單于左、右輔，此即嘉平體制。嘉平體制其實是固本——強化核心區胡漢統治組織——政策下的匈奴本位化體制，核心區內的巴、氐、羌被納入六夷部落，分隸於左右輔及都尉統領。〔註9〕由此可見，漢趙平陽核心區的巴氐羌，其統治形式與關隴巴氐羌分送質任的形式，是有所不同的。

　　劉曜兩次進攻關中，未見將巴氐羌東遷的記錄，是則平陽核心區的巴氐羌，應是接受劉淵父子之號召及募賞而來的，前述上郡氐酋單徵即為一例。平陽北面的西河及南面的河東，在兩漢時就有羌族部落來遷，他們有些部落原本就是匈奴的舊部，〔註10〕其地既已成為核心區，故仍被其統治。只有巴族，其來源則不甚詳。

　　核心區的巴氐羌以六夷性質納入單于體系，而劉聰即帝位後的大單于遺缺，則是由單后之嫡子劉乂以皇太弟・大司徒身份兼領。劉乂是胡、氐混血兒，是劉聰之弟而非其子，這就造成了日後聰子劉粲奪嫡政變的理由與原因。

　　單徵投靠劉淵，其女成為皇后，淵死後單后為劉聰所烝，而以劉乂為皇太弟領大單于，可說是胡、氐二族結合共享漢政權最密切的時期。大單于統領六夷，劉乂復有皇太弟身份，當時有「二尊」之稱，這是離間得入、政變得成的政治因素。〔註11〕據《晉書・劉聰載記》所述，317 年劉粲發動政變，先遣靳準等收氐、羌酋長十餘人，酷刑逼其自誣與劉乂謀逆，廢乂為北部王，并殺東宮官屬與士眾萬餘人，造成「氐、羌叛者十餘萬落」。嘉平體制下六夷有二十

〔註9〕請詳本書〈漢趙國策及其一國兩制下的單于體制〉篇。
〔註10〕詳馬長壽《氐與羌》（上海人民出版社，1984 年），頁 103～106。
〔註11〕參《晉書・劉聰載記》，卷一〇二，頁 2669～2671。

萬落，而氐羌即佔有十餘萬落之多，可證氐羌乃平陽核心區單于體系下最重要的基礎，是支撐政權的重要力量，而且與東宮關係密切。劉乂是氐羌二族與匈奴政權結合的象徵，此次政變則是其政權瓦解的開始，二族乃至巴族，不再支持劉粲及稍後兵變自立的靳準政權，故當翌年劉曜從關中、石勒從山東共赴國難討伐靳準之時，羌、羯第一次投降於石勒的就有四萬餘落，第二次更有巴及諸羌、羯降者十餘萬落，并被石勒徙至司州諸縣。〔註12〕也就是起碼有十五萬落以上投降給石勒，而不歸向劉曜。值得注意的是，兩次投降皆不包括氐族，可能核心區的氐族部落已因劉乂事件而被誅鋤族滅或逃散。

平陽六夷二十萬落，有三分之二以上投降給石勒之時，其實劉曜在稍早前——318 年十月——已宣佈即皇帝位，改元光初。核心區部落絕大部份不歸向他，尤其他們的種落成份是巴與羌，這對他日後統治關隴巴氐羌是一項警訊。又劉淵起事前，并州五部匈奴約有三萬餘落二十一萬人左右，〔註13〕經長年征戰折損，故核心區匈奴部落不應能維持此數，巴羌羯投降後，石勒進攻平陽，〈石勒載記〉說「枕尸二里」，〈劉曜載記〉則記平陽士女只有萬五千人奔歸劉曜，是則核心區匈奴部眾幾已全殲。劉曜政權主要力量不是本自匈奴，這是對其極為不利的發展。

平陽之役是漢分裂為前、後二趙的關鍵，劉曜退還關中，徙都長安，宣布以水承晉金行，國號曰趙，開創五胡政權之單一漢式王朝體制，并放棄兼祧胡、漢的指導理論，直以冒頓配天、劉淵配上帝。數月之後，石勒拒絕劉曜之拜封，於襄國自稱大將軍・大單于・趙王，此即後趙。

尋劉曜之意，蓋曜自以繼承劉淵及劉聰之正統自居，但是他其實只能控制晉人較集中的長安之地，而關中民族複雜，屠各、羯、巴、氐、羌情勢不穩定；至於潼關以東多為石勒所有，晉王司馬保則仍然控有秦州隴右之地，其西更另有前涼張氏，其南則另有仇池楊氏。因此，他欲改變國策，以承晉稱趙對晉人作號召，以單祧匈奴作六夷號召。但是，石勒跟進稱趙，稍後屠各路松多起兵新平與扶風，率氐羌西附於晉王保，對其國策可說是嚴重的打擊。至於關中之巴、氐、羌更是不斷起事，大者三十餘萬，次者亦一、二十萬人，使其窮於應付。320 年晉王保為兵變所殺，劉曜始漸漸控有關隴地區。322 年仇池氐楊難

〔註12〕參《晉書・石勒載記上》，卷一〇四，頁 2728。
〔註13〕參《晉書・四夷・北狄・匈奴列傳》，卷九七，頁 2548；并詳本書〈從漢匈關係的演變略論劉淵屠各集團復國的問題〉篇。

敵因劉曜之親征而稱藩，被拜為領護南氐校尉・寧羌中郎將・武都王，展開楊氏表面稱臣，其實統領武都氐羌實行獨立及敵對之局面。323年劉曜戎卒二十八萬征涼州張茂，茂稱藩而被拜為都督隴右雜夷匈奴諸軍事・護氐羌校尉・涼王，局面一如楊氏。翌年，劉曜與石勒開始構隙交攻，可說三面受敵，情勢險惡，於是不得不再次調整國策。

劉曜控有關隴以後，擁有人口優勢的氐羌，即成為前趙的優勢種落。323年征張茂時，茂參軍陳珍分析說，劉曜「恩德未結，又其關東（指石勒）離貳，內患未除，精卒寡少，多是氐羌烏合之眾，終不能近舍關東之難，增隴上之戍，曠日持久與我爭衡也」，於是乃募氐羌之眾擊敗劉曜，克復渭水上游的南安郡。〔註14〕是則劉曜政權建立在以氐羌為優勢人口，軍隊以氐羌佔甚大比例的結構上，可以證知。內部政權結構如此，又需面對氐族政權的楊氏，和對氐羌也有號召力及現行統治部份氐羌的政權前涼和後趙，因此劉曜不得不重新實行一國兩制。325年（東晉明帝太寧三年，趙光初八年）六月，劉曜重建單于臺於渭城，以其子大司馬・南陽王劉胤領大單于，「署左、右賢王已下，皆以胡、羯、鮮卑、氐、羌豪桀為之」，〔註15〕此即光初體制。光初體制的目的，應是為了結合關隴氐羌的力量，鞏固其政權，并將氐羌優勢種落人口納入匈奴體制中，俾能作有效的組織動員，以對抗石、張、楊三方。

不過，三方對氐羌皆頗有影響力，而漢趙政權且有平陽屠殺鎮壓氐羌之先例，故其政策效果似乎并不理想。當328年十二月劉曜東救蒲坂之役，兵敗為石勒所俘時，關中大亂，留守的劉胤撤退於秦州上邽。隴東、武都、安定、新平、北地、扶風、始平諸郡戎夏，稍後一度虛張聲勢響應劉胤反攻長安，胤尋亦兵敗被殺，秦隴悉平。顯見身為大單于的劉胤，對單于體系諸部族似乎不能有效的作動員組織，而氐羌諸戎似乎也未真正認同光初體制，効之以死，所以響應劉胤似乎熱烈而其實可疑，因此劉胤距劉曜被俘後九個月即告覆亡。後來建立前、後二秦的氐王蒲洪與羌酋姚弋仲，亦於此時投降後趙，且被授以要職，則前趙氐羌情態，由此可見一斑。

要之，氐羌部落文化落後，種姓離析分化，漢晉時尚未進展至較高級的部

〔註14〕參《晉書・張軌列傳》，卷八六，頁2231～2232。
〔註15〕參《晉書・劉曜載記》，卷一〇三，頁2698。按是月劉曜東征石勒軍戰敗，統帥劉岳也被擒，似是促成此種改革的導火線，詳《通鑑》是年月條，卷九二，頁2936～2937。

落組織或聯盟，漢趙將之納入帝國體制，以單于體系組織之，是氐羌有史以來的新衝激，對他們學習如何建立國家、組織政府，殆有正面的影響，應是無庸置疑的。

三、後趙時期氐羌的東遷與漢化

318 年石勒將平陽巴、羌、羯十餘萬落，向東徙之司州諸縣，這是氐羌二族首次遷徙至農業精華區及漢文化核心區的重要紀錄，然而卻非建立二秦的主力種落，建立二秦的主力種落是關隴的氐羌。關隴氐羌東遷山東平原，第一次是在 329 年石勒滅前趙之時，該年九月在秦隴悉平後，「徙氐羌十五萬落于司、冀州」；第二次是在 333 年石勒死而石虎政變專權之時，當時石生鎮守關中，起兵討石虎失敗，石虎乃於十月「徙雍、秦州華戎十餘萬戶于關東」。〔註16〕氐酋蒲氏（即苻氏）及羌酋姚氏，雖皆在 329 年降石勒，但卻遲至 333 年始為石虎所東徙，此次東徙且與此二酋的建議有關。

《晉書・苻洪載記》云：

> 苻洪字廣世，略陽臨渭氐人也，……也為西戎酋長。……父懷歸，
> 部落小帥。……洪好施，多權略，驍武善騎射，屬永嘉之亂，乃散
> 千金召英傑之士，訪安危變通之術。宗人蒲光、蒲突遂推洪為盟主。
> 劉曜僭號長安，光等逼洪歸曜，拜率義侯。曜敗，洪西保隴山。石
> 季龍將攻上邽，洪又請降。季龍大悅，拜冠軍將軍，委以西方之事。
> 季龍滅石生，洪說季龍宜徙關中豪傑及羌戎內實京師。季龍從之，
> 以洪為龍驤將軍・流人都督，處于枋頭。

據此可知蒲氏雖世為略陽酋長，〔註17〕但蒲洪父子卻只是部落中之小帥，也就是附落小豪，因永嘉之亂始被推為種落之盟主——大豪，以求在亂世中自保。臨渭（故城在甘肅秦安縣東南八十里）為秦州略陽郡治，是隴山以西第一郡，上邽即在此縣西邊，蒲氏大約從武都遷至，尚保持部落結構，此時既未西附於據有上邽的晉王保，也未歸順於平陽的漢政權，自保之勢可證。此與仇池氐楊

〔註16〕參《晉書・石勒載記下》（卷一○五，頁 2745 及 2755），繫年月則據《通鑑》。

〔註17〕按一說蒲氏系出鮮卑族，蒲洪後曾稱大單于即為一旁證（參田村實造《中國史上の民族移動期》頁 64；東京：創文社，昭和六十年），其說不可信；馬長壽據《秦記》謂曹魏時由武都遷略陽（參《氐與羌》頁 50；上海：人民出版社，1984 年），此說則頗可信。蓋稱大單于者雖是匈奴制，然六夷自尊者多亦稱之，不可據以證蒲氏系出鮮卑，至於氐族在漢魏間遷出武都，筆者前篇已論之。

飛龍避齊萬年之亂，率部落四千家還保百頃，并接受關中人士來投奔，遂世據
其地以建國之事相似。及至 319 年劉曜遷都長安改國號趙，并征討關隴諸巴氐
羌，始被逼歸趙；由蒲洪只被封為率義侯而看，劉曜也并不重視他，僅羈縻之
而已。大體上氐族蒲氏此一部落，在漢魏晉時只是中國邊郡的一個少數民族部
落，因而永嘉之亂時，其態度以自保為主，既未支持晉，也未支持漢，甚至歸
順前趙也僅是名義形式，所以在曜亡時乃據隴山自保。蒲洪似因石虎追擊退至
上邽的前趙殘餘政權，恐被波及而始請降，被表為冠軍將軍，乃與後趙發生官
式關係。

　　蒲洪被「委以西方之事」究指何事？為何後來又被授以「流人都督」而東
遷枋頭？據《十六國春秋輯補·前秦錄一·苻洪》（以下引此書但簡稱《十六
國春秋·某人錄》）云：

> （洪）代為部帥，……屬永嘉之亂，……戎晉襁負奔之，宗人……
> 推洪為盟主，劉聰遣使拜平遠將軍，不受，自稱護氐都尉·秦州刺
> 史·略陽公。……歸曜，拜率義侯，群氐推為首，劉曜以洪為氐
> 王。……洪詣虎降，……拜冠軍將軍·監六夷諸軍事，委以西方之
> 事，封涇陽伯。……石生起兵關中，洪遂西結張駿，自稱晉北平將
> 軍·雍州刺史。石虎之滅石生也，洪率戶二萬下隴，東如馮翊，虎
> 拜洪護氐校尉，進爵為侯。洪說虎宜徙關中豪傑及羌戎……，徙秦、
> 雍州民羌十餘萬於關東，遷洪為龍驤將軍·流民都督，處於枋頭。

按：是則蒲洪在永嘉之亂求自保時，自為氐人的盟主領袖，故他自稱護氐都
尉，其後石虎也拜他為護氐校尉，情況可知。且因有晉人來奔，部眾大約有
二萬戶十萬人左右，故「委以西方之事」當是指監護當地六夷流民之事務。
在石虎兵變與石生相攻時，蒲洪仍然持自保的態度。其所以率部下隴及勸石
虎遷民，似與看到石虎形勢已成、實力強大，而討好之有關，故石虎以遷官
酬庸之，將其所部處於鄴都南方的枋頭（河南淇縣東南），以便就近統率指揮
之。

　　至於羌酋姚氏，《晉書·姚弋仲載記》所述，大抵與《十六國春秋·姚弋
仲錄》所記同，源出西羌雄種之燒當種，東漢時內附，假其酋遷那以冠軍將軍·
西羌校尉·歸順王，處之於南安的赤亭（甘肅隴西縣附近），魏時拜姚弋仲父
柯迴為鎮西將軍·綏戎校尉·西羌都督，是則此種羌很早即與中國政府發生官
式關係。漢魏羌人一般不用漢姓名，弋仲既用漢姓名，殆為漢化跡象之一。弋

仲「不營產業，唯以收恤為務」之作風值得注意。可用以解釋其在亂世何以不但不退而自保，反而東遷扶風之榆眉（陝西汧陽縣東）。〈弋仲載記〉云：

> 永嘉之亂，東徙榆眉，戎夏襁負隨之者數萬，自稱護西羌校尉・雍州刺史・扶風公。劉曜之平陳安也，以弋仲為平西將軍，封平襄公，邑之于隴上。及石季龍克上邽，弋仲說之曰：「明公握兵十萬，功高一時，正是行權立策之日。隴上多豪，秦風猛勁，道隆後服，道洿先叛，宜徙隴上豪強，虛其心腹，以實畿甸。」季龍納之，啟勒以弋仲行安西將軍・六夷左都督。……勒既死，季龍執權，思弋仲之言，遂徙秦雍豪傑於關東。弋仲率部眾數萬遷于清河，拜奮武將軍・西羌大都督，封襄平縣公。

觀其說石虎及說石勒殺祖約諸事，揆其行事風格，知姚弋仲頗有投機之風。他在赤亭時已收籠了戎夏之人，乘亂東遷而自稱官爵，實有觀時待勢之意，與蒲洪類型不同。323 年劉曜破上邽殺陳安，遷秦州大姓楊、羌諸族二千餘戶於長安，反以弋仲為平西將軍封公爵，命他遷還隴上秦州之地，頗有重用他之意。〔註 18〕他熟悉隴上豪強心理態度，也是石虎器重他的原因。他一再靠附前、後趙政權，333 年東遷清河之灄頭（河北棗強縣東北）時，《十六國春秋・弋仲錄》說他有步眾四萬人。

枋頭在司州汲郡，灄頭在冀州清河郡，319 年石勒自稱大將軍・大單于・領冀州牧・趙王時，是以司州之襄國（河北邢台市）為首都，而以司、冀等州附近二十四郡為趙國的，清河及汲郡即為趙國畿輔郡之一，分在襄國之東及南方。以西晉太康（元年，280 年）戶密度為例，姚氏部眾由僅有四千三百戶、密度 0.4 的南安郡遷至有二萬二千戶、密度 3.1 的清河，蒲氏部眾由僅有九千三百二十戶、密度 0.6 的略陽遷至有三萬七千戶、密度 4.3 的汲郡，〔註 19〕繁盛的農業文化地區，對其生活當有重要的影響。

氐羌的蒲、姚二部遷至後，大抵效法當時河、淮一帶漢人般築壘壁，并且以軍屯形態，從事農墾。〔註 20〕石虎將之分駐於首都的南方及東方，具有政治

〔註18〕參《通鑑》晉明帝太寧元年七月，卷九二，頁 2913。

〔註19〕參楊遠《西漢至北宋中國經濟文化之向南發展》（台灣商務，民國 80 年）表二之二十一。筆者無意謂經過半個世紀後，四郡的戶數及密度仍然不變，只是提供作當年繁盛之參考而已。

〔註20〕蒲氏部眾種麥於枋頭，見《晉書・符健載記》（卷一一二，頁 2869）；姚氏勸課農桑於淮水，見〈姚襄載記〉（卷一一六，頁 2963）。軍屯形態，則請參《通鑑》晉穆帝永和六年三月條并胡注（卷九八，頁 3105）。

與國防上的意義。就政治與制度而言，石勒早期創建趙國，是在漢趙的基礎上實行雙兼君主型一國兩制的，其襄國體制之大單于胡系，卻不是採以萬落為單位的都尉制，而是如〈石勒載記〉所謂「以大單于鎮撫百蠻，……通置部司以監之」的部司制。石勒和石虎皆曾長期以趙王或大趙天王而兼大單于，統領六夷諸部，蒲、姚之為將軍都督即為部司之一。蒲部以氐為主，雜以民羌；姚部以羌為主，雜以戎夏，這時可能已從其本種族的部落結構，改編為部司之軍事部曲組織，在洪及弋仲二人分領下，各統所部實行軍屯。〔註21〕二石以元首直轄部司，政治上是與六夷部帥建立直接的關係，提高其政治地位；在軍事制度上是直接指揮之，部署於畿輔，以收內實京師、拱衛首都的固本國策之效果。部曲組織是衝破氏族共同體的軍事制度，蒲、姚二族由此得以收種族融合及學習治國的經驗，對其日後能建立政權影響極大。

　　蒲、姚二族居住山東十八年之間，除了對農業與政軍的熟悉遵行外，尚對精神文化也進行了學習與吸收。其大者如宗教方面，後趙夷夏崇尚佛教，政府也鼓勵人民信仰，有國教化的傾向，為前、後二秦所一脈相承。三朝佛教發展不但在中國佛教史上有關鍵性的地位，甚至後秦之亡，史臣竟批評與姚興之過度尚佛有密切的關係。〔註22〕儒術方面，後趙更是承接漢趙崇尚經學與興學的政策，兼且信仰漢代經學所附有之圖讖災異、陰陽五行之術──此即漢儒所謂的「內學」。氐羌原本相信鬼神巫術，故在學習經學之餘，其方術性更為二秦諸主所深信，至已影響政治軍事之地步，二秦〈載記〉斑斑可見。〔註23〕

　　要之蒲洪與姚弋仲率部東遷後，頗受儒學影響，有強烈之歷史意識及教育意識，〔註24〕加以後趙規定官吏將佐子弟入學，是以對其子孫接受中國文化的教育，殆甚重視。〈苻堅載記上〉記述堅「八歲，請師就家學，洪曰：『汝戎狄

〔註21〕請詳本書〈後趙文化適應及其兩制統治〉篇，及黃烈《中國古代民族史研究》（北京：人民出版社，1987 年）頁 145～146。

〔註22〕三朝崇佛的諸種發展，請參田村實造前引書頁 145～169，史臣對姚興之批評見《晉書》卷一一九，頁 3018。

〔註23〕後趙二秦所尚的佛教及所重的高僧，也具有強烈的方術性色彩（參上註田村書），故諸主相信方術可能是接受了儒、佛二教的影響，不僅因儒術造成。

〔註24〕石虎喜好狩獵，又大事營建長安、洛陽二宮，怕人訕謗諫諍，於是立私論之條、偶語之律，冠軍符（蒲）洪不之懼而強諫，至稱「刑政如此，其如史筆何！其如四海何！」（參〈石季龍載記上〉，卷一〇六，頁 2778。）姚弋仲在石虎廢立時，正色罵他「奈何把臂受託而反奪之」的不義；石虎晚年政亂兵變，父子兄弟相殺，弋仲亦數他「兒小時不能使好人輔相，至令相殺」（參〈姚弋仲載記〉，卷一一六，頁 2960）。此皆可以略窺氐羌第一代東遷人物所受到的影響和意識。

異類，世知飲酒，今乃求學邪！』欣而許之」。按苻堅在 338 年（晉成帝成康四年，後趙石虎建武四年）生，八歲時乃 345 年，正是石虎大起長安、洛陽二宮，廣徵民女，增加女官之時；前一年石虎更是徵集諸州兵百餘萬，對抗桓溫北伐及燕、涼聯攻之年。在此政軍社經動盪不安之際，苻堅請求家學而苻洪欣然許之，正見其祖孫對教育之重視。苻健（洪子）、苻堅是開創及奠定前秦之主，所建立的崇儒修學政策，不但為後秦的姚萇、姚興所本，抑且苻堅規定公卿子弟皆入學，甚至下令來降蠻夷入學，〔註 25〕對以後各胡夷政權之崇儒興學，保存北方學術傳統及促進胡夷漢化，皆有莫大貢獻。

　　苻堅在山東文化精華區所學的，是正統的漢儒經學，但是駐地近江淮，姚氏且一度率部投奔東晉，所以二族子弟也不免受江東玄學和文學的影響。據〈苻堅載記〉所記，堅本身文學素養亦不差，他嘗親撰赦文，常飲酒賦詩、奏樂賦詩，儼然是一南朝文士。其弟苻融與從子苻朗，更如江南風流名士。史謂融「談玄論道，雖道安無以出之，……時人擬之王粲，嘗著〈浮圖賦〉，壯麗清贍，世咸珍之。未有升高不賦，臨喪不誄」云云；朗則「耽翫經籍，手不釋卷，每談虛語玄，不覺日之將至」，著有《苻子》數十篇，亦老、莊之流云。〔註26〕姚弋仲子姚襄，史亦稱其少「好學博通，雅善談論」；後秦末主泓，也是自少「博學善談論，尤好詩詠」，常與文儒之士游處。〔註27〕

　　蒲、姚其他子弟，尚有博綜經史者如苓丕，頗覽書傳者如苻登，好論道藝者如姚興，不一而足。要之，他們若非被遷至山東，當時流行之玄、史、文、儒及佛，恐怕均不易接觸到，更遑論從學術與政治之間，造就二族如此多人才了。二秦的漢化與建國，實奠基於此次東遷，而拜羯族石虎的造因，可以無疑。

四、氐羌的返還建國

　　蒲、姚二部東遷十八年間，基本上皆是扮演率部軍屯及奉令征戰的武職，但是蒲洪、姚弋仲愈到後來任遇愈不同，以至二人在趙亡之際的選擇與發展亦不同。

〔註25〕如堅以拓跋氏荒俗，未參仁義，故滅代後令涉翼犍入太學（參〈苻堅載記上〉，卷一一三，頁 2899）。《通鑑》作翼犍子窟咄入學為是（孝武帝太元元年二月，卷一〇四，頁 3280）。

〔註26〕參《晉書·苻堅載記》兩人附傳，卷一一四，頁 2934 及 2936。

〔註27〕參《晉書·姚襄載記》（卷一一六，頁 2962）及〈姚泓載記〉（卷一一九，頁 3018）。

姚弋仲當年收恤戎夏，東遷楡眉，是有乘亂待時的意圖的，所以先後投靠劉曜與石虎，并且出賣隴上社會政情給石虎，建議移民以實畿甸，如此一者可以削弱地方力量，另者可使後趙收強化中央固本之效；蒲洪則意在亂世自保，借箸代籌也不如此殷勤週至。對石虎而言，二人的忠誠程度理應有所差別。

338 年蒲洪從征慕容皝，以功拜使持節‧都督六夷諸軍事‧冠軍大將軍，封西平郡公，其部下賜關內侯者二千餘人，遂以洪為「關內領侯將」。虎養子石（冉）閔乃言於虎說：「苻洪雄果，其諸子并非常才，宜密除之。」石虎不納，反而待之愈厚。〔註28〕這是蒲洪父子見忌於後趙之始。346 年蒲洪強諫石虎游獵營作及奪人妻女的事，「季龍省之不悅，憚其強，但寢而不納，弗之罪也。乃停二京作役焉」。〔註29〕人君憚其強，雖不悅亦不敢加之罪，在權力關係上實不是甚麼好事。相對的姚弋仲雖也屢獻讜言，無所迴避，令石虎也「憚其強正而不之責」，但是石虎反而「甚重之，朝之大議，靡不參決」，并於 345 年進為冠軍大將軍‧十郡六夷大都督。〔註30〕二趙皆以大單于統六夷，故六夷大都督是部份六夷的統帥，是則石虎因姚弋仲忠誠週到在先，而不加懷疑，反欲利用他以制衡蒲洪有六夷之位望與兵權耶？

石虎向未派遣二人率部返回關隴作戰，但在死前四個月，由於其父子兄弟之間謀殺政變，引發被貶關中的十萬東宮軍人兵變，事態嚴重，始命石斌統率二人征之。事平後，弋仲以使持節‧侍中‧征西大將軍，「以功加劍履上殿，入朝不趨，進封西平郡公」，而蒲洪則遷為車騎大將軍‧開府儀同三司‧都督雍、秦州諸軍事‧雍州刺史，進封略陽郡公。〔註31〕至此，論官爵則二人相當，論權勢則弋仲進入權力核心，且禮遇崇隆，而蒲洪則是外放回關隴，故二人權勢已有分別，容易引發瑜亮情結。尤有進者，349 年四月石虎死後，子弟一再兵變內爭，及至石遵即位後，從石閔言罷洪都督，也就是不讓他上任，於是洪

〔註28〕參《通鑑》晉成帝咸康四年五月（卷九六，頁 3020），及《晉書‧苻洪載記》
　　　　（卷一一二，頁 2867～2868）。
〔註29〕見註24。
〔註30〕參《通鑑》晉穆帝永和元年是歲條（卷九七，頁 3068），及《晉書‧姚弋仲載記》（卷一一六，頁 2960）。按：346 年蒲洪強諫時，〈洪載記〉猶稱其為冠軍（見同上註），是則同時有兩員六夷（大）都督，冠軍大將軍也。據《通鑑》晉穆帝永和五年正月，稱洪為車騎將軍（見卷九八，頁 3085），可能是〈洪載記〉有誤，蓋洪轉為車騎，然後弋仲始遷冠軍。
〔註31〕參《通鑑》晉穆帝永和五年正月（卷九八，頁 3085～3087），及〈姚弋仲載記〉（卷一一六，頁 2961）。

怒，歸枋頭而遣使降于晉。〔註32〕反之，弋仲積極參與石趙政權，及至 350 年三月石祗即位襄國，六夷據州郡者皆應之，乃更進一步利用弋仲聲望，拜為右丞相，親趙王，待以殊禮。〔註33〕

蒲洪部眾實力較姚氏為大，而二人之際遇差別如此，當然抉擇就有所不同，蒲氏較姚氏早還關中建國之故在此。其後苻堅為姚萇所擒，卻鄙視姚萇，不肯交出傳國璽或舉行禪讓禮，雖是具有種族歧視之意，但也不無先世瑜亮情結的味道。石趙亂亡之時，二人抉擇理念，尚有旁證可見，事關前秦建國，故將當時情勢略論如下。

349 年（晉穆帝永和五年，趙太寧元年）四月石虎死，子世繼位，同月坐鎮關右的大將軍‧彭城王遵兵變，即位後以石閔都督中外諸軍事，恐怕蒲洪割據關中，乃改以石苞鎮之，而罷蒲洪之秦雍都督，洪於是怒歸枋頭，遣使降晉。這時河北大亂，晉乘機北伐，河北發生第一波流民潮，二十餘萬人渡河欲奔晉。八月，晉主帥褚裒失利退兵，不能接應南流人民，流民死亡略盡。至十一月，石閔兵變殺石遵，擁立石鑒，自為大將軍‧錄尚書事，總政軍大權，這時第二波流民潮出現。由於石閔是蒲洪的死對頭，因而蒲洪欲乘流民的推戴，重新喚起其部自保以至自立之意。《通鑑》是年是月載云：

> 秦、雍流民相帥西歸，路由枋頭，共推蒲洪為主，眾至十餘萬。洪
> 子健在鄴，斬關出奔枋頭。鑒懼洪之逼，欲以計遣之，乃以洪為都
> 督關中諸軍事‧征西大將軍‧雍州牧‧領秦州刺史。洪會官屬，議
> 應受與不。主簿程朴請且與趙連和，如列國分境而治。洪怒曰：「吾
> 不堪為天子邪，而云列國乎！」引朴斬之。

按〈苻洪載記〉不記此事，《通鑑》必有所本，是則石鑒、石閔大抵欲復洪都督原官，命其率眾西還關中，以解除畿輔的軍事威脅也。當年石虎兩次將關隴氐羌豪民二、三十萬戶落移至山東，此時流民相擁，蒲洪亦不過眾至十餘萬而已，大約只佔兩次東遷總人口的十分之一，實力尚未甚強，程朴建議洪倣效列國割據的故事，應與此有關。然而這時蒲洪已志不在割據自保，且有天子自為之意了，究竟為何有此改變？據〈苻洪載記〉云：

> 永和六年，（晉穆）帝以洪為征北大將軍‧都督河北諸軍事‧冀州刺

〔註32〕參《通鑑》同上註四月條，頁 3091。

〔註33〕參《通鑑》晉穆來永和六年三月條（卷九八，頁 3105）及〈姚弋仲載記〉（卷一一六，頁 2961）。

史‧廣川郡公。時有說洪稱尊號者，洪亦以讖文有「艸付應王」，又
其孫堅背有「艸付」字，遂改姓符氏，自稱大將軍‧大單于‧三秦
王。洪謂博士胡文曰：「孤率眾十萬，居形勝之地，冉閔、慕容儁可
指辰而殄，姚襄父子克之在吾數中，孤取天下，有易於漢祖。」初，
季龍以麻秋鎮枹罕，冉閔之亂，秋歸鄴，洪使子雄擊而獲之，以秋
為軍師將軍。秋說洪西都長安，洪深然之。既而秋因宴鴆洪，將并
其眾，世子健收而斬之。洪將死，謂健曰：「所以未入關者，言中州
可指時而定。今見困豎子，中原非汝兄弟所能辦。關中形勝，吾亡
後便可鼓行而西。」言終而卒。

349 年十一月西歸流民共推蒲洪，然至翌年三月洪死前凡六個月（永和六年有
閏正月），皆無西還關中的決策，是則他欲王天下的意念是真實的，而且相信
「中州可指時而定」，因而留在枋頭以圖進取。他取天下的三個假想敵，不是
擁兵紛爭的石虎子弟，也不是東晉，而是冉閔、慕容儁（前燕）及姚弋仲父
子。

　　當時此三人大概的發展情勢，是 349 年十二月至洪死前，石閔因石鑒暗
中命令內外諸侯討伐他，而對羯胡實行歷史上著名的種族屠殺，并弒石鑒自
立，改國號大魏，稍後復其原姓冉氏。蒲洪以之為死對頭或後趙賊臣而列之
為第一假想敵，無論如何都是合理而可解釋的。燕主慕容儁於 349 年十二月
乘亂聯（前）涼攻趙，三個月後攻幽州，指向鄴都，此為趙之最大外患，將
之列為第二假想敵，也可想而知。至於姚弋仲，是與蒲洪等連兵討伐冉閔的
諸侯之一，350 年閏正月已進兵至混橋（鄴城東北），竟不一舉攻鄴，反而進
攻了蒲洪，《通鑑》晉穆帝永和六年閏正月條云：

　　（晉）朝廷聞中原大亂，復謀進取。己丑，以揚州刺史殷浩為中軍
　　將軍……，以蒲洪為氐王，使持節‧征北大將軍‧都督河北諸軍事‧
　　冀州刺史‧廣川郡公，蒲健為假節，右將軍‧監河北征討前鋒諸軍
　　事‧襄國公。姚弋仲、蒲洪各有據關右之志。弋仲遣其子襄帥眾五
　　萬擊洪，洪迎擊破之，斬獲三萬餘級。洪自稱大都督‧大將軍‧大
　　單于‧三秦王，改姓符氏。

　　蒲洪早就在 349 年四月罷秦雍都督後即遣使降晉，東晉事隔十個月後，欲
第二次北伐始封拜之，而且尚視之為氐王，委以河北戰區，分明是以夷伐夷。
河北都督作戰的對象是在鄴城的冉閔，目標仍與姚弋仲相同，不知此時二人何

以彼此知道對方「有據關右之志」？蒲洪無西歸之意前已分析，事實上弋仲死前也無西歸之意，〈弋仲載記〉云：

> 弋仲有子四十二人，常戒諸子曰：「吾本以晉室大亂，石氏待吾厚，故欲討其賊臣以報其德。今石氏已滅，中原無主，自古以來，未有戎狄作天子者。我死，汝便歸晉，當竭盡臣節，無為不義之事！」
> 乃遣使請降。

按弋仲降晉《通鑑》繫之於永和七年（351）十月，其死則在八年三月，記其死前語則略同。〔註34〕據此以知：第一，弋仲當年收恤戎夏乘時待勢，只是為找尋可以投靠的主子，石虎厚待他，以故始終效忠於後趙。第二，他以討冉閔作為報效後趙的手段。第三，他有戎狄不可以作天子的觀念，所以後趙亡後即感「無主」，而不像蒲洪般欲王天下。第四，「無主」之下必須另找主子寄附，他選擇了晉此舊主。第五，他未「有據關右之志」，所以死後其子姚襄即率部附晉，南下屯于譙城（河南夏邑縣北）。因此，《通鑑》說他「有據關右之志」而攻蒲洪，殆是前後矛盾之事。蒲洪奉晉命與否都會攻冉閔的，弋仲已逼近鄴城，不聯洪攻閔而反過來攻洪，應也是瑜亮情結，為搶滅魏殺閔之第一功也。由於蒲洪死前弋仲仍臣事襄國的虎子石祗，加上弋仲向來效忠後趙，蒲洪殆無理由將其父子列為「取天下」的第三假想敵之理，出於瑜亮情結而競爭則有此可能。

姚襄在 352 年三月弋仲死後南下附晉，至 356 年始有西還關中之意，此時苻秦已有效控制關中，遂於 357 年五月被苻堅等迎擊身死，部眾投降。蒲洪重視「安危變通之術」，有亂則自保自立，雖然在後趙的任遇略遜於弋仲，但建國及西還決機得早，以故能率先創建前秦。

五、苻氏的開國政策與體制

苻堅在前秦政權，乃至中國史中，具有特別的地位，前秦的統治體制多由他奠定，政權興亡也繫之於他，請容後文討論。從 350 年閏正月蒲洪改姓苻氏，自稱大將軍・大單于・三秦王，以至苻生於 357 年六月為苻堅所弑，凡七八年間經歷了洪、健、生三君主，前秦早朝開國政策體制，胥與此三祖孫有關，則請於此討論。

〔註34〕《通鑑》繫降晉於永和七年十月，新校注謂或有版本作十一月，據《晉書・穆帝紀》則作十一月。弋仲雖降晉，但仍留河北，至八年三月死後，姚襄始帥部眾南下屯於譙。

前「秦」的國號，本於蒲洪之稱「三秦王」。項羽當年三分關中立三秦王，蒲洪取此自號，殆有效法劉邦返三秦而霸天下之意，前引〈苻洪載記〉所謂「孤率眾十萬，……取天下，有易於漢祖」，恐是此意的流露。蒲洪為應讖而改姓，當然也就有接受時人遊說而自「稱尊號」之可能。〔註35〕「大將軍・大單于・某王」是石勒當年長期採用的稱尊形式，由劉淵的「大單于・某王」所代表的雙兼君主型一國兩制之原型演變而來。苻洪所部起碼有氐人及羌、漢流民，或許未至如石勒初起般種族複雜，但他循此名號以號召漢族與非漢族，作用應是相同的；此外石勒以大將軍統率軍隊，苻洪於此亦援用之。《通鑑》晉穆帝永和六年閏正月條，略記其人事組織云：

> 以南安雷弱兒為輔國將軍；安定梁楞為前將軍，領左長史；馮翊魚遵為右將軍，領右長史；京兆段陵為左將軍，領左司馬；（王墮為右將軍，領右司馬；）天水趙俱、隴西牛夷、北地辛牢皆為從事中郎；互（即「氐」字）酋毛貴為單于輔相。

按諸將軍殆是三秦王國之軍職，左右長史、司馬、從事中郎則是苻洪的大將軍府幕職，單于輔相相當於石勒之單于元輔，乃是大單于的首輔也，其體制正與石勒開國前期相同。〔註36〕石勒初起時是一個雜胡集團，苻洪此八九個重要助手中，雷弱兒與趙俱為南安羌酋，毛貴是氐之大族，是苻生（洪孫）之妻舅，梁楞、魚遵、王墮，氐族皆有其姓氏，且由於曹魏以來遷入關隴已久，氐人頗有郡望，故疑皆為氐人，〔註37〕至於段陵、牛夷、辛牢則殆為漢人。當年石閔以苻洪「諸子並非常才」為藉口而密請除之，而苻氏子弟在前秦確是滿布軍政要職（參表一及表二），可能他們此時帶兵作戰，與府朝中央無關，故不及之。若是，則苻洪集團初起時是以氐族為主，輔以羌族及漢族的混合集團。

苻洪最後仍然改變了戰略，欲先入關中、西都長安，此與麻秋的建議和他對諸子弟的能力衡量有關。麻秋是匈奴族名將，〔註38〕常年主持後趙西征隴右、河西的軍事，曾任涼州刺史征討枹罕，使自河湟間氐羌多降附之。他是因

〔註35〕《通鑑》晉穆來永和六年閏正月條，則作先稱王，再改姓（卷九八，頁3102），與〈洪載記〉略異。不過應讖改姓與稱尊號孰先，或同時進行，似無需考證，蓋這是漢朝經學與政治結合的故智而已，後趙亦流行之，但由此也可知蒲洪頗受此術之影響。

〔註36〕參同註21拙文。

〔註37〕參陳連慶《中國古代少數民族姓氏研究》（吉林文史出版社，1993年）有關氐及羌族諸姓各條。

〔註38〕參同上註書〈麻氏〉條，頁37。

聞鄴都大亂而率部東還，於 350 年正月被蒲雄截擊俘虜，蒲洪以之為軍師將軍，甚為器重。〔註39〕蒲洪原本以冉（石）閔等三人為假想敵，且輕視之，有指日取中州的決策，但是麻秋說之云：「冉閔、石祗方相持，中原之亂未可平也，不如先取關中，基業已固，然後東爭天下，誰敢敵之。」〔註40〕以麻秋之名將且熟悉關隴氐羌軍事，使苻洪深然之。尋而被秋所鴆，衡量諸子能力不足以進取中原，乃以麻秋之策作遺命，其子孫即執行此國策，至苻堅而得完成。

350 年三月苻洪死後，苻健代統其眾，採取了三種措施以掩飾其西歸之意圖：第一，他取消了大都督・大將軍・三秦王之號，但稱晉朝原先封他的官爵，并遣使至東晉告喪，請求朝命，這是降低姿態與晉保持形式關係的措施。第二，稍後接受石祗的後趙官爵，在枋頭一帶加強防守，營治宮室，屯田種麥，這是表示無西歸之意的措施，以鬆弛西歸沿途，尤其關中地區的防備心理。第三，改組幕府僚佐，強化領導中心。然後在同年八月，苻健始突然率眾西行，攻關中於不備。〔註41〕

他保持與晉的形式關係，有助於入關爭取關隴戎晉的民心，〔註42〕使他很迅速的征服了關隴，尋即自為天王、大單于。《通鑑》晉穆帝永和六年（350）十一月載條云：

> 甲午，苻健入長安，以民心思晉，乃遣參軍杜山伯詣建康獻捷，并修好於桓溫，於是秦雍夷、夏皆附之。趙涼州刺史石寧獨據上邽不下，十二月，苻雄擊斬之。永和七年春正月，苻健左長史賈玄碩等請依劉備稱漢中王故事，表健為都督關中諸軍事・大將軍・大單于・秦王。健怒曰：「吾豈堪為秦王邪！且晉使未返，我之官爵，非汝曹所知也。」既而密使（右長史）梁安諷玄碩等上尊號，……丙辰，健即天王・大單于位，國號大秦。

〔註39〕 西征事詳〈石勒載記下〉，被俘見《通鑑》晉穆帝永和六年正月條，卷九八，頁 3101。
〔註40〕 參《通鑑》穆帝永和六年三月條，卷九八，頁 3105。
〔註41〕 參《通鑑》晉穆帝永和六年三月及八月條，卷九八，頁 3105 及 3107～3108。
〔註42〕 石虎死前命石苞鎮守長安，苞欲乘亂率關中之眾還攻鄴，因其貪而無謀，雍州豪右知其無成，不願捲入趙之內戰，乃勾引晉梁州刺史司馬勳來攻。趙主石遵遣車騎將軍王朗率兵，陽為來援，內實劫苞，送于鄴都，司馬勳的軍事行動遂停止（參〈石季龍載記下〉，卷一〇七，頁 2789～2790）。由於後趙亂事擴大，麻秋、王朗引兵東還，朗司馬杜洪乃據長安，自稱晉征北將軍・雍州刺史，關西夷夏皆應之（見《通鑑》同上註八月條）。可見關中人民始終有乘亂歸晉之心理，苻健保持晉官爵，對他爭取民心應有助力。

胡三省注說「夷夏皆附健，以其歸晉也」，甚是，苻健遣使向東晉告捷，正有
此意。苻洪父子早有號召夷夏的意圖，所以苻洪效法石勒初起階段，自稱大都
督·大將軍·大單于·三秦王。此時苻健執洪之遺策西還，已據關隴，但其目
的不是割據自雄，而是要以此為基地「稱尊號」和「取天下」，故已無需要繼
續稱晉官爵。苻健改組幕府，以武威賈玄碩為左長史首席幕僚，他是漢人，當
年未進入苻洪權力核心，大概不知有此國策，故可能會錯意，以為苻健但欲割
據關隴，因而提出依劉備據蜀漢的故事，其觸怒苻健，同年四月以「始者不上
尊號」的舊怨而殺之，也就可想而知。〔註43〕

　　劉備據蜀奉漢以討賊（曹），苻健決不是要據秦奉晉以討賊（石），他是要
實現其父獨立建國以取天下的國策，所以他的大秦天王·大單于之尊號，是暫
時因應關隴初定，民族雜複情況下的權宜措施，暫依石勒、石虎先例，實行雙
兼君主型的形式。值得注意的是，二石的雙兼君主是展現在以尚書臺治漢、單
于臺治胡的政體上的，而苻健則未見有大單于以下之胡制組織。《通鑑》續載
其建國後中央要官人事云：

> 以苻雄為都督中外諸軍事·丞相·領車騎大將軍·雍州牧·東海公；
> 苻菁為衛大將軍·昌平公·宿衛二宮；雷弱兒為太尉，毛貴為司空，
> 略陽姜伯周為尚書令，梁楞為左僕射，王墮為右僕射；魚遵為太子
> 太師，強平為太傅，段純為太保；呂婆樓為散騎常侍。伯周，健之
> 舅；平，王后之弟；婆樓，本略陽氐酋也。

　　是則苻健體制，顯然是以尚書臺為單一政府，苻洪時擔任單于輔相的氐酋
毛貴此時已改任司空，恐怕已落單于輔相之職。苻健以將軍府掌軍，以尚書臺
領政，弱化單于體制，應為合理的推論。苻健年號皇始，姑名此體制為皇始體
制，亦即國體為雙兼君主型、政體為單一漢式型之體制，而胡制不顯。

　　苻健在治體上頗有擺脫後趙影響之色彩，至於其上述高層人事的結構：
苻雄是其弟，苻菁是從子，以苻氏子弟掌軍支持政權。羌酋雷弱兒、氐酋毛
貴為公官；母舅姜伯周、梁楞、王墮殆皆為氐人，後二人且是苻洪之舊幕，
控制尚書臺主持日常行政。太子三師傅中，強平是外戚氐人，魚遵殆亦為氐，
只有段純可能是漢人。至於呂婆樓是後涼呂光之父，本為略陽氐酋。是則皇
始體制之權力核心結構，是以氐族為主，他們大都是苻氏宗室、舊僚和外戚，
欲改變後趙的一國兩制，直以前趙單一漢式體制建立中國式王朝，進而取天

〔註43〕玄碩以此怨被誣殺，見《通鑑》穆帝永和七年四月條，卷九九，頁3116。

下，意圖是相當明顯的。

弱化單于體制是指不採用漢趙的嘉平體制或光初體制，也不用後趙的襄國體制，并非說連大單于名號也取消了。畢竟早期政府中，尚有首鼠兩端，依違於燕涼的重要官員，如大將軍領冀州牧張平、秦州刺史王擢皆是匈奴人（參表一），故大單于之名號，對關隴非漢族諸族系，乃至將來東向取天下面對胡、羯、鮮卑等族，仍有一定的號召力。筆者只是欲說明，苻健開國之始，即有改良後趙舊體制，朝向單一漢式體制發展之意圖或決策，其稍後復行了一君兩制的形式，也只是表面形式，殆無實質作用。《通鑑》晉穆帝永和八年（352）春正月辛卯條云：

> 秦丞相雄等，請秦王健正尊號，依漢、晉之舊，不必效石氏之初。
> 健從之，即皇帝位；……且言單于所以統壹百蠻，非天子所宜領，
> 以授太子萇。

可證余之推論。按：胡注此條，謂是指不效「石虎兄弟先稱天王，後即皇帝位」，疑有簡化其意涵之嫌。其實苻氏集團，殆一直有擺脫及矯正後趙體制與政治影響的意圖，朝向作中國正統皇帝、建立中國正統王朝方向邁進的國策，豈只是斤斤計較於天王、皇帝之名號而已。《十六國春秋·健錄》稱雄等固請，「宜依漢晉，兼皇王之美，不可……同趙之初號」，殆可證此意涵。由 350 年苻洪西還東取的開國戰略決定，以至此年國體政體的確立，正顯示了苻氏此國策正快速明確的落實發展。

苻氏群氏在後趙時東遷十八年，受到中國文化全面的洗禮，始有如此的中國局勢觀與國策決定，因而在他們主政之下，實行的是漢晉嚮往的儒家德治主義，這也不是由苻堅開始的。例如苻健在即天王·大單于與即皇帝位之間，就已力反後趙的苛政而行之，《通鑑》晉穆來永和七年三月條云：

> 健分遣使者問民疾苦，搜羅雋異，寬重斂之稅，弛離宮之禁，罷無
> 用之器，去侈靡之服，凡趙之苛政不便於民者，皆除之。

重稅、重役及侈靡是後趙敗亡的政治因素，苻健力矯其弊之政策由此可見。苻健積極方面：一是搜求人才，除了「搜羅雋異」之外，稍後更下書「自公卿已下，歲舉賢良方正、孝廉清才、多略博學、秀才異行各一人」；二是實行招商政策，於上洛郡立荊州，起用曾經救助石勒的商人郭敬為刺史，就是為了利用郭敬熟悉荊州民政及原有的經商才幹，〔註44〕而實行此政策——

〔註44〕石勒十四歲即為行商，鄔人（《通鑑》作金城人，不知何據）郭敬是其「資贍」

「立荊州，以引南金奇貨、弓竿漆蠟，通關市，來遠商，於是國用充足，而
異賄盈積矣」。〔註45〕

　　寬稅、弛禁、節儉等措施，一方面固然是為了反趙之道而行，另一方面是
基於前篇引《後漢書·西南夷·白馬氏》所述氏族「勇戇抵冒，貪貨死利」，
并常出山為漢人幫傭以追求貨利的民族性，并針對關中長期戰亂荒廢的情況
下，不能急驟復興農業，故予工商業以適當的鼓勵和優遇，俾收充實國用之效。
戰國時代儒家也有輕市廛、通關津，招來商賈的主張，故與德治主義是不相衝
突的。有人將之解釋成「重商主義政策」，〔註46〕尚待商榷。〈苻健載記〉於永
和十年（354），謂健「置來賓館于平朔門以懷遠人，起靈台於杜門，與百姓約
法三章，薄賦卑宮，垂心政事，優禮耆老，修尚儒學，而關右稱來蘇焉」，顯
示其招商政策僅是儒家德治主義措施之一，未至於成為重農、重商之對立地
步。

　　當此之時，中原政局混戰，石琨、冉閔相繼滅亡，姚襄率部投奔東晉，東
晉北伐卻喪師而還，華夷離散為第三波流民潮，道死於各還本土者甚眾，於此
中更可見苻秦之政治頗有作為與希望也。苻秦於關隴雖內（兵變）外（前涼）
頗有戰爭，但為建國時期所常有，當354年桓溫北伐關中失利而撤退時，被他
遷徙而去的只有三千餘戶，王猛也不願與溫俱還，可知在「關右稱來蘇」的情
況之下，的確是「秦人悅之（苻健）」，而願支持他。〔註47〕

　　由此可證，苻氏的西還與建國，決非僅出於少數民族回歸故土的本能，偶
然成功的行為。他們的學識早已與漢魏時不同，可以有盱衡中國政局、策劃建
國方略、訂定國策目標及籌組政府的學識，并且有詳細設定政策及執行的能
力，已非吳下阿蒙。當然，這與他們東遷至漢文化核心區十八年之久，應有一

者之一，後來經商失敗，郭敬亦給予衣食以救助（參本書〈後趙文化適應及其
兩制統治〉篇，根據〈石勒載記〉，勒後來與敬重逢，任他為官以報之，趙亡
時累至為荊州監軍，其在後趙事跡見卷一○五，頁2747、2749及2750。

〔註45〕歲舉詔書見《十六國春秋·健錄》（卷三一，頁242），立荊州事見《晉書·苻
健載記》（卷一一二，頁2870）。按《通鑑》繫立荊州及用郭敬於穆帝永和九
年九月，後來桓溫北伐，於十年三月攻上洛，執郭敬。但招商政策由此建立，
似未因郭敬被執而不再實行。

〔註46〕參田村前引書，頁65。

〔註47〕桓溫在354年二月北伐，一度大敗苻氏，逼至長安，但是再戰不利，至六月東
還，關中餘下的零星戰事也在八月悉平。《通鑑》緊接著敘述苻健的政治，而
稱「由是秦人悅之」，表示了在大戰中秦人悅服而支持苻秦之意，可詳此年（永
和十年）各月有關諸條。

定的關係。

另一支東遷背景相似的羌族姚氏，在 353 年叛晉相攻，至 356 年為桓溫所敗，西走平陽，欲進入關中。翌年（晉穆帝升平元年，秦主苻生壽光三年，357 年）五月，苻黃眉與苻堅擊斬姚襄於三原，其弟姚萇乃率部降秦，苻、姚二支至此乃合流。關隴外在危機漸消，而苻氏內變方起，同年六月，苻堅兵變自立，北方政局遂有新的變化。

六、前秦早期政權結構與苻堅政策

苻堅是開國元勳苻雄之嫡子，兵變即位時僅二十歲，位為龍驤將軍・東海王。他為何兵變，憑何兵變？事關前秦開國的結構及政治，且對苻堅的統治影響甚大，宜於此略論之。

苻堅兵變與其從兄秦主苻生的殺戮政策有直接的關係，殺戮又與開國的結構有關。苻洪、苻健的開國核心集團，以苻氏子弟及其姻戚、東遷舊僚、氐族諸酋豪為主結構，輔以少數的漢族羌族，前已論之。苻健在位四年間，國策指導雖然向單一漢式政府而設定，但是上述結構并未改變，政府高層權力結構一如舊貫，并且遺留給嗣主苻生。

以〈表一〉所錄中央大員二十九人，扣除苻生即位後刻意安排進入中央高層的親信三人後，實際有二十六人。就族屬而言其中氐族有十二人，佔 46%；若包括疑為氐族的六人，則有十八人，佔 69%。進入權力核心的氐羌大臣，乃至如匈奴族的張平、王擢等人，對其所部族人不免仍有酋豪的身份，故其政府隱現帶有部族聯合體的性質，只是以氐族為主的聯合體結構罷了。另外，就身份而言，二十六人中，苻氏子弟有四人（15%），姻戚有六人（23%），出身舊僚的有十二人（46%），共二十二人，佔核心官員的 84.6%。

武力為開建國家的基礎，〈表二〉所收重要將軍共有二十二人，其中氐族有十六人，佔了 72.7%，疑為氐族及漢族者各二人，匈奴及羌族各一人，只是少數。此二十二人之中，苻氏子弟有十三人，佔 59%，若與略帶姻戚身份的二人與舊僚二人合計，則共有十七人，為總數 77%。苻健稱帝後即採行五等爵封建制，子弟多封為王而分膺軍事要職，可能是前述「依漢晉」之美的落實；但是此軍事封建制，似乎不免帶有如漢趙與後趙一般的氐族部落的宗室軍事封建主義性質，〔註48〕較易引起身為中央將領的子弟統兵政變，苻菁、苻黃眉及

〔註48〕胡、羯所建二趙，大抵封建宗人，並以之為直隸部隊的諸將軍，使各掌營部，

苻堅兄弟即是其例。

　　政權支撐的體制具有部族聯合體和宗室的軍事封建制度性質，加上這些官員大多是開建國家的功臣，這對嗣主苻生行使皇帝權顯然極為不利。苻生具有酗酒凶暴的人格特徵，身為祖父的苻洪與父親的苻健其實早已知之，洪且一度鞭之，健且一度欲殺之，只是太子萇戰死於桓溫北伐關中之役，而又為了應苻讖，所以苻健才立他為太子。苻健死前，原本宿衛二宮（皇宮及東宮），繼苻雄都督中外諸軍事的太尉苻菁（健兄子）勒兵入東宮欲殺苻生，雖經健力疾枚平而不果，但是權力結構如此，對生甚為不利，健也是深知的，所以「恐其不能保全家業」而誡苻生說：「酋帥大臣，若不從汝命，漸除之！」〔註49〕

　　史書批評苻生殘殺昏暴，此與上述人格特徵、苻菁兵變和父遺誡應有密切的關係。大抵來說，苻生殘殺成性，〈生記〉、〈生錄〉已述之，無可贅辯。殘殺人民不說，即以皇后、丞相以下諸官員，他在位僅兩年，即發動了十一個大案（參表三）。355 年六月庚辰苻菁兵變案是第一個刺激，六日後苻生即位改元，因群臣諫未踰年不宜改元，乃窮推議主而殺右僕射段純，也就是實行其父大臣不從命則除之的遺誡，用以立威。根據《通鑑》所繫時間，至九月第二案——殺皇后梁氏及大臣案之間，苻生正密切引其人事系統進入權力核心圈，該書晉穆帝永和十一年七月條云：

> 以其嬖臣太子門大夫南安趙韶為右僕射（按：代段純），太子舍人趙誨為中護軍（按：監視京畿禁衛軍），著作郎董榮為尚書。……八月……封衛大將軍黃眉為廣平王、前將軍飛為新興王，皆素所善也。徵大司馬·武都王安領太尉（按：入京都督中外諸軍事），以晉王柳為征東大將軍·并州牧鎮蒲坂（按：柳為生弟，接替苻安），魏王廋為鎮東大將軍·豫州刺史鎮陝城（按：廋亦作瘦，亦生弟，取代楊群）。……九月，右僕射趙韶、中護軍趙誨皆洛州刺史俱之弟也，有寵於生，乃以俱為尚書令。俱固辭以疾，謂韶、誨曰：『汝等不復顧祖宗，欲為滅門之事！毛、梁何罪而誅之？……』遂以憂卒。

他欲控制尚書臺行政權、禁衛軍權、東方二重鎮，以及拉攏中央軍統帥，意圖是相當明顯的。起用羌酋趙俱為尚書令之前，以星變而殺梁后、毛太傅、尚書

前引拙二文（見註 9 及註 21）已論之，與西晉封建諸國，依等級不同而配置兵力的制度頗不同。部族聯合體與宗室的軍事封建制理論，請參谷川道雄《隋唐帝國形成史論·序說》（東京：竺摩書房，昭和 46 年 10 月）。

〔註49〕見《十六國春秋·苻生錄》，卷三二，頁251。

令梁楞、左僕射梁安，一者是欲立大威，一者是徹底清除尚書臺元勳重臣以利安排趙俱；而且梁楞兼為車騎大將軍，在軍事系統中當時僅次於苻安，殺之有利於鎮住苻安，而使第三位的衛大將軍苻黃眉更易掌握全軍。此下九件大案，觀其案由，殆皆與殺戮立威之政策有關。

苻生動輒殺戮，至「宗室勳舊、親戚忠良，殺害略盡。王公在位者悉以疾告歸，人情危駭，道路以目，朝士走草野，皆曰從虎口出，左右得度一日如過十年」〔註50〕上述〈表一〉二十六大臣之中，死者即有十一人，可見其況。羌人趙俱所以固辭尚書令，而以憂死，觀其言，實知他瞭解苻生殺戮政策之背後，是有欲破壞現存權力結構之深意，恐必然會招致反彈，遺禍家門也。苻堅為何兵變？於此可以找到答案。至於他憑何兵變，尚需進一步說明。

據〈堅記〉、〈堅錄〉所載，苻堅八歲讀書，十一歲即有經略大志，十三歲時便被拜為龍驤將軍，〈苻堅載記〉云：

> 健之入關也，夢天神遣使者朱衣赤冠，命拜堅為龍驤將軍，健翌日為壇於曲沃以授之。健泣謂堅曰：「汝祖（洪）昔受此號，今汝復為神明所命，可不勉之！」堅揮劍捶馬，志氣感厲，士卒莫不憚服焉。〔註51〕

苻堅在鄴受教育，實是文武兼備的人才，此次封拜有神命、繼祖的意義，對其使命感的增強應有一定的作用，觀其受命後的表現可以知之。十七歲時，襲父爵為東海王，交結英豪如王猛、呂婆樓、強汪及梁平老等；357年五月隨苻黃眉率軍阻止姚襄西歸，殺襄而降其部眾，又得結交襄之幕僚薛讚及權翼，漸漸形成其集團系統。〈苻堅載記〉云：

> 及苻生嗣偽位，讚、翼說堅曰：「今主上昏虐，天下離心，有德者昌，無德受映，天之道也。神器業重，不可令他人取之，願君王行湯武之事，以順天人之心！」堅深然之，納為謀主。生既殘虐無度，梁平老等亟以為言，堅遂弒生。

按太原薛讚應為漢人，略陽權翼殆為氐族之休官人，〔註52〕他們勸此貴公子

〔註50〕同上註書，頁252。

〔註51〕按〈堅錄〉有龍驤將軍「汝父次為之」一句（卷三三，頁254），《晉書》及《通鑑》皆未見證據。

〔註52〕陳連慶認為略陽權氏殆出休官族（前引書，頁321）。按《通鑑》晉孝武帝太元十七年十二月胡注：「休官，雜夷部落也。」唐長孺〈魏晉雜胡考〉謂休官是氐族，詳《魏晉南北朝史論叢》（出版資料不詳）頁391。

謀反，殆與胡夷部族聯合國家之君長與民眾的一體性有關。他們以苻生昏虐、
天下離心為言，是利用此事實以激發苻堅的使命意識和經學理念。天下將亂，
「不可令他人取之」，對有使命感及共同體意識的苻堅來說是極為刺激的；
「行湯武之事，以順天心」，對有經學素養的苻堅也極順耳，這是他「深然之」
的原因。但苻堅沒有早發，至〈表三〉之 10 苻黃眉謀反案、11 魚遵夢謠及
12 康權妖言案三案爆發後始兵變，耐人尋味。

　　筆者以為，苻堅與黃眉是從兄弟，後者是苻生親善而拉攏的衛大將軍，且
在兵變前與堅擊降姚氏集團而立大功，然竟因受生侮而謀反伏誅，此對擁有軍
功的苻堅無異是一大震撼。魚遵是開國重公碩果僅存的一人，因苻生夢謠而族
誅，此又是最近的另一震撼。康權以天文告變，預警有下人謀反，不知是否已
知苻堅有此意圖？對有此動機的苻堅，應值警惕。當時權力核心圈的人物將希
望寄於苻堅，梁平老等亟以為言，他們的論點是：「主上失德，上下嗷嗷，人
懷異志。燕、晉二方，伺隙而動。恐禍發之日，家國俱亡，此殿下之事也，宜
早圖之！」〔註53〕也就是由共同體逼近眉睫的毀滅恐懼，進而激發苻堅的使命
意識，力促握有兵權的苻堅兄弟兵變。適值苻生侍婢來密告，謂苻生不信任堅
兄弟而明日當除之，因而促成此次政變。

　　此時，叔祖苻安雖是中央軍統帥，恐已年老，〈表二〉所列公級將軍或已
被誅，或已外調，苻堅以龍驤將軍新立戰功，素有聲望，故其聯絡核心圈的梁
平老、強汪、呂婆樓等人，統領數百軍人入宮廢立，在部族共同體及軍事封建
制結構之下，應是不致太難之事；史謂宿衛之士皆捨仗歸堅，的確不難理解。

　　六月兵變是苻法、苻堅兄弟共同發動的，故繼任君主的推選及人事與政策
的決定，實為前秦當時必須面對的大問題，《通鑑》有綜略的敘述，晉穆帝升
平元年六月條云：

> 堅以位讓法，法曰：「汝嫡嗣且賢，宜立。」堅曰：「兄長，宜立。」
> 堅母苟氏泣謂群臣曰：「社稷事重，小兒自知不能，他日有悔，失在
> 諸君！」群臣皆頓首請立堅。堅乃去皇帝之號，稱大秦天王。……
> 誅生倖臣中書監董榮、左僕射趙韶等二十餘人。……以清河王法為
> 都督中外諸軍事·丞相·錄尚書事·東海公，諸王皆降爵為公。以
> 從祖右光祿大夫·永安公侯為太尉，晉公柳為車騎大將軍·尚書

〔註53〕〈生記〉、〈生錄〉皆不載此言，今從《通鑑》，見晉穆帝升平元年六月條，卷
　　　一○○，頁 3164。

令，……以漢陽李威為左僕射、梁平老為右僕射、強汪為領軍將軍、呂婆樓為司隸校尉、王猛為中書侍郎。……（八月）以權翼為給事黃門侍郎、薛讚為中書侍郎，與王猛并掌機密。九月，追復太師魚遵等官，以禮改葬，子孫存者皆隨才擢敘。……（十一月）太后苟氏遊宣明台，見東海公法之第門車馬輻湊，恐終不利於秦王堅，乃與李威謀賜法死。

按苻堅平反為苻生所誅諸官員，只是爭取人心的措施而已；他提拔親信集團進入三省，掌握禁衛權及首都地區之治安權，始是鞏固其中央政府的重要措施，亦隱然有架空苻法與苻柳之意。根據萬斯同〈偽秦公相大臣年表〉，苻堅踐祚前後凡二十七年，其中央高層確以上述親信為主，人事變遷簡單，尤其常以王猛及苻融執政，二人常連兼三省官職，這是其中央權力所以能集中穩定與政策能貫徹堅持的重要原因，頗有以漢式政府的權力運作壓制氐族舊俗的意義。

七、結　論

西晉時氐羌在關中有居半的人口比例，五胡之亂伊始，擺蕩於匈奴與晉朝之間，其氐族蒲洪部頗採自保的態度，羌族姚弋仲部則有觀風乘時以取富貴的傾向。匈奴劉氏的平陽核心區，氐羌部族佔了甚大的比例，是構成其單于體制的重要基礎，以都尉制被編屬於單于臺。但是蒲、姚二部當時並未被編屬，他們仍留在隴右，態度上未積極支持漢與前趙，是漢趙關中隱憂之一，前趙的關中本位化政策對他們也無很大的影響。

由於政爭，漢亡前曾對氐羌大加屠殺逼害，使其單于體制瓦解而政權滅亡。平陽氐羌大量投向石勒，為石勒遷至山東。蒲、姚二部之東遷則在石氏滅前趙之後，他們被分遷至後趙的畿輔，進入中國文化的精華區，接受部司制的統轄，並以率部軍屯的形式生活。長達十八年的東遷生活，對其改變種落結構、吸收治國經驗、學習漢族文化，皆有正面的影響，為此二部脫胎換骨的關鍵時期。

蒲洪與姚弋仲思想人格不同，在後趙的任遇也有差異，頗有瑜亮情結。後趙末喪亂，蒲洪遂有逐鹿中原、天子自為之志，而弋仲則有效忠石氏，不成則另投新主的取向，故二部一度相攻戰。稍後蒲洪因遭鴆而死，遺命子弟西遷關中略定關隴，然後東進以取天下，此即前秦的開國戰略。蒲氏子弟奉行實踐，故取得先機，併吞稍後亦西還的姚氏部落，建立了前秦。

　　蒲（苻）氏部落雖在山東時即已漸漸改變其種落結構，然而似尚未完全轉化，加上西還時收編了大量流民，故不免呈現種族混合集團的性質。苻健的建國，是建立了一個以氐族為主，他族為輔，尚保有部族聯合體及宗室軍事封建制體質的政權，這是其政權早期常有變亂，坐致苻堅崛起的主因。但是，苻健同時也確立了建立單一漢式王朝體制，以德治主義為國本的國策，成為苻堅遵行的建國指導。

表一　苻堅即位前將相大臣刺史〔註1〕

機關官稱		姓名	兼領官職	種族／關係	備註
相國、丞相		苻雄※	丞相・車騎大將軍・雍州牧，死後贈相國。	氐／洪子	史書所記沒有差異者不注出處。
		雷弱兒☆※	侍中・丞相	羌／南安羌，舊僚。	
都督中外諸軍事		苻雄	以丞相等官領之		本兼各官見丞相條。
		苻菁☆※	以衛大將軍領之，後為司空仍領之。	氐／健從子	《通》胡注，99：3147。
		苻安※	以大司馬・驃騎大將軍領之。	氐／健叔父	
公官	太師	魚遵☆※	侍中・太師・錄尚書事	氐？／舊僚	初任左僕射，遷司空、太尉、太師，〈生記〉及〈生錄〉皆有加侍中。
	太傅	毛貴☆		氐／苻生后之妻舅，舊僚。	初任司空，遷太尉，再遷太傅。
	大司馬	雷弱兒			初任太尉，遷大司馬、丞相
	太尉	苻安 雷弱兒 毛貴 魚遵 苻菁 苻安			以衛大將軍遷 以大司馬・驃騎大將軍兼領
	司空	毛貴			

		張遇※		漢／降將	
		魚遵			以衛大將軍遷
		苻菁			
		王墮☆※		氐？／舊僚	初為右僕射，遷尚書令、司空。
從公	特進	梁平老	以特進領御史中丞	氐	《通》100:3164
	金紫光祿大夫	強汪	以特進領光祿大夫	氐？／健后家族	《通》100:3164
		程肱☆		漢／皆舊僚	《通》100:3155 及 3162；牛夷懼禍自殺，《通》100:3162
		牛夷※			
	左右光祿大夫	強平（左）☆		二人皆氐／平為健后之弟	《通》100:3155 及 3165。
		苻侯（右）			
	光祿大夫	趙俱、強汪		強汪加特進，見特進條；趙俱出刺洛州，見洛刺條。	
	錄尚書事	魚遵	以太師加錄		按：苻健死前，命丞相雷弱兒、太傅毛貴、司空王墮與遵并受遺輔政。〔註2〕
尚書臺	尚書令	姜伯周		氐／健之母舅	
		王墮			
		梁楞☆※		氐？／舊僚	初為左僕射，後改司隸校尉，再拜司空，車騎大將軍。由吏尚遷。
	左僕射	辛牢☆		漢／舊僚	
		梁楞			
		魚遵			
		梁安☆		氐／生妻之父，舊僚。	
		趙韶		羌／趙俱從弟，東宮系。	以太子門大夫遷右僕射、左僕射，見《通》100:3147 及 3150。
	右僕射	王墮			

		段純☆		漢／舊僚	由太子太保遷，《通》99:3112，100:3147。
		趙韶董榮		氐？東宮系	以著作（佐）郎遷尚書、右僕射、中書監。
門下中書	侍中	魚遵雷弱兒	太師加丞相加		遵見太師條；弱兒加侍中，〈生記〉、〈生錄〉皆同。
		呂婆樓※	侍中‧左大將軍，後遷侍中‧尚書。	氐	初任散騎常侍，見《通》99:3112；以左大將軍或尚書加侍中，見〈生記〉《通》100:3152
	中書監	強國胡文		氐漢／舊僚	苻洪的博士，苻生時見為中書監。
	中書令	董榮賈玄碩※		漢／舊僚	《通》100:3165。見《通》99:3116，萬斯同表作中書監，不知何據？
		王魚		氐？／舊僚	
秘書監		王鷗		氐？	〈生記〉頁2875。
御史中丞		梁平老	加特進		見特進條。
司隸校尉		梁楞趙誨※		羌／趙俱從弟，東宮系。	見尚書令條。以太子舍入遷中護軍、司隸校尉，《通》100:3147及3150。
地方牧刺	雍州牧、刺	苻雄※			見丞相條。
	秦州刺史	王擢※		擢為匈奴人，鐵為氐。	《通》99:3128、3132、3144，鎮上邽。
		苻願※啖鐵※			
	并州刺史	尹赤苻安※苻柳（牧）※		赤疑漢？／姚襄舊僚	尹赤兩次刺并（《通》99:3124及100:3157），苻安以大司馬，驃騎大將軍刺并（《通》99:3144），苻柳以征東

				大將軍為并州牧（《通》100:3148），鎮蒲扳。
洛州刺史	趙俱、杜郁		郁疑漢？	《通》99:3142，100:3152，鎮宣陽。
荊州刺史	郭敬※		漢／降將	《通》99:3133，鎮豐陽川。
豫州刺史	張遇※			《通》99:3126、3128，100:3148，先鎮許昌，後鎮陝城。
	楊群※		群疑氐？	
	苻谞※			
青州刺史	王朗			《通》作王朗，100:3155，鎮盧氏；〈生錄〉作袁朗。
幽州刺史	強哲		氐／疑為強后族人。	《通》作強哲，100:3155，鎮裴氏堡，〈生記〉、〈生錄〉作張哲。
翼州刺史	張平※	以大將軍領牧	匈奴人／降將	

註1：本表據《通鑑》（簡稱《通》）、《晉書・某載記》（簡稱〈某記〉）、《十六國春秋・某錄》（簡稱〈某錄〉），旁參萬斯同〈偽秦將相大臣年表〉製成。

註2：《通鑑》晉穆帝永和十一年六月壬午條，謂此四人外，尚有尚令梁楞、左僕梁安、右僕段純、吏尚辛牢皆受遺輔政（卷一○○，頁3147），凡共八人；〈健錄〉僅作四人，〈健記〉無載。

註3：加☆號者，表示因苻生而被殺於任上者（其中苻菁是苻健死前所殺，牛夷是懼禍自殺），以中央大臣計，本表收入二十八人，被殺者有十二人，身份皆為公（包括從公）相（包括尚書令僕）。

註4：種族欄不詳者不標示，疑其為某族者打？號，主要根據姚薇元《北朝胡姓考》及陳連慶《中國古代少數民族姓氏研究》各族有關之姓氏條。據本表可初步估計，二十九中央大臣中：

（1）出於氐族有十二人，疑為氐族者六人；羌族四人；漢族七人。

（2）為苻洪、苻健舊僚（依《通鑑》穆帝永和六年閏正月及八月所載，卷九八，頁3102及3107）者有十二人，為苻氏子弟宗人者有四人，與苻氏有姻親者有六人，苻生東宮系有三人，四人不詳；但其中有些兼具雙重身份。二十九人中有十二人帶有或曾帶有軍職（打※號者）。

至於十六個方面大員之中，氐族有七人（另疑者一人），漢族二人（疑者亦二人），匈奴族二人，羌族一人，另一人不詳；十六人之中，苻氏子弟有五人，疑為后族者一人，舊僚者一人。十六人中明確帶有軍職者為十一人。

表二　苻堅即位前重要將軍

級別	將軍官稱	姓　名	兼領官職	種族／關係	備　註
公	大將軍	張平	領冀州牧	匈奴／降將	依違於秦、燕之間，羈縻之而已。
從公	驃騎大將軍	苻安	以大司馬兼，并領并州刺史，第三任都督中外諸軍事。	氐／宗室	參表一
	車騎大將軍	苻雄	以丞相兼，并領雍州牧，第一任都督中外諸軍事。	氐／宗室	參表一
		梁楞☆	以司空領	氐／舊僚	參表一
	衛大將軍	苻菁☆	以本官宿衛二宮，後遷司空、太尉，第二任都督中外諸軍事。	氐／宗室	參表一
		苻黃眉☆		氐／宗室	《通鑑》、〈生錄〉均作大，〈生記〉僅作衛將軍（頁2877）。
	中軍大將軍	苻生	後為皇太子，前秦第二任皇帝。	氐／宗室	《通鑑》93:3143。
	征東大將軍	張遇	領豫州牧，遷司空	漢／降將	恨其後母被苻健納為昭儀，謀反遇害。
		苻柳	領并州牧	氐／宗室	
	鎮東大將軍	苻艘	領豫州刺史	氐／宗室	《通鑑》作苻廋。
卿級	平北將軍	苻道		氐／宗室	《通鑑》100:3161。
	龍驤將軍	苻堅	前秦第三任君主	氐／／宗室	
	輔國將軍	苻黃眉	後遷衛大將軍	氐／宗室	
	中軍將軍	牛夷	以金紫光祿大夫遷	漢／舊僚	參表一
	領軍將軍	苻願	出刺秦州	氐／宗室	《通鑑》99:3132
	上將軍	啖鐵	出刺秦州	氐	參表一

前將軍	梁楞	苻洪時任之,健稱天王,遷左僕射。	參上條	
	苻飛	殆由左衛將軍遷	氐/宗室	《通鑑》100:3148
後將軍	(魚遵)	苻洪時任之,健稱帝,遷左僕射。	氐?/舊僚	參表一
	苻法		氐/宗室	〈生記〉頁2875。
左將軍	呂婆樓	以左大將軍加侍中	氐	參表一
	(段陵)		漢?/舊僚	凡加()號者乃苻洪時任之,不知何時去職,見《通鑑》98:3102。
右將軍	(王墮)		氐?/舊僚	
中護軍	趙誨	遷司隸校尉	羌/東宮系	
左衛將軍	苻飛		參上條	《通鑑》99:3132。
	李威		氐/姻親	〈生記〉頁2875。
右衛將軍	楊群	出刺豫州	氐?	
	苻雅		氐/宗室	

註1:(1) 本表依《晉書‧職官志》諸將軍序列而排,只取可見之前秦初期公卿級重要將軍,其他雜號將軍不納入。

　　　(2) 史料根據《通鑑》、《晉書》苻氏載記(簡稱〈某記〉)及《十六國春秋》苻氏某錄(簡稱〈某錄〉),三書相同而易見者不注出處,僅見則注出處。

註2:啖鐵(《通》99:3144)為上將軍,《通典‧職官》列此號為雜號之首,姑列於此以概其餘。其他尚見有之雜號將軍,如據《通典‧職官》謂為監軍職的軍師將軍麻秋及賈玄碩(《通》98:3101及〈健錄〉頁241),揚武將軍苻菁(《通》98:3107),皆建國前已有;建節將軍鄧羌、立忠將軍彭越、安遠將軍范俱難、建武將軍徐盛(并見〈生記〉頁2875)、步兵校尉郭敬(《通》100:3133),與不知官稱之將領強懷(〈生記〉頁2872)、苻飛龍(《通》100:3161),則是建國後之軍號及姓名。以其非重要之雜號,皆不納入本表。

註3:本表收入二十號將軍,剔除姓名重複及()者,凡有二十二人,其中苻氏宗族有十三人,舊僚有二人,與苻氏略沾婚姻關係有張遇及李威二人。此二十二人之中,屬於氐族者有十六人,疑為氐者二人,匈奴及羌族各一人,漢族二人。

表三　與苻生有關誅殺案

編號	時　間	姓　名	官　職	案　由	牽　連	備　註
1	355.六.庚辰	苻菁	太尉‧都督中外諸軍事‧平昌王	以為秦主健已死，兵變欲殺太子生，事敗被殺。	無	《通》100:3146。
2	同上月丙戌	段純	右僕射	群臣諫改元，推得純為議主，被殺。	不詳	《通》100:3147，按〈生錄〉作七月。
3	355.九	梁氏 毛貴 梁楞 梁安	皇后 太傅 車騎大將軍‧尚書令 左僕射	中書監胡文、中書令王魚言星變，以皇后對臨天下，三大臣受遺輔政，殺之以應變	無	《通》100:3149，按〈生錄〉毛貴為后之舅，梁安為后之祖。
4	355.十二	雷弱兒	侍中‧丞相	批評嬖臣趙韶、董榮，為二人所譖。	雷氏九子二十七孫	《通》100:3151。
5	356.正.丙申	王墮	司空	以疾董榮、強國，二人言日蝕天譴，請誅大臣以應之，榮請殺墮。	趙韶譖墮甥洛州刺史杜郁貳於晉而殺之。	《通》100:3152，〈生記〉、〈生錄〉皆未提杜郁事
6	同上月壬戌	辛牢	尚書令	生宴樂，以牢不監群臣飲酒，引弓射殺之	無	《通》100:3152。
7	356.三	程肱	金紫光祿大夫	諫發民治橋以防農事，被殺。	無	《通》100:3155。
8	356.四	強平	左光祿大夫	長安風災，生殺造謠人，諫之，被殺。	苻黃眉、苻飛、鄧羌以平為太后弟，固諫，被貶出為太守；太后翌月以憂恨卒。	《通》100:3155。
9	356.十.癸巳	程延	太醫令	問藥，以為延譏己，殺之。	無	按《通鑑》(100:3158)謂為生食棗治病，與〈生記〉、〈生錄〉異，今據後者。

10	357.五	苻 黃眉	衛大將軍・廣平王	是月迎擊姚襄殺之，降其眾而還，生不之賞，數辱之，黃眉謀弒生，伏誅。	事連王公親戚，多有死者。	《通》100:3162。
11	同上月	魚遵	侍中・太師・錄尚書事	生以謠夢殺之	魚氏七子十孫	同上
12	357.六	康權	太史令	上言天文變，請預警，生以為妖言，殺之	無	《通》100:3164。

《國立中正大學學報》第 7 卷第 1 期，1996 年。